CONTRIBUIÇÕES PREVIDENCIÁRIAS

CIP-BRASIL. CATALOGAÇÃO NA PUBLICAÇÃO
SINDICATO NACIONAL DOS EDITORES DE LIVROS, RJ

P697c

Pimenta, Paulo Roberto Lyrio
Contribuições previdenciárias / Paulo Roberto Lyrio Pimenta. - 1. ed. - São Paulo: Noeses, 2024.

258 p. ; 23 cm.
Inclui bibliografia e índice
ISBN 9788583102076

1. Contribuição previdenciária - Brasil. I. Título.

24-92152 CDU: 336.221.4(81)

Índices para catálogo sistemático:

Gabriela Faray Ferreira Lopes - Bibliotecária - CRB-7/6643

Paulo Roberto Lyrio Pimenta

Professor Titular de Direito Tributário da Universidade Federal da Bahia – UFBA. Estágio Pós-doutoral na Ludwig-Maximilians-Universität (Universidade de Munique, Alemanha). Doutor em Direito pela PUC-SP. Juiz Federal na Bahia. Professor da UCSAL.

CONTRIBUIÇÕES PREVIDENCIÁRIAS

2024

editora e livraria
NOESES

Copyright © Editora Noeses 2024
Fundador e Editor-chefe: Paulo de Barros Carvalho
Gerente de Produção Editorial: Rosangela Santos
Arte e Diagramação: Renato Castro
Revisão: Georgia Evelyn Franco
Designer de Capa: Aliá3 - Marcos Duarte

2024

editora e livraria
NOESES

Editora Noeses Ltda.
Tel/fax: 55 11 3666 6055
www.editoranoeses.com.br

Ao pequeno Rodrigo,meu filho, com todo o amor que houver nessa vida.

PREFÁCIO

Recebi o convite para prefaciar o livro do Paulo Pimenta com um misto de saudosismo e agradecimento. Conheci Paulo ainda no ano de 1999, nas diversas disciplinas que cursamos juntos na PUC-SP; ele já mestre, eu cursando o mestrado. Algumas disciplinas eram comuns aos dois níveis, o que nos propiciava conviver com colegas que já haviam superado a barreira do mestrado. De todas as leituras e fichamentos semanais, com as apresentações que nós elaborávamos, as observações do autor eram sempre as que feriam diretamente o ponto central da discussão, de forma que ter contato com os seminários e apresentações dele era um caminho seguro para o acesso ao epicentro do problema jurídico. Compreendido o problema, ficava mais fácil formularmos a tese e demonstrá-la em cada trabalho escrito ou exposto verbalmente. Decorridos mais de 25 anos daquele convívio semanal, asseguro, lendo o livro que agora vem a público, que o autor segue com as preocupações metodológicas e conteudistas afiadíssimas, de sorte que o saudosismo cede lugar ao agradecimento sincero.

O livro deixa assente que a ordem constitucional erigida pela Constituição Federal de 1988 prenunciou a sistematização derivada do conjunto normativo tributário e, no talhão das contribuições, inaugurou calibrosos enunciados prescritivos que compartimentalizaram e trataram de estabelecer regime jurídico singular, a ser trilhado pelas contribuições especiais.

Apesar de não conter pretensão expressa, o texto constitucional de competência das contribuições encontrou terreno fértil e inventivo no legislador infraconstitucional, que alterou significativamente a engrenagem da tributação nacional. Se, antes da novel ordem constitucional, a figura sempre presente dos impostos caminhava a passos largos em matéria quantitativa e arrecadatória, com a competência atribuída para criação de contribuições, presenciamos uma viragem, com a consolidação das contribuições especiais como instituto fundamental na arrecadação tributária.

Esse relevo das contribuições foi amplamente notado pela doutrina, e tornou-se figura comum de disputas teóricas e pragmáticas que ressoam corriqueiramente nos julgados dos nossos Tribunais Superiores. A tal ponto que os principais julgamentos em matéria tributária, dos últimos dez anos, perpassam, direta ou indiretamente, pela análise das contribuições especiais.

Não bastasse a complexidade do instituto e do regime jurídico constitucional imputado às contribuições, ao qualificar a exação pela destinação do produto da arrecadação e finalidade, destacaram-se elementos outros a constar na norma de competência constitucional a ser seguida pelo legislador infraconstitucional.

No campo das contribuições sociais de seguridade social, o legislador constitucional junge a instituição desses insignes tributos com a promoção da dignidade da pessoa humana, na medida em que denota as prestações das áreas da saúde, previdência e assistência sociais, como fundamento de finalidade e de destinação do produto da arrecadação.

Perante tais apontamentos, denota-se que a obra do Dr. Paulo Roberto Lyrio Pimenta é indispensável para a compreensão da tipologia e regime jurídico constitucional a ser seguido pelas denominadas contribuições previdenciárias, insistindo no tratamento minudente e derivado das normas infraconstitucionais de instituição dessas contribuições.

A obra fora dividida em quatro partes para levar o leitor à apreensão do conteúdo de forma didática.

Na primeira parte, dispõe-se sobre a necessária abordagem da natureza tributária das contribuições especiais e seu destaque em relação às outras espécies tributárias existentes, para a qual a ordem constitucional estabelece regime e fundamentos próprios. Ainda, nesse espaço, temos a abordagem sobre as subclasses das contribuições, bem como a análise correlacional de institutos jurídicos de relevo, como a imposição da imunidade tributária sobre as receitas decorrentes de exportação, intermediada por empresas comerciais exportadoras em relação às contribuições previdenciárias e a não cumulatividade, tocando, inclusive, em aspectos corriqueiramente pragmáticos, como a sistemática própria dos créditos tributários na esfera das contribuições.

Em segundo momento, o escrito revela o contexto da seguridade social analisando, notadamente, o custeio da seguridade social a ser efetivado de forma direta através de dotações orçamentárias de todos os entes políticos, com maior vigor da União, e, de maneira indireta, pelas contribuições sociais de seguridade social que acabam por ser o único meio utilizado para captação de recursos destinados a fazer frente às despesas com as prestações securitárias. Nesse momento, ainda, o autor aponta o perfil constitucional da Previdência Social, analisando os regimes previdenciários e as contribuições de seguridade social para, enfim, marcar traços característicos das contribuições previdenciárias.

É de relevo, notar que o autor ampara parte de seu estudo no esquema lógico da regra-matriz de incidência tributária, erigida pelo Professor Paulo de Barros Carvalho, para revelar os critérios material, espacial, temporal, quantitativo e pessoal das contribuições previdenciárias seletadas. É o que promovera na metade final do livro.

Assim, no terceiro momento, embasado na regra-matriz de incidência tributária, parte das normas de competência constitucional, promovendo o necessário recorte da legislação infraconstitucional sobre as contribuições previdenciárias, cujo sujeito passivo são as empresas, ou equiparados, esmiuçando os aspectos da regra de incidência. Ao cabo, no quarto capítulo, sob o mesmo referencial, demonstra vários aspectos da regra estrita das contribuições previdenciárias cujo sujeito passivo são os trabalhadores, contribuintes individuais e segurados facultativo e especial.

As condições didáticas de professor na Universidade Federal da Bahia (UFBA), e doutor em direito tributário pela insigne Pontifícia Universidade Católica de São Paulo (PUC-SP), somada à experiência judicante, na função de juiz federal do Tribunal Regional da 1ª Região (TRF1), resultam no presente escrito de leitura aprofundada e, ao mesmo tempo, fluída.

Para além das considerações de relevo acerca do texto constitucional e infraconstitucional sobre as contribuições previdenciárias, elenca, a todo momento, as discussões realizadas e posições atuais do Superior Tribunal de Justiça (STJ) e do Supremo Tribunal Federal (STF) sobre matérias específicas das contribuições apresentadas. Razões pelas quais, a leitura do livro é recomendada para os estudantes de direito, em todos os níveis, advogados, procuradores, juízes e demais intérpretes, na certeza de que esta obra servirá de base fundamental para o conhecimento destacado e atuação profissional.

Com este livro que a comunidade jurídica agora pode apreciar, o Professor Paulo Pimenta continua com a pena leve e certeira, bem ao seu estilo desde as primeiras publicações científicas que o levaram ao *status* de primeiro nível da Dogmática Jurídica do Brasil.

Robson Maia Lins

Coordenador Geral do Mestrado e Doutorado da PUC/SP. Ex-Presidente e ex-Conselheiro do Conselho Nacional de Educação (CNE). Professor nos cursos de Graduação, Especialização, Mestrado e Doutorado da PUC/SP e do IBET. Vice-Presidente do Instituto Brasileiro de Estudos Tributários (IBET). Advogado.

SUMÁRIO

I - CONTRIBUIÇÕES ESPECIAIS

II. PREVIDÊNCIA E SEGURIDADE SOCIAL

III - CONTRIBUIÇOES DAS EMPRESAS

IV - CONTRIBUIÇÕES PREVIDENCIÁRIAS DEVIDAS PELOS EMPREGADOS

INTRODUÇÃO

A presente obra busca examinar as Contribuições Previdenciárias, tema objeto de mais de um terço dos processos judiciais tributários que tramitam atualmente, o que demonstra a importância da sua análise. Apesar disso, são escassos os trabalhos doutrinários específicos existentes sobre a matéria.

O volume de controvérsias provocou o surgimento de vários Temas, elaborados pelo Supremo Tribunal Federal, na sistemática da Repercussão Geral, e de uma série de Temas Repetitivos, produzidos pelo Superior Tribunal de Justiça, segundo o procedimento previsto pelo art. 1.036 do Código de Processo Civil.

No âmbito doutrinário e, principalmente, na jurisprudência, as seguintes questões são discutidas: qual o critério para afastar a incidência de determinada verba remuneratória das contribuições previdenciárias? Qual a posição do Pretório Excelso sobre a matéria? Quais são os traços peculiares das contribuições previdenciárias? Em qual modelo normativo se enquadram? A causa do pagamento da parcela retributiva é determinante na configuração da sua natureza, para fins de incidência das contribuições em tela? Como o Superior Tribunal de Justiça tem se posicionado diante das discussões travadas acerca da incidência dessas contribuições sobre algumas verbas fornecidas pelo empregador aos seus empregados, tais como o auxílio-alimentação, auxílio- saúde, participação nos lucros, planos de previdência privada etc.? O Conselho Administrativo de Recursos Fiscais – CARF segue a posição dos tribunais? São essas as principais questões que serão analisadas no decorrer da obra.

A postura metodológica encampada é o estudo do tema a partir de uma análise de sua regulamentação constitucional, partindo-se, em seguida, para uma investigação da regra-matriz de incidência tributária, na linha defendida pelo grande Paulo de Barros Carvalho,[1] de todas as espécies que compõem o gênero Contribuições Previdenciárias.

Esse percurso será iniciado com a definição do perfil das contribuições especiais (contribuições sociais), gizado pelo Texto Constitucional, enfatizando-se os seus traços essenciais, acidentais e respectivo regime jurídico.

Em seguida, conceitos e categorias acerca da Seguridade e da Previdência Social serão definidos, eis que repercutem diretamente na investigação dos principais problemas relacionados às contribuições previdenciárias. Neste particular, as modificações implementadas pela Reforma Trabalhista (Lei nº 13.467/2017) e pela Reforma Previdenciária (Emenda Constitucional nº 103/2019) serão objeto de consideração e de reflexão.

Traçadas essas considerações, a investigação identificará todos os aspectos da regra-matriz de incidência das contribuições devidas pelos empregadores. Neste ponto, residem os grandes debates suscitados no âmbito da jurisprudência acerca da possibilidade do afastamento da incidência da contribuição sobre a folha de salários de diversas parcelas remuneratórias, todas examinadas neste livro.

---

1. *Teoria da Norma Tributária*, 3ª ed., São Paulo, Max Limonad, 1998.

Posteriormente, as contribuições exigidas dos trabalhadores serão analisadas. Partindo-se de uma definição da base de cálculo deste tributo, do conceito de salário-de-contribuição, as principais questões, debatidas no âmbito dos processos judiciais, serão estudadas

Por fim, serão sintetizadas todas as principais teses defendidas acerca da matéria investigada, finalizando-se, destarte, a análise temática da obra.

Todo o estudo será desenvolvido sem perder de vista os precedentes qualificados e demais posicionamentos do Supremo Tribunal Federal, do Superior Tribunal de Justiça, dos Tribunais Regionais Federais e do Conselho Administrativo de Recursos Fiscais – CARF, o que demonstra o seu caráter prático e instrumental.

I - CONTRIBUIÇÕES ESPECIAIS

1. PONTO DE PARTIDA PARA O ESTUDO DAS CONTRIBUIÇÕES PREVIDENCIÁRIAS

O exame do tema "Contribuições Previdenciárias" deve partir de um estudo acerca do gênero, do qual esta figura representa uma espécie: as contribuições especiais. Em estudo anterior,[2] tivemos oportunidade de traçar o perfil desta espécie tributária, com base no modelo normativo previsto originariamente na Carta de 1988, a seguir descrito.

É importante esclarecer, em primeiro lugar, uma questão de ordem terminológica. Parte da doutrina alude às *contribuições sociais* como o gênero, no qual as demais espécies poderiam ser enquadradas,[3] enquanto outra corrente prefere falar em *contribuições especiais.*[4]

---

2. *Contribuições de Intervenção no Domínio Econômico*, São Paulo, Dialética, 2002.

3. Nessa direção posicionam-se José Eduardo Soares de Melo (*Contribuições sociais no sistema tributário*, 3ªed., São Paulo, Malheiros, 2000, p.75-76) e Paulo de Barros Carvalho (*Curso de direito tributário*, 11ª ed., São Paulo, Saraiva, 1999, p. 33).

4. A expressão foi utilizada, na doutrina brasileira, por Antônio Theodoro Nascimento (*Contribuições especiais*, Rio de Janeiro, Forense, 1986); Gilberto de Ulhoa Canto (*As contribuições especiais no direito brasileiro*, In: RDT nº 31, São Paulo, Revista dos Tribunais, janeiro/março de 1985, p.127-141) e Edvaldo Brito (*Problemas jurídicos da contribuição para o Fundo PIS*, In: Caderno de Pesquisas Tributárias, vol. 2, São Paulo Resenha Tributária, 1991, p.117). A origem da expressão repousa na obra de Emil Sax, economista austríaco que publicou importante trabalho no século passado, defendendo a existência de tributos afetados a determinadas finalidades (*Grundlegung der theoretischem Staatswirtschaft*, Prag, Dr. Müller, 1887).

Em verdade, no art.149, a Constituição outorgou competência à União para instituir "contribuições sociais, de intervenção no domínio econômico e de interesse das categorias profissionais ou econômicas", indicando as respectivas finalidades. A separação feita pelo constituinte indica claramente que as contribuições sociais pertencem a determinada classe, ao lado das demais, indicadas neste dispositivo. O adjetivo "sociais", pois, não qualifica um gênero, e sim uma espécie.

No art. 195, o texto mencionou as contribuições para a seguridade como espécie de contribuições sociais. Idêntico posicionamento foi adotado na redação do art. 212, § 5º, que versa sobre a contribuição social para o salário-educação. Ambas as exações, desse modo, são subespécies de contribuições sociais. De outro lado, ao admitir a cobrança da exação para o PIS, a Carta utilizou tão somente a expressão "contribuições", sem qualificá-la, mesma postura adotada em relação às contribuições para o sistema "S" (art. 240).

Com base na análise destes dispositivos, pode-se concluir que na linguagem utilizada pelo constituinte, o gênero foi nomeado simplesmente de "contribuições", do qual as "contribuições sociais" constituem espécie, que, por seu turno, apresentam subespécies.

A fim de que não sejam confundidas com as contribuições de melhoria (art.145, III), parece-nos correto qualificar o gênero como "contribuições especiais", tendo em vista que são instituídas para finalidades específicas.

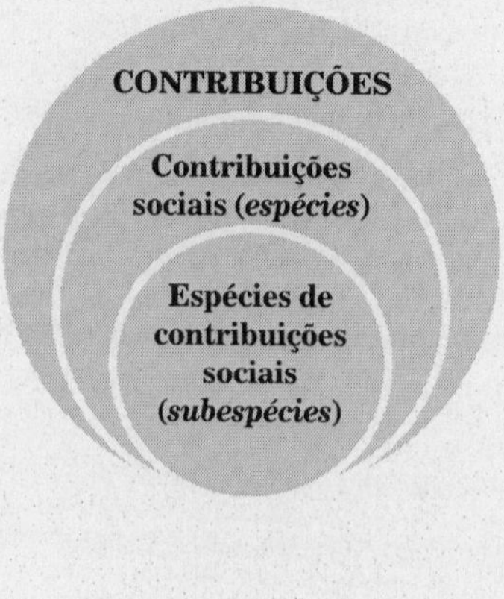

Será esta a nomenclatura utilizada neste trabalho.

Convém esclarecer, contudo, que no âmbito da jurisprudência do Supremo Tribunal Federal, a terminologia empregada é de "contribuição social".

2. TEORIA GERAL DAS CONTRIBUIÇÕES ESPECIAIS?

Seria possível traçar ou identificar uma teoria geral sobre as contribuições especiais?

Em primeiro lugar, é imprescindível estabelecer em que sentido a palavra "geral" será utilizada. Numa primeira acepção, pode significar um número indefinido de ordenamentos jurídicos. Sendo assim, a teoria geral das contribuições especiais teria validade para todos os ordenamentos jurídicos. Já numa segunda acepção, a teoria "geral" teria validade limitada, no espaço e no tempo.

Não é possível elaborar uma teoria "geral", tal como sugerida, em nenhum dos dois sentidos. Identificar uma teoria com aplicação em todos os ordenamentos jurídicos é algo praticamente impossível, dado ao número de ordenamentos jurídicos existentes, sob o ponto de vista espacial, bem como em razão de uma multiplicidade de especificidades existentes em cada um deles, as quais não permitem a elaboração da dita teoria. De outro lado, também não se pode falar em uma teoria com aplicação em um determinado ordenamento, pois neste caso não se poderia falar em existência de nenhuma generalidade, posto que o modelo teórico teria aplicação em apenas um sistema jurídico-normativo.

Por tais motivos, deve-se rejeitar a construção de qualquer teoria "geral" sobre as contribuições especiais.

Em verdade, as mencionadas contribuições, presentes em alguns ordenamentos jurídicos, apresentam perfis próprios em cada um deles. O modelo brasileiro, por exemplo, não se equipara a nenhum outro, em termos de direito comparado. Isso significa que é o legislador quem determina o perfil do instituto, moldando-o como bem lhe aprouver.

Em outros termos, trata-se de uma categoria jurídico-positiva,[5] de uma construção legislativa. Conseguintemente, qualquer modelo teórico sobre essa categoria irá depender do perfil desenhado pelo legislador. Sendo assim, em caso de alteração legislativa significativa, o modelo poderá ser modificado, pois as teorias são nada mais do que enunciados descritivos sobre os enunciados prescritivos, estes veiculados por fontes formais do direito, ou, como defende Paulo de Barros Carvalho, "instrumentos introdutórios de normas jurídicas",[6] documentos normativos, como quer a doutrina italiana.

Deve-se partir, portanto, dessa premissa: contribuições são categorias jurídico-positivas, pois é o legislador quem define o modelo da figura, com validade no tempo e no espaço.

No caso brasileiro, o modelo tem estatura constitucional. É tradição do direito brasileiro a previsão no plano constitucional do perfil de todas as figuras tributárias.

Em tempos pretéritos, havia um modelo que vigorou com a CF de 1969. Posteriormente, a promulgação da Emenda 07/1977 o alterou. Novas alterações ocorreram com a promulgação da CF de 1988, perfil também modificado por outras emendas constitucionais, como será adiante examinado.

Objeto de análise, no momento em que se pretende rediscutir o modelo traçado pela Constituição Federal de 1988, são as normas constitucionais que disciplinam a matéria. Deve-se partir dos enunciados constitucionais, numa tentativa de esboçar um modelo teórico, se é que isso é possível.

---

5. Sobre o assunto, conferir José Souto Maior Borges, Obrigação Tributária, 2ª ed., São Paulo, Malheiros, 1999, p.38-39.

6. *Curso de Direito Tributário*, 23ª ed. São Paulo, Saraiva, 2011, p.89.

3. O MODELO NORMATIVO GIZADO PELA CARTA DE 1988

Quando veio a lume a Constituição Federal de 1988, existia um entendimento jurisprudencial e doutrinário de que as contribuições especiais não tinham a natureza tributária, pelo fato de terem sido afastadas do sistema tributário pela Emenda Constitucional nº 07/77.

O constituinte desejou modificar esse posicionamento. Por isso, inseriu as contribuições no capítulo I, do Título VI, destinado ao "sistema tributário nacional". Assim agindo, deu, às contribuições, o regime tributário, alterando substancialmente o perfil então em vigor.

O principal dispositivo existente sobre a matéria foi o art. 149, que veiculava norma de competência para a União instituir o aludido tributo, dispondo o seguinte: "Compete exclusivamente à União instituir contribuições sociais, de intervenção no domínio econômico e de interesse das categorias profissionais ou econômicas, como instrumento de sua atuação nas respectivas áreas, observado o disposto nos arts. 146, III, e 150, I e III, e sem prejuízo do previsto no art. 195, §6º, relativamente às contribuições a que alude o dispositivo". Esse foi e continua sendo o principal enunciado prescritivo que regula a matéria, como será adiante explicado.

O parágrafo único desse artigo conferia competência aos Estados, Distrito Federal e aos Municípios para instituírem contribuições de seus servidores para o custeio do regime previdenciário próprio (RPPS).

Outros dispositivos, distribuídos pela Carta, regulavam a cobrança de determinadas modalidades de contribuições sociais: as contribuições para a Seguridade Social (art. 195), salário-educação (art. 212, § 5º) e PIS-PASEP (art. 239). Por fim, o art. 240 recepcionou as contribuições para o sistema "S".

Esse foi o modelo inaugurado pela Carta de 1988, com base na qual uma determinada teoria pode ser construída.[7]

4. NATUREZA JURÍDICA

O debate acerca da natureza jurídica das contribuições, no período posterior ao advento da Carta Magna,[8] tem tomado como referencial o art.149 da Constituição Federal, inserido no Capítulo I, do Título VI, que versa sobre o Sistema Tributário Nacional; cujo conteúdo é o seguinte:

> Art. 149. Compete exclusivamente à União instituir contribuições sociais, de intervenção no domínio econômico e de interesse das categorias profissionais ou econômicas, como instrumento de sua atuação nas respectivas áreas, observado o disposto nos arts. 146, III, e 150, I e II, e sem prejuízo do previsto no art. 195, § 6º, relativamente às contribuições a que alude o dispositivo.

Com base na localização desse dispositivo no texto constitucional e considerando a sua determinação no sentido de aplicação às contribuições do regime jurídico tributário, previsto nos arts. 149, e 150, I e II, a maioria esmagadora da doutrina tem afirmado a natureza tributária da exação em pauta.[9] Na mesma direção, posicionou-se o Su-

---

7. Na verdade, entre nós há vários modelos teóricos acerca do tema.

8. Na vigência da Constituição de 1969, alterada pela Emenda nº 08 de 1977, a doutrina majoritária entendia que as contribuições tinham natureza tributária (Cf. Edvaldo Brito, *Problemas jurídicos da contribuição para o fundo PIS*, p.117, In: Caderno de Pesquisas Tributárias, v. 2, 2ª tiragem, São Paulo, Resenha Tributária, 1991, p. 113-140;Bernardo Ribeiro de Moraes, *Contribuições especiais no ordenamento jurídico brasileiro*, p.73, In: Caderno de Pesquisas Tributárias, v. 2, 2ª tiragem, São Paulo, Resenha Tributária, 1991, p. 35-88; Carlos da Rocha Guimarães, *Contribuições parafiscais*, natureza e eficácia, p.97, In: Caderno de Pesquisas Tributárias, v. 2, 2ª tiragem, São Paulo, Resenha Tributária, 1991, p.89-112; Antônio Theodoro Nascimento, *Contribuições especiais*, Rio de Janeiro, Forense, 1986, p.35), malgrado o entendimento do STF em sentido contrário (STF, RE nº 86.595, Rel. Min. Xavier de Albuquerque, DJ 30/06/1978; AgrAg nº 100.350, 2ª Turma, Rel. Min. Carlos Madeira, DJ 19/12/1985).

9. Paulo de Barros Carvalho (*Curso de direito tributário*, p.33), Roque Antonio Carrazza (*Curso de direito constitucional tributário*, p. 320), Misabel Derzi

premo Tribunal Federal ao julgar o Recurso Extraordinário nº 146.733.[10]

Em verdade, porém, a natureza jurídica de determinado instituto não pode ser identificada pelo seu regime, que é o conjunto de normas e princípios que regem determinada categoria do direito positivo, mas não é a essência da figura. É algo que vem depois. Ou seja, trata-se do revestimento normativo de determinada entidade,[11] que não é um dado essencial para identificar a sua natureza. Assim sendo, dois institutos podem ter naturezas distintas, embora se submetam ao mesmo regime.

Há que se observar, ainda, que a Constituição Federal não atribuiu o regime jurídico tributário às contribuições, contentando-se em estender para tais prestações a aplicação de *alguns* dispositivos que compõem esse regramento. Se houvesse a identidade de regimes, seria irrelevante a regra de extensão do art.149, retro mencionado.

Isso não significa, contudo, que as contribuições não tenham natureza tributária, como defende uma corrente doutrinária minoritária.[12]

(*Contribuições*, p.222, In: RDT, nº 48, São Paulo, Revista dos Tribunais, abril-junho de 1989, p.221-252), José Eduardo Soares de Melo (*Contribuições sociais no sistema tributário*, p.72) e Marçal Justen Filho (*Contribuições sociais*, 149, In: Caderno de Pesquisas Tributárias, v. 17, São Paulo, Resenha Tributária, 1992, p.149-170).

10. STF, RE nº 146.733, Rel. Min. Moreira Alves, DJ 06/11/1992.

11. A inadequação do regime jurídico para definir a natureza jurídica de determinado instituto foi percebida por Eurico de Santi, ao afirmar que "a classificação de um vínculo como prestação pecuniária compulsória que não decorra de ato ilícito é condição suficiente para que esse liame jurídico se subsuma ao regime jurídico próprio dos tributos, não o contrário. Os regimes jurídicos tributários específicos decorrem dessa demarcação: são *efeitos*, *não causas* distintivas das várias espécies tributárias" (*As classificações no sistema tributário brasileiro*, p.145). Marco Aurélio Greco também percebeu esta impropriedade, ao afirmar que "regime jurídico deve ser diferenciado de natureza, ou essência, da figura. A natureza de uma figura jurídica não é dada pelo seu regime jurídico; o regime jurídico é o perfil formal de uma determinada entidade, mas não a própria entidade" (*Contribuições (uma figura "sui generis")*, p.70).

12. Cf. Marco Aurélio Greco (Op. cit., p.78), Hamilton Dias de Souza (*Contribuições*

Com efeito, entre nós, o critério jurídico para identificar a natureza jurídica de uma determinada prestação no âmbito do direito tributário é o da adequação ao conceito jurídico-positivo de tributo, prescrito no art. 3º do CTN, que comporta um exame mais detalhado.

Tributo é conceituado como uma *prestação*, ou seja, como objeto de uma obrigação. Disso se infere que é um comportamento.[13]

O art. 3º do CTN qualifica tal conduta através de quatro requisitos: caráter compulsório e pecuniário, licitude do comportamento, criação através de lei e cobrança mediante atividade administrativa plenamente vinculada.

A compulsoriedade da prestação significa que a norma que a institui modaliza o comportamento através do functor deôntico *obrigado*.

Quanto à patrimonialidade da prestação, decorre da cláusula "prestação pecuniária compulsória, em moeda ou cujo valor nela se possa exprimir". Em verdade, há uma redundância nesse elemento do conceito, porque a expressão "em moeda" já está contida na "pecuniária", como observou com precisão Rubens Gomes de Souza.[14] Todavia, o maior problema que reside nessa cláusula diz respeito à expressão "ou cujo valor nela se possa exprimir". Isso porque a amplitude desse enunciado[15] acaba gerando dúvi-

---

para a seguridade social, p.421, In: Caderno de Pesquisas Tributárias, v.17, São Paulo, Resenha Tributária, 1992, p.415-458) e Valdir de Oliveira Rocha (*Contribuições sociais*, p.304, In: Caderno de Pesquisas Tributárias, v.17, São Paulo, Resenha Tributária, 1992, p.299-310).

13. No direito positivo brasileiro, o signo tributo aparece, também, em outras acepções, como bem observa Paulo de Barros Carvalho a saber: quantia em dinheiro, direito subjetivo, relação jurídica tributária, norma jurídica tributária, norma, fato e relação jurídica (*Curso de direito tributário*, p.15-19).

14. *Comentários ao Código Tributário Nacional*, p.40.

15. Rubens Gomes de Sousa explica a finalidade dessa cláusula: "o que eu imagino se tenha querido ressalvar, com a inclusão deste "cujo valor nele se queira

das quanto à possibilidade de enquadramento no conceito em exame de toda prestação compulsória suscetível de estimação pecuniária, como o serviço militar, o eleitoral e o prestado em Tribunal do Júri.[16]

O terceiro elemento do conceito é a licitude do comportamento, que serve para diferenciar o tributo das sanções pecuniárias, indicando que o fato gerador da obrigação tributária deve estar situado na zona do lícito.[17]

Consoante o quarto elemento do conceito, o veículo introdutor das normas que instituem a prestação em pauta deve ser a lei. A rigor, esse elemento seria desnecessário, tendo em vista que entre nós só a lei pode criar obrigações, em face do conteúdo do princípio da legalidade (CF, art. 5º, I).

O CTN prescreve, ainda, que a atividade de cobrança do tributo necessariamente é vinculada. A inserção desta cláusula visou a diferenciar o tributo das demais prestações compulsórias.[18] Há que se observar, todavia, que em alguns momentos do procedimento impositivo a Administração

---

exprimir", terá sido a hipótese de, em determinadas circunstâncias, de crise econômica ou catástrofe financeira, em determinada região do País, o Estado, para não agravar uma situação do meio circulante, uma situação de penúria da moeda, viesse a aceitar a dação em pagamento, a título de liquidação de tributos" (*Comentários ao Código Tributário Nacional*, p.42).

16. Sobre esse aspecto, a doutrina é dividida. Alfredo Augusto Becker (*Teoria geral do direito tributário*, p.634-636) e Paulo de Barros Carvalho (*Comentários ao Código Tributário Nacional*, p.41-44) defendem a possibilidade de inserção, enquanto Geraldo Ataliba (*Comentários ao Código Tributário Nacional*, p.42) posiciona-se em sentido contrário. Ao nosso sentir, tais prestações podem ser enquadradas no conceito de tributo, porque são suscetíveis de avaliação pecuniária, sendo irrelevante o fato de que a estimação em pecúnia funcione ou não como remuneração da prestação.

17. Rubens Gomes de Sousa observa que esse elemento foi inspirado na lição de Berliri (Cf. op. cit., p.40). Segundo o eminente mestre italiano, "l´idoneità di un fatto a rivelare la capacità contributiva di colui nei cui confronti esso si verifica à tutt`affatto indipendente dalla liceità o illiceità del fatto stesso o dell`attività che lo há prodotto, com la conseguenza che anche un fatto illecito può generare un rapporto giuridico d ´imposta" (*Principi di diritto tributario*, v. II, p. 100).

18. Cf. Rubens Gomes de Sousa, op. cit.., p.38.

exerce competência discricionária, como assinala Paulo de Barros Carvalho.[19]

Tecidas tais considerações em torno do conceito de tributo, cabe investigar se as contribuições se enquadram nos critérios indicados no dispositivo referenciado.

Compulsando-se o art. 149 da Carta Magna, observa-se, primeiramente, que não menciona o tipo de comportamento em que consiste as contribuições, posto que o constituinte se limitou a afirmar que as aludidas exações seriam instituídas como instrumento da atuação da União em determinadas áreas. Em outras palavras, a Constituição não diz se as contribuições consistem em prestações pecuniárias ou não, exceto em relação àquelas mencionadas no parágrafo primeiro do art. 149, posto que aqui ficou esclarecido que as prestações se destinam ao custeio de sistemas de previdência e assistência social.

Todavia, ao vedar a receita da arrecadação dos impostos a órgãos ou fundos no art. 167, IV, a Constituição implicitamente admite a vinculação da receita das contribuições, donde se conclui que estas consistem em prestações pecuniárias.

Quanto ao caráter compulsório da prestação, decorre da competência outorgada à União para instituí-la, e, por conseguinte, para cobrá-la. Em outros termos, a Carta outorgou parcela de poder jurídico a determinado ente da federação para criar, no plano abstrato, certa prestação compulsória, estando implícita aí a permissão para realizar atividade administrativa de cobrança, porque a possibilidade de instituir sem cobrar tornaria letra morta a outorga constitucional.[20] Acresça-se, ainda, que o art. 149 refere-se expressamente ao art. 146, o qual versa sobre normas gerais sobre obrigação

19. *Curso de direito tributário*, p. 21.

20. Não estamos confundindo competência legislativa com capacidade tributária ativa. O que estamos afirmando é que a regra de outorga de competência contém implicitamente a outorga de capacidade tributária ativa.

tributária (art. 146, "b"), que consiste num dever jurídico, no qual se insere a nota da compulsoriedade.

O caráter de licitude do comportamento que poderá funcionar como hipótese de incidência da contribuição deriva das finalidades postas na Constituição, uma vez que nenhuma delas relaciona-se com a repressão de ato ilícito.

Por fim, a criação através de lei decorre da referência ao art. 150, I, que versa sobre o princípio da legalidade tributária.

Claro está, portanto, que as contribuições mencionadas no art. 149 da Constituição se enquadram perfeitamente no conceito jurídico-positivo de tributo, sendo inquestionável, pois, a sua natureza tributária.

Fixada essa premissa, importa caracterizar essa espécie tributária, identificando-a, ou não, com os impostos, as taxas, as contribuições de melhoria e os empréstimos compulsórios.

5. O MODELO TEÓRICO BASEADO NA CARTA DE 1988

5.1 Características essenciais

As contribuições especiais sempre foram objeto de preocupação da doutrina e da jurisprudência, desde o surgimento da primeira figura, no início do século passado, que nada mais era do que a contribuição devida pelos empregadores para a Previdência Social.

Na vigência da Carta de 1969, os principais debates giraram em torno da natureza jurídica da figura.

Veio a lume, então, a Constituição Federal de 1988, que desenhou um perfil para o tributo, o qual tivemos a oportunidade de analisar em estudo anterior, publicado há mais de quinze anos.[21]

---

21. *Contribuições de Intervenção no Domínio Econômico*, São Paulo, Dialética, 2002.

Naquela oportunidade, verificamos que seria possível, em face do texto da Carta de 1988, identificar traços *essenciais* e *acidentais* da figura em pauta, os quais serão adiante examinados. Vejamos quais eram.

O ponto de partida para definir as características essenciais das contribuições especiais é o texto constitucional. Com base no cotejo entre os arts. 145, II e III, 153, 155 e 156 e o art. 149, evidencia-se que o contribuinte utilizou duas técnicas para distribuir as competências tributárias entre os entes tributantes.

Em relação aos impostos, taxas e contribuição de melhorias, a Constituição indicou a materialidade possível da exação. Ou seja, o constituinte definiu o critério material possível da norma impositiva tributária (regra-matriz de incidência).

No que se refere às contribuições especiais e aos empréstimos compulsórios, utilizou-se de técnica diversa, eis que a materialidade não foi mencionada pelo Texto Magno, o qual se contentou em precisar a *finalidade* da exação. Vale dizer, a competência tributária, neste caso, é vinculada aos fins, não ao motivo (meios).

Numa perspectiva pragmática, defendida por Tercio Sampaio Ferraz Júnior, verifica-se que foram utilizadas as duas técnicas de validação das normas jurídicas: causal e finalista. Na primeira, estabelecem-se os meios, deixando os fins em aberto, isto é, a norma superior (norma imunizante) define a materialidade da norma inferior (norma imunizada), imunizando-a contra impugnações. Já na validação finalista, os fins são desde logo definidos pela norma superior (norma imunizante), cabendo ao legislador a tarefa de escolher os meios mais adequados ao alcance dos mencionados escopos.[22]

22. Cf. Tercio Sampaio Ferraz Júnior, *Introdução ao estudo do direito*, p. 171-172.

Nos arts. 153, 155 e 156 e 145, II e III, a técnica utilizada pelo legislador constituinte foi a da validação causal, no art. 149, a finalista.

Disso se infere que o traço característico das contribuições especiais no direito brasileiro é que são exações instituídas para alcançar determinados fins qualificados constitucionalmente.[23]

A finalidade significa que as contribuições em estudo devem ser criadas para instrumentar a atuação nas áreas expressamente indicadas no art.149 e 195, o que não significa necessariamente que a exação terá por escopo custear a atividade da União em tais setores. A finalidade nem sempre se confunde com o objetivo financeiro de custeio, posto que a exação também pode ser utilizada para outros fins, tais como, estimular ou desestimular a prática de comportamentos.

Convém observar, também, que não basta a escolha de uma das finalidades previstas nos arts. 149 e 195. É imprescindível, ainda, que ela se adeque aos valores prestigiados pela Constituição. Assim, não basta a existência do interesse de determinada categoria profissional para que seja criada uma contribuição especial. É necessário, também, que este interesse, na situação escolhida pelo legislador, apresente uma relação de conformidade com os valores albergados pela Carta Magna.

Pode uma contribuição especial ser instituída para realizar mais de uma finalidade?

---

23. A maioria esmagadora da doutrina nacional sustenta esse entendimento: Geraldo Ataliba (Op. cit., p.170); (Marco Aurélio Greco, *Contribuições (uma figura "sui generis")*, São Paulo, Dialética,2000, p.238); Roque Antonio Carrazza, *Curso de Direito Constitucional Tributário*,8ª ed., São Paulo, Malheiros, 1996, p.321-322; Misabel Abreu Derzi, *Contribuições*, In: RDT nº 48, RT, São Paulo, abril/junho de 1989, p.229; José Souto Maior Borges, *Contribuição para o IAA*, In: RDT nº55, São Paulo, RT, janeiro/março de 1991,p.120, José Eduardo Soares de Melo, *Contribuições Sociais no Sistema Tributário*, 3ªed., São Paulo, Malheiros, 2000, p.103).

Depende do modelo previsto pela Constituição Federal, que pode admitir ou não a existência de mais de uma finalidade imediata ou mediata, como será adiante examinado.

O art. 194 da Carta estabelece que "a seguridade social compreende um conjunto integrado de ações de iniciativa dos Poderes Públicos e da sociedade, destinadas a assegurar os direitos relativos à saúde, á previdência e à assistência social". Para efetivação desses direitos, previu-se, no art. 195, a instituição de contribuições para a seguridade social. Destarte, tais exações apresentam a finalidade fiscal, de arrecadar receitas para o custeio das despesas realizadas pela União para a efetivação de três modalidades de direitos fundamentais sociais. A finalidade imediata é única, no entanto, a mediata, os bens jurídicos que se pretende assegurar, são múltiplos

Já no art. 149, admitiu-se a cobrança das contribuições de intervenção no domínio econômico, as quais podem apresentar uma, dentre duas finalidades: custeio das despesas realizadas pela União na realização da atividade interventiva; ou representar o próprio instrumento interventivo. A finalidade imediata é uma apenas, contudo, a mediata pode ser mais de uma, dependendo do tipo de atividade realizada pelo Poder Público.

É possível, também, que o texto indique múltiplos destinos para os recursos arrecadados com a cobrança do tributo. Ao fazê-lo, menciona implicitamente a finalidade fiscal do tributo. É o que ocorre com o art. 177, § 4º, II, que prevê as seguintes possibilidades para o destino das receitas: a) pagamento de subsídios a preços ou transporte de álcool combustível, gás natural e seus derivados e derivados de petróleo; b) financiamento de projetos ambientais relacionados com a indústria do petróleo e do gás; c) financiamento de programas de infraestrutura de transportes.

Em julgamento recente, Recurso Extraordinário nº. 878.313,[24] o Supremo Tribunal Federal admitiu que uma contribuição especial possa indicar várias finalidades, sendo uma principal e as demais acessórias. O voto vencedor, do Ministro Alexandre de Moraes, destacou que a contribuição estabelecida pela Lei Complementar nº 101/2000 apresenta uma destinação principal, que é a preservação dos direitos referentes ao Fundo de Garantia do Tempo de Serviço; e outra acessória, que é a utilização dos recursos decorrentes da cobrança desse tributo para a compensação financeira das perdas das contas do FGTS sofridas pelos expurgos inflacionários, decorrentes dos planos econômicos denominados "Verão" e "Collor". Admitiu-se, destarte, a possibilidade de existência de múltiplas finalidades em um mesmo tributo, no caso, uma contribuição social, espécie do gênero contribuições especiais.

Obviamente que a presença ou não de múltiplas finalidades deverá ser identificada com base na interpretação da lei instituidora da figura, que poderá ser realizada de acordo com os métodos tradicionais, inclusive o histórico, como ocorreu no julgado em epígrafe.

Do mencionado traço decorre outra característica essencial das contribuições sociais: o produto da arrecadação necessariamente deverá ser destinado à finalidade para a qual o tributo foi criado. A *finalidade* não se confunde com o *destino da arrecadação*. Enquanto a finalidade alcança a fase de criação do tributo, com a produção da norma impositiva tributária (norma geral e abstrata), o destino da arrecadação diz respeito a momento posterior à extinção da obrigação tributária.[25]

---

24. STF, Pleno, Re nº 878.313, Redator para o acórdão Alexandre de Moraes, DJ 04/09/2020.

25. Sendo assim, esse momento também está alcançado pelo direito tributário. Ao nosso ver, a CF, ao valorizar o destino da arrecadação, trouxe para o âmbito do direito tributário esse fato, incorporando-o ao fenômeno tributário.

Sendo assim, o disposto no art. 4º, II, do CTN[26] não se aplica às contribuições especiais, valendo tão somente para os tributos validados através da técnica causal, mormente porque a norma geral de direito tributário desconhece a técnica finalista, partindo, desse modo, de outro modelo. À época da elaboração da Lei nº 5.172/66 partiu-se de um pressuposto: que a natureza jurídica dos tributos era definida pelo fato gerador, sendo irrelevante o elemento finalidade.[27]

O mencionado dispositivo, portanto, não vale para as contribuições especiais, aplicando-se apenas em relação às exações previstas pelo CTN em seu art. 5º. Isso não significa, contudo, que este enunciado prescritivo foi revogado pelo art. 149 da CF. A incompatibilidade existe apenas com relação a tais exações, mas não em relação a outras espécies tributárias. Para solucionar esse problema, é melhor adotar a técnica da interpretação conforme a Constituição, preservando o mencionado dispositivo no sistema. Assim, o enunciado deve ser entendido no sentido de que o destino da arrecadação é um critério insuficiente para definir a natureza jurídica dos impostos, da taxas e das contribuições de melhoria, não se aplicando às contribuições especiais e aos empréstimos compulsórios.[28]

Como será oportunamente analisado, algumas Emendas à Constituição promoveram uma desvinculação parcial

---

26. Segundo o disposto no art. 4º, II, do CTN, "A natureza jurídica específica do tributo é determinada pelo fato gerador da respectiva obrigação, sendo irrelevantes para qualificá-la: II – a destinação legal do produto".

27. O CTN, inclusive, em sua formulação originária, desconhecia a existência das contribuições especiais. Posteriormente, foi inserido no diploma legal o art. 217, através do Decreto-lei nº 27, de 14 de novembro de 1966, validando as contribuições previdenciárias, sindicais, e para o FGTS. Isso demonstra que o CTN não tratou das contribuições epigrafadas, preocupando-se com três espécies tributárias, segundo demonstra a enumeração taxativa do seu art.5º: impostos, taxas e contribuições de melhoria.

28. Em relação aos empréstimos compulsórios, a Constituição também utilizou a técnica da validação finalista, como se infere da leitura do art. 148.

das receitas das contribuições sociais. Tais atos foram impugnados perante o Supremo Tribunal Federal. A Corte rejeitou a alegação de inconstitucionalidade, esclarecendo, que ainda que a desvinculação promovida fosse inválida, os contribuintes não teriam direito à restituição do tributo supostamente recolhido de forma indevida:

> DIREITOS CONSTITUCIONAL E TRIBUTÁRIO. REPERCUSSÃO GERAL. DESVINCULAÇÃO DE RECEITAS DA UNIÃO – DRU. ART. 76 DO ATO DAS DISPOSIÇÕES CONSTITUCIONAIS TRANSITÓRIAS. AUSÊNCIA DE CORRELAÇÃO ENTRE A ALEGADA INCONSTITUCIONALIDADE DA DRU E O DIREITO À DESONERAÇÃO TRIBUTÁRIA PROPORCIONAL À DESVINCULAÇÃO. ILEGITIMIDADE PROCESSUAL. AUSÊNCIA DE DIREITO LÍQUIDO E CERTO. RECURSO EXTRAORDINÁRIO AO QUAL SE NEGA PROVIMENTO. 1. A questão nuclear deste recurso extraordinário não é se o art. 76 do ADCT ofenderia norma permanente da Constituição da República, mas se, eventual inconstitucionalidade, conduziria a ter a Recorrente direito à desoneração proporcional à desvinculação das *contribuições sociais* recolhidas. 2. Não é possível concluir que, eventual inconstitucionalidade da desvinculação parcial da receita das *contribuições sociais*, teria como consequência a devolução ao contribuinte do montante correspondente ao percentual desvinculado, pois a tributação não seria inconstitucional ou ilegal, única hipótese autorizadora da repetição do indébito tributário ou o reconhecimento de inexistência de relação jurídico-tributária. 3. Não tem legitimidade para a causa o contribuinte que pleiteia judicialmente a restituição ou o não recolhimento proporcional à desvinculação das receitas de *contribuições sociais* instituída pelo art. 76 do ADCT, tanto em sua forma originária quanto na forma das alterações promovidas pelas Emendas Constitucionais n. 27/2000, 42/2003, 56/2007, 59/2009 e 68/2011. Ausente direito líquido e certo para a impetração de mandados de segurança. 4. Negado provimento ao recurso extraordinário.
>
> *Tema*
>
> 277 - Desvinculação do produto de arrecadação de *contribuições sociais* da União por Emenda Constitucional.
>
> *Tese*
>
> I - A eventual inconstitucionalidade de desvinculação de receita de *contribuições sociais* não acarreta a devolução ao contribuinte do montante correspondente ao percentual desvinculado, pois a

> tributação não seria inconstitucional ou ilegal, única hipótese autorizadora da repetição do indébito tributário; II - Não é inconstitucional a desvinculação, ainda que parcial, do produto da arrecadação das *contribuições sociais* instituídas pelo art. 76 do ADCT, seja em sua redação original, seja naquela resultante das Emendas Constitucionais 27/2000, 42/2003, 56/2007, 59/2009 e 68/2011. Obs: Redação da tese aprovada nos termos do item 2 da Ata da 12ª Sessão Administrativa do STF, realizada em 09/12/2015.[29]

Tanto a finalidade quanto o destino da arrecadação devem estar relacionados a determinado grupo, ou setor econômico. Analisando-se as hipóteses previstas constitucionalmente para a criação das mencionadas exações, principalmente os arts.149, 195, 212, §5º, constata-se que a exação sempre alcança uma classe finita de pessoas, ou seja, um grupo. Isso não significa, entretanto, que o grupo deva ter personalidade jurídica. Basta a existência de um conjunto de indivíduos ligados pelo mesmo interesse, naquela situação escolhida como critério material da contribuição.

Por fim, é necessária a existência de uma entidade estatal, paraestatal, ou privada, com finalidades de interesse público, encarregada de atuar no setor alcançado pela contribuição.

Desse modo, pode-se concluir que a Constituição elegeu os seguintes pressupostos constitucionais para a criação das contribuições: a) uma finalidade adequada ao Texto Magno; b) existência de um grupo, ou setor; c) uma entidade;[30] d) arrecadação destinada à finalidade para a qual a exação tiver sido instituída.[31]

---

29. STF, Pleno, RE nº 566007, Rel. Min. Carmen Lúcia, DJ 11/02/2015.

30. Que atua no setor alcançado pelo tributo.

31. Marco Aurélio Greco sustenta posição semelhante, ao defender que os elementos do modelo das contribuições são os seguintes: um grupo, um motivo, uma entidade, a contribuição (Op. cit., p.152). Para nós, o motivo é um traço acidental, e não essencial.

5.2 Traços acidentais

Prestigiada corrente doutrinária tem sustentado que um dos traços característicos das contribuições é a existência de uma vantagem diferencial para o contribuinte, em relação a determinada atividade administrativa por ele provocada. Ou seja, determinado indivíduo aufere *benefício* especial do Estado,[32] devendo, por isso, custear a *despesa* da atividade desenvolvida para que a vantagem seja alcançada.[33]

O benefício, neste caso, não pode ser mensurado individualmente, eis que se dirige ao grupo, no qual o contribuinte está inserido.

Em algumas espécies de contribuições, é possível identificar a existência de um especial benefício para o contribuinte, por exemplo, naquelas mencionadas no art.149, § 1º, da CF. Contudo, nem sempre isso se verifica. Na contribuição sobre a folha de salário, por exemplo, não vislumbramos qualquer vantagem concreta para o sujeito passivo da exação. Do mesmo modo, em algumas contribuições para a seguridade social não é possível identificar o mencionado traço.

Em precedente recente, o Supremo Tribunal Federal manifestou-se sobre a questão, em relação às contribuições de intervenção no domínio econômico, posicionando-se no

32. Benefício aqui deve ser entendido como um benefício concreto, efetivo, e não pressuposto, potencial.

33. Cf. Geraldo Ataliba (*Hipótese de incidência tributária*, p. 171), José Eduardo Soares de Melo (*Contribuições sociais no sistema tributário*, p.85) e Hamilton Dias de Souza (*Contribuições para a seguridade social*, p.422). Essa corrente foi nitidamente influenciada pela doutrina italiana, que se baseou no magistério de A.D. Gianinni. Atualmente, essa concepção ainda é defendida na Itália. Examinando a matéria, Augusto Fantozzi ensina que "la dottrina riserva la definizione di contributo in senso proprio a quei tributi che si ricollegano o ad un particolare vantaggio economico conseguito dal contribuente dall' esplicazione di un' attività pubblica ovvero ad una maggiore spesa provocata dal contribuente all' ente pubblico" (*Diritto tributario*, 2ªed., Torino, UTET, 1998, p. 61)

sentido da ausência de necessidade de o contribuinte do tributo auferir algum benefício com a sua exigência:

> AGRAVO INTERNO EM RECURSO EXTRAORDINÁRIO. DIREITO TRIBUTÁRIO. *CONTRIBUIÇÃO* DE INTERVENÇÃO NO DOMÍNIO ECONÔMICO. FUST. INAPLICABILIDADE DA IMUNIDADE PREVISTA NO ART. 155, § 3º, DA CONSTITUIÇÃO FEDERAL. DISPENSA DE LEI COMPLEMENTAR PARA A INSTITUIÇÃO DE CIDE. AUSÊNCIA DE DUPLICIDADE DE BASE DE CÁLCULO EM RELAÇÃO A IMPOSTOS. INEXISTÊNCIA DE AFRONTA À REFERIBILIDADE. ACÓRDÃO RECORRIDO EM CONFORMIDADE COM O ENTENDIMENTO DO SUPREMO TRIBUNAL FEDERAL. 1. Conforme jurisprudência do Supremo, a imunidade prevista no art. 155, § 3º, da Constituição Federal não é aplicável às *contribuições sociais* destinadas ao financiamento da seguridade *social*. 2. É dispensável a edição de lei complementar para a instituição das *Contribuições* de Intervenção no Domínio Econômico (Cide). Precedentes. 3. As *contribuições sociais* estão a salvo da proibição de duplicidade da base de cálculo com a de impostos. 4. Mostra-se desnecessária a vinculação direta entre o sujeito passivo da Cide e o *benefício* proporcionado pela destinação das receitas arrecadadas com o tributo. 5. Agravo interno desprovido.[34]

Parece-nos, por tais razões, que no modelo constitucional atual das contribuições especiais, a existência de especial despesa e benefício constituem traços acidentais das contribuições.[35]

Outra ideia presente na teorização acerca das contribuições é a necessidade da existência de uma atividade estatal material indiretamente referida ao contribuinte.

Na verdade, porém, nem sempre é possível identificar a presença desse traço. Em algumas situações, a atividade desenvolvida é exercida por entidade privada. É o que

---

34. STF, 2ª Turma, Re nº1100485, Agr , Rel. Min. Nunes Marques, DJ 23/11/2022.

35. Luciano Amaro (*Direito tributário brasileiro*, p.84) e Marco Aurélio Greco (*Contribuições...*, p. 237-238) defendem que a existência de benefício é característica não essencial das contribuições.

ocorre, por exemplo, nas contribuições profissionais e sindicais. Em outras, sequer é possível falar na existência de qualquer atividade. Nas contribuições interventivas, para exemplificar, a exação pode representar o próprio instrumento da intervenção, sem que a União execute qualquer atividade material, como será examinado posteriormente.

Defendemos a ideia, portanto, que a mencionada atividade constitui mais um traço acidental da espécie tributária sob exame.

Das características supramencionadas decorre a existência, ou não, da *referibilidade* do sujeito passivo à atividade estatal.

De fato, em muitas situações, existe uma atividade estatal que é indiretamente referida ao contribuinte. Diz-se que é *indireta* porque entre o indivíduo e o Estado (ou entidade paraestatal) existe um elemento intermediário: o grupo. Nestas hipóteses, é correto afirmar que as contribuições se caracterizam por serem exações nas quais há uma prestação estatal relacionada a determinado sujeito, que pertence a um grupo.

Há casos, de outro lado, em que o mencionado traço não se faz presente. É o que ocorre com as contribuições para a seguridade social. Aqui alguém contribui, em virtude do princípio da solidariedade (art.195), para que outrem, que se relaciona com o Estado, usufrua de um benefício. Inexiste, desse modo, qualquer referibilidade entre o sujeito passivo e o ente tributante.

Isso comprova que se está diante de mais uma característica acidental das contribuições especiais. O Supremo Tribunal Federal em julgado recente manifestou-se sobre a existência da referibilidade para validar uma contribuição social,em recente julgado:

Recurso extraordinário. Repercussão geral. Tributário. Contribuição ao INCRA incidente sobre a folha de salários. Recepção pela CF/88. Natureza jurídica. Contribuição de intervenção no domínio econômico (CIDE). Referibilidade. Relação indireta. Possibilidade. Advento da EC nº 33/01, incluindo o § 2º, III, a, no art. 149 da CF/88. Bases econômicas. Rol exemplificativo. Contribuições interventivas incidentes sobre a folha de salário. Higidez. 1. Sob a égide da CF/88, diversos são os julgados reconhecendo a exigibilidade do adicional de 0,2% relativo à contribuição destinada ao INCRA incidente sobre a folha de salários. 2. A contribuição ao INCRA tem contornos próprios de contribuição de intervenção no domínio econômico (CIDE). Trata-se de tributo especialmente destinado a concretizar objetivos de atuação positiva do Estado consistentes na promoção da reforma agrária e da colonização, com vistas a assegurar o exercício da função social da propriedade e a diminuir as desigualdades regionais e sociais (arts. 170, III e VII; e 184 da CF/88). 3. Não descaracteriza a exação o fato de o sujeito passivo não se beneficiar diretamente da arrecadação, pois a Corte considera que a inexistência de referibilidade direta não desnatura as CIDE, estando, sua instituição "jungida aos princípios gerais da atividade econômica". 4. O § 2º, III, a, do art. 149, da Constituição, introduzido pela EC nº 33/2001, ao especificar que as *contribuições sociais* e de intervenção no domínio econômico "poderão ter alíquotas" que incidam sobre o faturamento, a receita bruta (ou o valor da operação) ou o valor aduaneiro, não impede que o legislador adote outras bases econômicas para os referidos tributos, como a folha de salários, pois esse rol é meramente exemplificativo ou enunciativo. 5. É constitucional, assim, a CIDE destinada ao INCRA devida pelas empresas urbanas e rurais, inclusive, após o advento da EC nº 33/01. 6. Recurso extraordinário a que se nega provimento. 7. Tese fixada para o Tema nº 495: "É constitucional a contribuição de intervenção no domínio econômico destinada ao INCRA devida pelas empresas urbanas e rurais, inclusive após o advento da EC nº 33/2001.

Tema

495 - Referibilidade e natureza jurídica da contribuição para o INCRA, em face da Emenda Constitucional nº 33/2001.

Tese

É constitucional a contribuição de intervenção no domínio econômico destinada ao INCRA devida pelas empresas urbanas e rurais, inclusive após o advento da EC nº 33/2001.[36]

36. STF, Pleno, RE 630898, Rel. Min. Dias Toffoli, DJ 11/05/2021.

A indicação, no plano constitucional, da base de cálculo do tributo é outro traço característico, acidental, das contribuições especiais. De fato, para um determinado grupo de contribuições, o Texto Magno não se limitou em prever a finalidade. Foi além, indicando as bases de cálculo dos tributos, por exemplo, em relação às contribuições para a seguridade social (CF, art.195).

A existência de um motivo constitucional é outro traço acidental das contribuições em pauta. O motivo é a situação fática que autoriza a criação do tributo. Para algumas contribuições, como as interventivas, a Carta Maior mencionou as situações que autorizam a atuação da União, e, por conseguinte, a criação do tributo.[37]

No julgamento da constitucionalidade da Lei Complementar nº110/2001, o Pretório Excelso reconheceu a existência de uma "causa", de "motivos determinantes" na instituição desta contribuição social, os quais autorizam a manutenção da cobrança da exação:

> RECURSO EXTRAORDINÁRIO. REPERCUSSÃO GERAL. TEMA 846. CONSTITUCIONAL. TRIBUTÁRIO. *CONTRIBUIÇÃO SOCIAL* PREVISTA NO ART. 1º DA LEI COMPLEMENTAR 110, DE 29 DE JUNHO DE 2001. PERSISTÊNCIA DO OBJETO PARA A QUAL FOI INSTITUÍDA. 1. O tributo previsto no art. 1º da Lei Complementar 110/2001 é uma *contribuição social* geral, conforme já devidamente pacificado no julgamento das ADIs 2556 e 2558. A causa de sua instituição foi a necessidade de complementação do Fundo de Garantia do Tempo de Serviço FGTS, diante da determinação desta SUPREMA CORTE de recomposição das perdas sofridas pelos expurgos inflacionários em razão dos planos econômicos denominados "Verão" (1988) e "Collor" (1989) no julgamento do RE 226.855. 2. O propósito da contribuição, à qual a sua cobrança encontra-se devidamente vinculada, não se confunde com os motivos determinantes de sua

37. Neste ponto, modificamos entendimento manifestado em outro estudo, quando defendemos que a existência de um motivo seria um traço essencial das contribuições especiais (*Contribuições de Intervenção no Domínio Econômico,* São Paulo, Dialética, 2002, p. 19.).

instituição. 3. O objetivo da contribuição estampada na Lei Complementar 110/2001 não é exclusivamente a recomposição financeira das perdas das contas do Fundo de Garantia do Tempo de Serviço - FGTS em face dos expurgos inflacionários decorrentes dos planos econômicos Verão e Collor. 4. A LC 110/2001 determinou que as receitas arrecadadas deverão ser incorporadas ao Fundo de Garantia do Tempo de Serviço - FGTS (art. 3º, § 1º), bem como autorizou que tais receitas fossem utilizadas para fins de complementar a atualização monetária resultante da aplicação, cumulativa, dos percentuais de dezesseis inteiros e sessenta e quatro centésimos por cento e de quarenta e quatro inteiros e oito décimos por cento, sobre os saldos das contas mantidas, respectivamente, no período de 1º de dezembro de 1988 a 28 de fevereiro de 1989 e durante o mês de abril de 1990 (art. 4º, caput). 5. Já o artigo 13 da Lei Complementar 110/2001 determina que as leis orçamentárias anuais referentes aos exercícios de 2001, 2002 e 2003 assegurarão destinação integral ao FGTS de valor equivalente à arrecadação das contribuições de que tratam os arts. 1º e 2º desta Lei Complementar). 6. Ao estabelecer que, até o ano de 2003, as receitas oriundas das contribuições ali estabelecidas terão destinação integral ao FGTS, pode-se concluir que, a partir de 2004, tais receitas poderão ser parcialmente destinadas a fins diversos, desde que igualmente voltados à preservação dos direitos inerentes ao FGTS, ainda que indiretamente. 7. Portanto, subsistem outras destinações a serem conferidas à *contribuição social* ora impugnada, igualmente válidas, desde que estejam diretamente relacionadas aos direitos decorrentes do FGTS. 8. Recurso extraordinário a que se nega provimento. Tese de repercussão geral: «É constitucional a *contribuição social* prevista no artigo 1º da Lei Complementar nº 110, de 29 de junho de 2001, tendo em vista a persistência do objeto para a qual foi instituída.

Tema

846 - Constitucionalidade da manutenção de *contribuição social* após atingida a finalidade que motivou a sua instituição.

Tese

É constitucional a *contribuição social* prevista no artigo 1º da Lei Complementar nº 110, de 29 de junho de 2001, tendo em vista a persistência do objeto para a qual foi instituída.[38]

---

38. STF, Pleno, RE nº 878.313, Redator para o acórdão Min. Alexandre de Moraes, DJ 04/09/2020.

Sistematizando, pode-se afirmar que a mencionada figura apresenta os seguintes traços acidentais: a) benefício especial para o contribuinte; b) despesa causada ao Estado, ou ente paraestatal; c) atividade material desenvolvida pelo Estado (ou entidade paraestatal, ou privada), referida ao contribuinte; d) motivo; e) indicação da base de cálculo.

Eis o perfil das contribuições especiais no direito constitucional brasileiro.

6. AUTONOMIA DA FIGURA

Abalizada corrente doutrinária tem sustentado que as contribuições não são espécies tributárias autônomas. Dependendo do critério material eleito pelo legislador, poderão consistir em taxas, ou impostos, conforme seja uma atividade estatal referida ao contribuinte, ou um fato qualquer, que denote riqueza.

Por trás desta questão, localiza-se o problema da classificação jurídica dos tributos.

De fato, o mencionado segmento doutrinário defende a classificação tripartite dos tributos, a qual foi adotada pela Emenda Constitucional nº 18/65, sendo encampada pelo art. 5º do CTN.

Neste contexto, trabalha-se com uma variável para classificar os tributos: a existência de vinculação, direta ou indireta do contribuinte, a uma atividade estatal.

Na elaboração de qualquer classificação, devem ser escolhidos critérios suficientes à extração de consequências jurídicas distintas. Isto é, o problema da classificação não consiste em ser útil, ou não, e sim em ser adequada à identificação de regimes diferenciados[39] a partir dos critérios escolhidos.

39. Cf. Luciano Amaro, *Direito tributário brasileiro*, p.67.

A escolha dos critérios, entretanto, não pode ser aleatória, devendo, em verdade, partir de dados fornecidos pelo direito positivo. O referencial, portanto, deve ser o ordenamento jurídico.

Tomando-se por base o sistema normativo, verifica-se que a Constituição de 1988 fornece quatro critérios suficientes para a identificação das espécies tributárias:[40] a vinculação a uma atividade estatal (art.145, I, II e III), a finalidade (art.149 e 148), a restituibilidade (art.148) e a afetação do destino da arrecadação (arts. 148, parágrafo único, 149, § 1º e 167, IV).

A vinculação ou não a uma atividade estatal na hipótese de incidência aparece nos incisos I, II e III do art.145, os quais preveem ou não este fato como a materialidade possível das taxas, impostos, ou contribuições de melhoria.

No art. 149, a Constituição qualifica as finalidades possíveis das contribuições especiais, elegendo esse elemento como critério suficiente para identificar tais exações. De igual modo, no art. 148, o Texto Magno diz os fins para os quais os empréstimos compulsórios devem ser instituídos.

A afetação do destino da arrecadação aparece no parágrafo único do art.148, regra que vincula a receita dos empréstimos compulsórios às finalidades para os quais tiverem sido instituídos. A mesma técnica é utilizada no § 1º do art.149. Já no inciso IV do art.167, a Constituição proíbe a vinculação de receita dos impostos, valorizando mais uma vez o critério em pauta.

---

40. Esses critérios foram percebidos inicialmente na doutrina por Luciano Amaro (*Conceito e classificação dos tributos*, In: RDT, nº 55, São Paulo, Revista dos Tribunais, janeiro-março de 1991, p.239-296; op. cit., p.73-85, artigo da RDT). Posteriormente, foram examinados por Márcio Severo Marques (*Classificação constitucional dos tributos*, p. 143-226) e por Eurico de Santi (*As classificações no sistema tributário brasileiro*, p.125-147). Os dois últimos autores elaboram a classificação dos tributos tomando como referencial três critérios: vinculação a uma atividade estatal, previsão do destino da arrecadação e a restituibilidade. Por entendermos que a finalidade não significa necessariamente o custeio de determinada atividade material, pensamos que este critério deve ser separado do produto da arrecadação para fins de classificação.

Por fim, tem-se a restituibilidade, critério que decorre do conceito de empréstimo, mencionado no art.148 da Carta Magna.

Partindo-se de tais critérios, é possível identificar cinco espécies tributárias no direito brasileiro, quais sejam: i) impostos, ii) taxas; iii) contribuição de melhoria; iv) empréstimos compulsórios; e v) contribuições especiais.[41]

Do exposto, conclui-se que as contribuições especiais são espécies autônomas, não podendo ser confundidas com as taxas, nem com os impostos. Ainda que o critério material eleito pelo legislador seja o da vinculação a uma atividade estatal, jamais se confundirão com os impostos, em face dos demais critérios fornecidos pela Constituição (finalidade, afetação do destino da arrecadação), ausentes nos mencionados tributos não vinculados. Pelos mesmos motivos, diante da ausência de vinculação, não se identificarão com as taxas, pois nestas não há finalidade valorada constitucionalmente, nem vinculação de receita.

Definida a autonomia do tributo em estudo, é importante identificar suas subespécies.

7. CLASSIFICAÇÃO

A classificação das contribuições especiais também deve observar o mesmo referencial utilizado para identificar a sua autonomia: o texto constitucional.

Como visto, as exações em análise estão mencionadas no art. 149. Além deste dispositivo, a Constituição também previu outras contribuições nos arts.195 (contribuições para a seguridade social), 212, § 5º (salário-educação), 239 (contribuição para o PIS), 240 (contribuições para o sistema

---

41. No mesmo sentido, Robson Mais Lins, *Curso de Direito Tributário Brasileiro*, 2ª ed., São Paulo, Noeses, 2022, p.440-442.

"S") ,7º, III (contribuição para o FGTS), 177, § 4º (contribuição interventiva) e art.149-A (contribuição para o custeio do serviço de iluminação pública).

Com base nesses enunciados, é possível traçar uma classificação constitucional das contribuições especiais, a saber: contribuições sociais; contribuições interventivas, contribuições corporativas e contribuição para o custeio do serviço de iluminação pública. As contribuições sociais, por seu turno, se subdividem nas seguintes espécies: 1.1.) contribuições para a seguridade social; 1.2.) salário-educação; 1.3.) contribuição para o PIS; 1.4.) contribuições para o sistema "S"; 1.5) contribuição para o FGTS.

O tema foi apreciado pelo Supremo Tribunal Federal no julgamento do Recurso Extraordinário nº 138.284. Naquela oportunidade, o Ministro Relator, Carlos Velloso, efetuou a seguinte separação entre as contribuições:

> O citado artigo 149 institui três tipos de contribuições: a) contribuições sociais, b) de intervenção, c) corporativas. As primeiras, as contribuições sociais, desdobram-se, por sua vez, em a.1) contribuições de seguridade social, a.2) outras de seguridade social e a. 3) contribuições sociais gerais. IV Examinemos mais detidamente essas contribuições. As contribuições sociais, falamos, desdobram-se em a.1. contribuições de seguridade social: estão disciplinadas no art. 195, I, II e III, da Constituição. São as contribuições previdenciárias, as contribuições do FINSOCIAL, as da Lei 7.689, o PIS e o PASEP (C.F., art. 239). Não estão sujeitas à anterioridade (art. 149, art. 195, parág. 6º); a.2. outras de seguridade social (art. 195, parág. 4º): não estão sujeitas à anterioridade (art. 149, art. 195, parág. 6º). A sua instituição, todavia, está condicionada à observância da técnica da competência residual da União, a começar, para a sua instituição, pela exigência de lei complementar (art. 195, parág. 4º; art. 154, I); a.3. contribuições sociais gerais (art. 149): o FGTS, o salário-educação (art. 212, parág. 5º), as contribuições do SENAI, do SESI, do SENAC (art. 240). Sujeitam-se ao princípio da anterioridade.[42]

---

42. STF, Pleno, RE nº 138.284, Rel. Min. Carlos Velloso, DJ 28/08/1992.

É importante observar que embora todas as subespécies estejam submetidas aos pressupostos constitucionais já estudados (finalidade, afetação do destino do produto da arrecadação, existência de um grupo e de uma entidade), sendo igualmente validadas através da técnica finalista, submetem-se a regimes jurídicos constitucionais distintos. Assim, por exemplo, em relação às contribuições de seguridade social, o constituinte indicou a base de cálculo possível (art.195, I, II e III), o que não ocorre em relação às exações do art. 149. Além disso, as contribuições para a seguridade estão submetidas a uma anterioridade especial (art.195, §6º), o que demonstra a diversidade de regimes. Vale dizer, não há um regime jurídico-constitucional para as contribuições. Há regimes constitucionais diferenciados.

Entretanto, há normas e princípios constitucionais aplicáveis a todas as subespécies, os quais comportam uma análise mais apurada.

8. REGIME JURÍDICO-CONSTITUCIONAL

O art. 149 da CF determina expressamente a aplicação obrigatória em relação às contribuições especiais de três dispositivos constitucionais: arts. 146, III, 150, I e III.

No que se refere ao art. 146, III, que versa sobre a possibilidade de lei complementar estabelecer normas gerais em matéria de legislação tributária, a remissão do art. 149 significa serem aplicáveis às contribuições em exame as normas gerais atualmente existentes, veiculadas pelo CTN, bem como as que vierem a ser futuramente introduzidas no ordenamento por outras leis complementares, desde que compatíveis com as características essenciais das contribuições. Convém observar, contudo, que será necessário que se trate de lei complementar em sentido material, e não formal, por ser o único instrumento introdutor idôneo a inserir as mencionadas normas no sistema normativo. Estaria este dispositivo retirando a possibilidade de lei ordinária, ou outra fonte de cognição, dentre as previstas no art. 59, dispor sobre a matéria epigrafada, em se tratando de contribuições? Parece-nos que sim. Assim, por exemplo, os prazos de prescrição e de decadência de créditos tributários relativos às exações em pauta não podem ser prescritos por lei ordinária. Este tema foi analisado pelo Pretório Excelso no julgamento dos dispositivos da Lei 8.212/91, que previam prazos de dez anos para a constituição e a cobrança do crédito tributário, divergindo das previsões do CTN. Ao apreciar a matéria, a Corte entendeu que as contribuições sociais devem observar as normas gerais veiculadas pelo CTN, sendo inconstitucionais as disposições da lei ordinária que dispõem em sentido contrário, entendimento que resultou na edição da Súmula Vinculante nº 08. Em controle difuso, esse posicionamento foi reafirmado, gerando o Tema nº 03:

> DIREITO TRIBUTÁRIO. CONSTITUCIONALIDADE FORMAL DOS ARTIGOS 45 E 46 DA LEI N. 8.212/1991. ARTIGO 146, INCISO III, ALÍNEA B, DA CONSTITUIÇÃO DA REPÚBLICA. PRESCRIÇÃO E DECADÊNCIA TRIBUTÁRIAS. MATÉRIA RESERVADA À LEI COMPLEMENTAR. ARTIGOS 173 E 174 DO CÓDIGO TRIBUTÁRIO NACIONAL. RECURSO EXTRAORDINÁRIO AO QUAL SE NEGA PROVIMENTO. 1. A Constituição da República de 1988 reserva à lei complementar o estabelecimento de normas gerais em matéria de legislação tributária, especialmente sobre prescrição e decadência, nos termos do art. 146, inciso III, alínea b, in fine, da Constituição da República. Análise histórica da doutrina e da evolução do tema desde a Constituição de 1946. 2. Declaração de inconstitucionalidade dos artigos 45 e 46 da Lei n. 8.212/1991, por disporem sobre matéria reservada à lei complementar. 3. Recepcionados pela Constituição da República de 1988 como disposições de lei complementar, subsistem os prazos prescricional e decadencial previstos nos artigos 173 e 174 do Código Tributário Nacional. 4. Declaração de inconstitucionalidade, com efeito *ex nunc*, salvo para as ações judiciais propostas até 11.6.2008, data em que o Supremo Tribunal Federal declarou a inconstitucionalidade dos artigos 45 e 46 da Lei n. 8.212/1991. 5. Recurso extraordinário ao qual se nega provimento.
>
> *Tema*

> 3 - Prazo prescricional para a cobrança de *contribuições sociais* devidas à Seguridade Social.
>
> *Tese*
>
> São inconstitucionais o parágrafo único do artigo 5º do Decreto-Lei 1.569/1977 e os artigos 45 e 46 da Lei 8.212/1991, que tratam de prescrição e decadência de crédito tributário.[43]

Desse modo, o dispositivo em análise significa que *apenas* lei complementar poderá dispor sobre as matérias indicadas no art. 146, III, da CF, inclusive em relação às contribuições.

Quanto ao princípio da legalidade tributária, previsto no art.150, I, alcança as contribuições da mesma forma que atinge as demais exações, validadas através da técnica condicional. Convém observar, a propósito, que não se exige a criação deste tributo por meio de lei complementar. O STF em diversas oportunidades já firmou o entendimento de que as contribuições especiais (sociais) devem ser instituídas por meio de lei ordinária. Assim, por exemplo, no julgamento do Recurso Extraordinário n° 700.922, o Tribunal entendeu que "... é pacífica a jurisprudência desta CORTE no sentido de que as *contribuições sociais* podem ser instituídas por *lei* ordinária, desde que se insiram nas hipóteses do artigo 195 da Constituição Federal. É imprescindível *lei complementar* somente para a criação de nova fonte de custeio não prevista constitucionalmente...."[44]

A propósito, vale notar que tal posicionamento estava firmado desde o momento posterior à promulgação da Constituição Federal de 1988,[45] mantendo-se ao longo do início deste século:

---

43. STF, Pleno, RE n° 559.943, Rel. Min. Carmen Lúcia, DJ 26/09/2008.

44. STF, Pleno, RE n° 700.922, Redator para o acórdão Min. Alexandre de Moraes, DJ 16/05/2023. Na mesma direção: STF, Pleno, RE n° 677725, Rel. Min. Luiz Fux, DJ 14/12/2022.

45. STF, Pleno, RE n° 150.755, Redator para o acórdão, Min. Sepúlveda Pertence, DJ 20/08/1993.

> PROCESSUAL CIVIL. EMBARGOS DE DECLARAÇÃO OPOSTOS À DECISÃO DO RELATOR: CONVERSÃO EM AGRAVO REGIMENTAL. CONSTITUCIONAL. TRIBUTÁRIO. *CONTRIBUIÇÃO*: SEBRAE: *CONTRIBUIÇÃO* DE INTERVENÇÃO NO DOMÍNIO ECONÔMICO. Lei 8.029, de 12.4.1990, art. 8º, § 3º. Lei 8.154, de 28.12.1990. Lei 10.668, de 14.5.2003. CF, art. 146, III; art. 149; art. 154, I; art. 195, § 4º. I. - Embargos de declaração opostos à decisão singular do Relator. Conversão dos embargos em agravo regimental. II. - As *contribuições* do art. 149, CF *contribuições sociais*, de intervenção no domínio econômico e de interesse de categorias profissionais ou econômicas posto estarem sujeitas à lei complementar do art. 146, III, CF, isso não quer dizer que deverão ser instituídas por lei complementar. A *contribuição social* do art. 195, § 4º, CF, decorrente de «outras fontes», é que, para a sua instituição, será observada a técnica da *competência residual* da União: CF, art. 154, I, *ex vi* do disposto no art. 195, § 4º. A *contribuição* não é imposto. Por isso, não se exige que a lei complementar defina a sua hipótese de incidência, a base imponível e contribuintes: CF, art. 146, III, a. Precedentes: RE 138.284/CE, Ministro Carlos Velloso, RTJ 143/313; RE 146.733/SP, Ministro Moreira Alves, RTJ 143/684. III. - A *contribuição* do SEBRAE Lei 8.029/90, art. 8º, § 3º, redação das Leis 8.154/90 e 10.668/2003 é *contribuição* de intervenção no domínio econômico, não obstante a lei a ela se referir como adicional às alíquotas das *contribuições sociais* gerais relativas às entidades de que trata o art. 1º do DL 2.318/86, SESI, SENAI, SESC, SENAC. Não se inclui, portanto, a *contribuição* do SEBRAE no rol do art. 240, CF. IV. - Constitucionalidade da *contribuição* do SEBRAE. Constitucionalidade, portanto, do § 3º do art. 8º da Lei 8.029/90, com a redação das Leis 8.154/90 e 10.668/2003. V. - Embargos de declaração convertidos em agravo regimental. Não provimento desse.[46]

Quanto à legalidade material (tipicidade), o Tribunal, ao julgar a constitucionalidade da contribuição para o Seguro de Acidente de Trabalho, firmou o posicionamento que é possível a adoção de uma tipicidade aberta, permitindo-se a adoção do regulamento para disciplinar alguns aspectos da hipótese de incidência tributária.[47]

---

46. STF, 2ª Turma, AI 518082, ED, Rel. Min. Carlos Velloso, DJ 17/06/2005.

47. STF, Pleno, RE nº 343.446, Rel. Min. Carlos Velloso, DJ 04/04/2003. No mesmo sentido: STF, RE nº 455817, AgR, 2ª Turma, Rel. Min. Carlos Velloso, DJ 30/04/2005; STF, Pleno, RE nº 677725, Rel. Min. Luiz Fux, DJ 14/12/2022.

Acerca da legalidade, outro tema interessante debatido pelo Tribunal diz respeito à possibilidade de a lei ordinária retirar o caráter compulsório de uma contribuição social, a qual, por conseguinte, perderia a sua natureza tributária. No julgamento da constitucionalidade da lei que retirou a natureza tributária da contribuição sindical, a Corte entendeu que a lei ordinária pode retirar a obrigatoriedade de uma prestação, sendo desnecessária a edição de uma lei específica:

> ...A extinção de *contribuição* pode ser realizada por lei ordinária, em paralelismo à regra segundo a qual não é obrigatória a aprovação de lei complementar para a criação de *contribuições*, sendo certo que a Carta Magna apenas exige o veículo legislativo da lei complementar no caso das *contribuições* previdenciárias *residuais*, nos termos do art. 195, § 4º, da Constituição. Precedente (ADI 4697, Relator(a): Min. EDSON FACHIN, Tribunal Pleno, julgado em 06/10/2016). 3. A instituição da facultatividade do pagamento de *contribuições* sindicais não demanda lei específica, porquanto o art. 150, § 6º, da Constituição trata apenas de "subsídio ou isenção, redução de base de cálculo, concessão de crédito presumido, anistia ou remissão", bem como porque a exigência de lei específica tem por finalidade evitar as chamadas "caudas legais" ou "contrabandos legislativos", consistentes na inserção de benefícios fiscais em diplomas sobre matérias completamente distintas, como forma de chantagem e diminuição da transparência no debate público, o que não ocorreu na tramitação da reforma trabalhista de que trata a Lei nº 13.467/2017. Precedentes (ADI 4033, Relator(a): Min. JOAQUIM BARBOSA, Tribunal Pleno, julgado em 15/09/2010; RE 550652 AgR, Relator(a): Min. RICARDO LEWANDOWSKI, Segunda Turma, julgado em 17/12/2013).[48]

De igual modo, o princípio da irretroatividade da norma tributária (art.150, III, "a") atinge as contribuições, sem qualquer limitação.

Já o princípio da anterioridade (art.150, III, "b"), aplica-se a todas as contribuições, exclusive as de seguridade social, que se submetem à regra da anterioridade especial (art. 195, § 6º). Há dois regimes, portanto: o geral, e o

---

48. STF, Pleno, ADIN nº 5794 , Rel. Min. Edson Fachin, DJ 23/04/2019.

específico para certo tipo de contribuições. Em julgamento recente, a Corte enfatizou que

> Como regra, ambas as espécies de *anterioridade*, geral e nonagesimal, se aplicam à instituição ou à majoração de tributos. Contudo, há casos em que apenas uma das *anterioridades* será aplicável e há casos em que nenhuma delas se aplicará. Essas situações estão expressas no § 1º do art. 150 e em outras passagens da Constituição. Sobre o assunto, vide o art. 155, § 4º, IV, c; o art. 177, § 4º, I, b; e o art. 195, § 6º, da CF/88. Nas hipóteses de redução ou de supressão de benefícios ou de incentivos fiscais que acarretem majoração indireta de tributos, a observância das espécies de *anterioridade* deve também respeitar tais preceitos, sem se olvidar, ademais, da data da entrada em vigor da EC nº 42/03, que inseriu no texto constitucional a garantia da *anterioridade* nonagesimal.[49]

A necessidade de observância da anterioridade para as contribuições sociais e a aplicação à redução de benefícios foi reafirmada em outros julgados.[50]

Além destes dispositivos, será possível aplicar outros princípios e normas constitucionais às contribuições?

A resposta é afirmativa, desde que exista adequação com o modelo das contribuições.

O primeiro princípio que deve ser analisado é o da capacidade contributiva. Esse princípio aplica-se às contribuições em duas hipóteses: a) se o fato escolhido pela CF consistir em signo presuntivo de riqueza (ex: art. 195, I); b) se o legislador, ao editar a norma impositiva da contribuição eleger um fato que denote riqueza econômica[51]. Além disso, a capacidade pode servir de critério de rateio das con-

---

49. STF, Pleno, RE nº 564225 Agr-EDv- AgR-ED, Redator para o acórdão Min. Dias Toffoli, DJ 16/12/2020.

50. STF, 1ª Turma, RE 129099- ED, Rel. Min Roberto Barroso, DJ 12/03/2021; STF, 1ª Turma, RE 1272485, Rel. Min. Marco Aurélio, DJ 20/11/2020.

51. Cf. Marco Aurélio Greco, *op. cit.*, p. 195-196.

tribuições, atuando, desse modo, na definição do critério quantitativo da exação.[52] Isso não significa, todavia, que a base de cálculo e a alíquota das contribuições levarão em conta necessariamente a capacidade contributiva. Em verdade, este será um dos critérios possíveis,[53] mas não o único.

O Supremo Tribunal Federal admite a aplicação da capacidade contributiva às contribuições sociais, com um critério de aferição da observância do princípio da isonomia ou como um princípio autônomo:

> Recurso extraordinário. Repercussão geral. Tributário. Alcance do art. 195, § 9º, da CF/88. COFINS. Alíquotas diferenciadas em razão da atividade econômica. Instituições financeiras e entidade a elas legalmente equiparadas. Entes objetivamente considerados. Maior capacidade contributiva. Ausência de afronta aos princípios da *isonomia*, da capacidade contributiva e da vedação de confisco. Lei nº 10.684/03. Alíquota diferenciada. Majoração. Constitucionalidade. 1. O art. 195, § 9º, da CF/88 autoriza, expressamente, desde a edição da EC nº 20/98, em relação às *contribuições sociais* previstas no art. 195, I, da CF/88 (o que inclui a COFINS), a adoção de alíquotas ou de bases de cálculo diferenciadas em razão, dentre outros critérios, da atividade econômica desenvolvida pelo contribuinte. 2. A imposição de alíquotas diferenciadas em razão da atividade econômica pode estar fundada nas funções fiscais ou nas funções extrafiscais da exação. A priori, estando fundada nas funções fiscais, deve a distinção corresponder à capacidade contributiva; estando embasada nas funções extrafiscais, deve ela respeitar a proporcionalidade, a razoabilidade e o postulado da vedação do excesso. Em todo caso, a norma de desequiparação e seu critério de discrímen (a atividade econômica) devem respeitar o conteúdo jurídico do princípio da igualdade. 3. O tratamento constante do art. 18 da Lei nº 10.684/03 é legítimo. O próprio texto constitucional permite que o faturamento ou a receita possam ser utilizados como signos presuntivos de riqueza – ambas as expressões são aptas, portanto, para receber tributação. Ele ainda possibilita, de

52. Idem, p. 197.

53. A jurisprudência tem defendido, inclusive, a aplicação do princípio da isonomia na definição das alíquotas das contribuições previstas no art.149, parágrafo único (Cf. TRF 1ª Região, AMS nº 2000.01.00.022217-0, 3ª Turma, Rel. Juiz Luciano Amaral, DJ 14/09/2001).

maneira expressa (desde a EC nº 20/98), a utilização da atividade econômica como critério de discriminação para a imposição de alíquotas diferenciadas das contribuições para a seguridade social previstas no art. 195, I, da CF/88. Ademais, o fator de desigualação eleito (à primeira vista, a atividade econômica) retrata traço existente nas pessoas jurídicas referidas nos §§ 6º e 8º do art. 3º da Lei nº 9.718/98 que as diferencia das demais, além de possuir correlação lógica, em abstrato, com a desequiparação estabelecida, isto é, a majoração da alíquota da COFINS. 4. Não invalida o dispositivo legal impugnado a existência de algum segmento econômico que, individualmente considerado, tenha maior capacidade contributiva em comparação com o setor financeiro. Embora, a priori, esse outro segmento também deva ter maior colaboração para o custeio da seguridade social, é imprescindível também ter em mente que a imposição de alíquotas diferenciadas (art. 195, § 9º, da CF/88) deve ser sopesada não apenas com a função fiscal da exação, mas também com suas finalidades extrafiscais, constitucionalmente amparadas. Nesse sentido, é possível que o legislador deixe de exigir essa maior colaboração visando, ponderadamente, a outros preceitos constitucionais, como, por exemplo, equalizar as desigualdades sociais. Sobre o assunto: ADI nº 1.276/SP, Tribunal Pleno, Relatora a Ministra Ellen Gracie, DJ de 29/11/02. 5. A mera existência de alguma instituição financeira (ou de pessoa jurídica a ela legalmente equiparável) com faturamento ou receita relativamente inferior à de instituição congênere ou de eventual época adversa por que passa o setor financeiro, por si só, não macula a validade do dispositivo questionado. Isso porque sua feição genérica e abstrata revela-se compatível com os princípios da *isonomia* e da capacidade contributiva. De mais a mais, não pode o Poder Judiciário, a pretexto de conceder tratamento em conformidade com o princípio da capacidade contributiva, excluir determinada pessoa jurídica, por razões meramente individuais, do âmbito de aplicação da alíquota majorada da COFINS prevista no dispositivo impugnado, sob pena de se conceder privilégio odioso. 6. O art. 18 da Lei nº 10.684/03 está condizente com a justiça tributária, com a equidade na forma de participação no custeio da seguridade social e com a diversidade de sua base de financiamento. 7. Tomando por base a função fiscal da COFINS, é proporcional e razoável entender que os contribuintes que exercem atividade econômica reveladora de grande capacidade contributiva contribuam com maior grau para o custeio da seguridade social. No caso, esse maior grau de colaboração dá-se tanto pela incidência da exação sobre os vultosos faturamentos ou sobre as volumosas receitas que auferem as pessoas jurídicas enquadradas no conceito de instituições financeiras ou as entidades legalmente equiparáveis a elas quanto pela imposição de uma alíquota diferenciada, que, em consonância com a justiça tributária, é superior à aplicável às demais pessoas jurídicas (levando-se em conta o regime comum da contribuição). 8. A jurisprudência da Corte aponta para o sentido da constitucionalidade do dispositivo legal ora combatido. Recentemente, o Tribunal Pleno, no exame do RE nº 598.572/SP, Relator o Ministro Edson Fachin, reconheceu ser constitucional o adicional de 2,5% na contribuição sobre a folha de salários das instituições financeiras e demais entidades legalmente equiparáveis a elas (art. 22, § 1º, da Lei nº 8.212/91). Na ocasião, fixou-se a seguinte tese: "é constitucional a previsão legal de diferenciação de alíquotas em relação às contribuições previdenciárias incidentes sobre a folha de salários de instituições financeiras ou de entidades a elas legalmente equiparáveis, após a edição da EC nº 20/98". 9. Recurso extraordinário ao qual se nega provimento. 10. Em relação ao tema nº 515 da Gestão por Temas da Repercussão Geral do portal do STF na internet, proponho a seguinte tese: É constitucional a previsão legal de diferenciação de alíquotas em relação às *contribuições sociais* incidentes sobre o faturamento ou a receita de instituições financeiras ou de entidades a elas legalmente equiparáveis.

Tema

515 - Reserva de lei para a majoração da alíquota da COFINS de 3% para 4% pela Lei 10.684/2003.

Tese

É constitucional a previsão legal de diferenciação de alíquotas em relação às *contribuições sociais* incidentes sobre o faturamento ou a receita de instituições financeiras ou de entidades a elas legalmente equiparáveis.[54]

Quanto ao inciso I do art.146, tem aplicação limitada às contribuições. Isso porque, tais exações inserem-se no âmbito da competência exclusiva da União, exceto na hipótese do arts. 149, § 1º e 149-A. Nestas duas situações, em tese, poderá surgir um conflito no exercício da competência tributária.

Já as "limitações constitucionais ao poder de tributar", referidas pelo art. 146, III, reguladas por lei complementar,

---

54. STF, Pleno, RE nº 656089, Rel. Min. Dias Toffoli, DJ 11/12/2019.

são igualmente aplicáveis às contribuições, salvo a hipótese de existência de um regramento constitucional específico para estas espécies tributárias.

A isonomia tributária do art.150, II, é inaplicável às contribuições. Isso porque o dispositivo constitucional veda "qualquer distinção em razão de ocupação profissional ou função" exercida pelo contribuinte. Como visto, um dos pressupostos das contribuições é a existência de um grupo, ou setor, que pode ser diferenciado em função do critério profissional, como, aliás, autoriza o art. 149. Disso resulta uma impossibilidade de aplicação da isonomia tributária, mas não afasta a incidência da regra geral da igualdade (CF, art. 5º).

Na aplicação desta regra à espécie tributária em pauta, três ângulos devem ser analisados: i) a distinção entre grupos: ii) os critérios de identificação dos sujeitos do grupo; iii) os critérios de rateio da exação.[55]

Não é qualquer fator que autoriza a discriminação entre grupos para fins de identificação dos sujeitos passivos da exação. O critério de diferenciação deverá residir numa situação relacionada com as áreas indicadas no art. 149, ou 195. Além disso, deverá ser adequado, sob o ponto de vista racional, ao tipo da exação. Não pode o legislador, por exemplo, criar uma contribuição profissional sobre o exercício da atividade de exportação de cacau. Não há, neste caso, adequação razoável entre o fator de discrímen e a exação. Por fim, exige-se que o critério seja adequado aos valores encampados pela Constituição.

No exame dos sujeitos integrantes do grupo, também deve-se exigir uma racionalidade na escolha dos contribuintes e uma adequação axiológica. Quanto ao terceiro ângulo, que se refere ao critério quantitativo da exação,

55. Cf. Marco Aurélio Greco, op. cit., p. 204-207.

vale ressaltar, será necessário que o fator de escolha (ex: tempo de serviço, território etc.), caso não resida na capacidade contributiva, observe idênticos requisitos.

A jurisprudência do Supremo Tribunal Federal admite a aplicação da isonomia em relação às contribuições sociais. Em diversos julgados, que versam sobre a alegação de inconstitucionalidade de um regime mais gravoso para as instituições financeiras, a Corte validou a existência de uma alíquota maior para tais contribuintes, afirmando que o fator de diferenciação eleito não representa uma burla à igualdade.[56]

O Tribunal também reconheceu a não incidência de uma contribuição social, previdenciária, sobre determinado benefício previdenciário, por entender que não promove a isonomia:

> Direito Tributário. Agravo regimental em recurso extraordinário com agravo. *Contribuições sociais*. Salário-maternidade. Natureza previdenciária. 1. Recurso extraordinário contra acórdão proferido pelo Tribunal Regional Federal da 4ª Região, que decidiu pela impossibilidade de incidência de contribuição previdenciária sobre os valores pagos a título de salário-maternidade. Quanto às demais *contribuição sociais*, no entanto, o acórdão recorrido manteve a cobrança. 2. Este Supremo Tribunal Federal, ao apreciar o Tema 72 da sistemática da repercussão geral, decidiu pela inconstitucionalidade da incidência da contribuição previdenciária sobre os valores pagos às empregadas a título de salário-maternidade. Trata-se de prestação paga pela Previdência Social à segurada durante os cento e vinte dias em que permanece afastada do trabalho em decorrência da licença-maternidade. Não se trata de contraprestação pelo trabalho ou de retribuição paga em razão do contrato de trabalho, mas de benefício previdenciário. Por isso, não se amolda ao conceito de folha de salários e demais rendimentos do trabalho pagos ou creditados, a qualquer título, a pessoa física que preste serviço a empregador, empresa ou entidade equiparada. 3. O acórdão

56. STF, 1ª Turma, ARE n° 1106286, Rel. Min. Alexandre de Moraes, DJ 19/12/2022. O Tribunal também reconheceu que a imposição de uma alíquota diferenciada de uma contribuição social para as empresas de seguro, resseguro e previdência privada não viola a isonomia (STF, Pleno, ADI n° 5485, Rel. Min. Luiz Fux, DJ 06/07/2020).

> recorrido, ao exercer juízo de retratação parcial, afastou, tão somente, a incidência da contribuição previdenciária sobre o salário-maternidade. Entretanto, deveria ter afastado, também, a incidência das demais *contribuições sociais* sobre o benefício previdenciário, que, por sua natureza, não integra a base de cálculo dos tributos que incidem sobre folha de salários e demais rendimentos do trabalho. 4. Esta Corte já definiu que as disposições constitucionais são legitimadoras de um tratamento diferenciado às mulheres desde que a norma instituidora amplie os direitos fundamentais e atenda à proporcionalidade na compensação das diferenças. No entanto, no presente caso, as normas impugnadas, ao imporem tributação que incide somente quando a trabalhadora é mulher e mãe cria obstáculo geral à contratação de mulheres, por questões exclusivamente biológicas, uma vez que torna a maternidade um ônus. Tal discriminação não encontra amparo na Constituição, que, ao contrário, estabelece a *isonomia* entre homens e mulheres, bem como a proteção à maternidade, à família e à inclusão da mulher no mercado de trabalho. Inconstitucionalidade material dos referidos dispositivos. 5. Agravo regimental provido para excluir o salário-maternidade da base de cálculo das contribuições ao salário-educação, SAT/RAT, SESI/SENAI/SESC/SENAC/SEBRAE. 6. Fixação da seguinte tese de julgamento: "As contribuições ao salário-educação, SAT/RAT, SESI/SENAI/SESC/SENAC/SEBRAE não incidem sobre o salário-maternidade".[57]

Além disso, a Corte reconhece como legítimo o fator de descrímen baseado no regime de tributação do imposto de renda da pessoa jurídica (IRPJ).[58]

Em outro precedente, o STF decidiu que

> ... o aumento da base de cálculo da CSLL foi destinado às empresas prestadoras de serviços tributadas com base no lucro presumido ou por estimativa, com exclusão das prestadoras de serviços hospitalares e equiparadas. A norma questionada, sob o pálio da política fiscal, teve o objetivo de sanar discrepância

57. STF, 1ª Turma, ARE nº 1344834, Redator para o acórdão Min. Roberto Barroso, DJ 26/05/2022.

58. O Tribunal também entende que a adoção da atividade econômica do contribuinte como fator de diferenciação não viola a isonomia (STF, Pleno, RE nº 656.089, Rel. Min. Dias Toffoli, DJ 11/12/2019).

> antes estabelecida consistente em uma menor tributação da renda (lucro) das pessoas jurídicas prestadoras de serviço, em detrimento das pessoas físicas desempenhadoras da mesma atividade. 4. A conformação do princípio da *isonomia* na Constituição Federal, mais ainda na vertente tributária, autoriza a adoção de medidas discriminativas para a promoção da igualdade em sentido material. No caso da *Contribuição Social* de Lucro Líquido (CSLL), assim como de outras *contribuições sociais*, a Constituição Federal autoriza a adoção de alíquotas ou bases de cálculo diferenciadas, dentre outros critérios, em razão da atividade econômica desenvolvida pela empresa, notadamente após a Emenda Constitucional nº 20/98, que inseriu o § 9º no art. 195 da CF. 5. Atrelado ao valor da *isonomia*, o princípio da capacidade contributiva busca, exatamente, justificar a adoção de critérios de diferenciação de incidência, conforme exija a multiplicidade de situações sociais, sempre visando a uma tributação mais justa e equânime. 6. Tendo em conta a totalidade da carga tributária suportada pelo contribuinte, o incremento isolado de uma contribuição não seria suficiente para atestar o efeito confiscatório propalado, porquanto, apesar do maior sacrifício da renda do sujeito passivo do tributo, não se impôs óbice irrazoável ao exercício de sua atividade. 7. Ação que se julga improcedente.[59]

Recentemente, o Tribunal invalidou determinado dispositivo da Lei nº 11.196/2005, por burla à isonomia, posto que estabeleceu um critério de diferenciação do aproveitamento de créditos da contribuição para o PIS e para a COFINS, incompatível com o princípio da proteção ao meio ambiente:

> Recurso extraordinário. Repercussão geral. Direito Tributário Ambiental. 2. Tema 304 da sistemática da Repercussão Geral. 3. Artigos 47 e 48 da Lei federal 11.196/2005. Possibilidade de apuração de créditos de PIS/Cofins na aquisição de insumos recicláveis. 4. Coexistência dos regimes cumulativo e não cumulativo da contribuição ao PIS/Cofins. Dualidade de alíquotas. Prejuízos econômicos ao contribuinte industrial dedicado à reciclagem. 5. Inconstitucionalidade de tratamento tributário prejudicial à indústria de reciclagem. Princípio do protetor recebedor. Possibilidade concreta de os créditos fiscais superarem o valor do PIS/Cofins recolhido na etapa anterior da cadeia de produção. Afronta aos princípios da isonomia tributária, neutralidade fiscal

59. STF, Pleno, ADIN nº 2898, Rel. Min. Dias Toffoli, DJ 03/12/2018.

> e ao regime tributário favorecido e simplificado devido à microempresa e à empresa de pequeno porte. 6. Ética ambiental. Estado Socioambiental de Direito. Sustentabilidade ecológica e social. Direito ao meio ambiente ecologicamente equilibrado. Artigos 170, inciso VI, e 225, da Constituição Federal. Vinculação do Legislador ordinário. Impossibilidade do Documento assinado digitalmente conforme MP nº 2.200-2/2001 de 24/08/2001. O documento pode ser acessado pelo endereço http://www.stf.jus.br/portal/autenticacao/autenticarDocumento.asp sob o código 4FE6-F3FE-561F-0E0F e senha DC1E-7914-5A6A-84FD Supremo Tribunal Federal Inteiro Teor do Acórdão - Página 1 de 88 Ementa e Acórdão RE 607109 / PR esvaziamento do substrato axiológico dos direitos fundamentais ambientais. Inconstitucionalidade de tratamento tributário mais gravoso ao elo mais frágil da cadeia produtiva. População de baixa renda. Afronta às normas fundamentais de defesa do meio ambiente e da valorização do trabalho humano. 7. Fixação da tese: "São inconstitucionais os arts. 47 e 48 da Lei 11.196/2005, que vedam a apuração de créditos de PIS/Cofins na aquisição de insumos recicláveis".[60]

A proibição do tributo com efeito de confisco (art.150, IV) é outro princípio aplicável às contribuições. Uma observação que deve ser feita, neste particular, é que pode existir uma atuação material da União em alguns tipos de contribuição. Se isso ocorrer, e a atuação vier a eliminar direito fundamental do indivíduo, o controle da medida não será feito com base no dispositivo em epígrafe, e sim considerando outros princípios constitucionais. O princípio em pauta, portanto, atinge apenas o tributo, e não a eventual atuação da União, ainda que esta se relacione diretamente com a exação.

O Supremo Tribunal Federal aplicou essa limitação para invalidar o aumento de uma contribuição para o regime próprio de previdência dos servidores civis da União, admitindo, destarte, a sua incidência para as contribuições sociais. Neste julgado, o Relator, Ministro Celso de Mello defendeu que

---

60. STF, Pleno, RE nº 607.109, Redator para o acórdão Min. Gilmar Mendes, DJ 06/06/2021.

> A proibição constitucional do confisco em matéria tributária nada mais representa senão a interdição, pela Carta Política, de qualquer pretensão governamental que possa conduzir, no campo da fiscalidade, à injusta apropriação estatal, no todo ou em parte, do patrimônio ou dos rendimentos dos contribuintes, comprometendo-lhes, pela insuportabilidade da carga tributária, o exercício do direito a uma existência digna, ou a prática de atividade profissional lícita ou, ainda, a regular satisfação de suas necessidades vitais (educação, saúde e habitação, por exemplo). A identificação do efeito confiscatório deve ser feita em função da totalidade da carga tributária, mediante verificação da capacidade de que dispõe o contribuinte - considerado o montante de sua riqueza (renda e capital) - para suportar e sofrer a incidência de todos os tributos que ele deverá pagar, dentro de determinado período, à mesma pessoa política que os houver instituído (a União Federal, no caso), condicionando-se, ainda, a aferição do grau de insuportabilidade econômico-financeira, à observância, pelo legislador, de padrões de razoabilidade destinados a neutralizar excessos de ordem fiscal eventualmente praticados pelo Poder Público. Resulta configurado o caráter confiscatório de determinado tributo, sempre que o efeito cumulativo - resultante das múltiplas incidências tributárias estabelecidas pela mesma entidade estatal - afetar, substancialmente, de maneira irrazoável, o patrimônio e/ou os rendimentos do contribuinte. - O Poder Público, especialmente em sede de tributação (as contribuições de seguridade social revestem-se de caráter tributário), não pode agir imoderadamente, pois a atividade estatal acha-se essencialmente condicionada pelo princípio da razoabilidade....[61]

A Corte também entende que o efeito de confisco deve ser analisado no caso concreto, em relação à situação do contribuinte:

> AÇÃO DIRETA DE INCONSTITUCIONALIDADE. DIREITO TRIBUTÁRIO. *CONTRIBUIÇÃO* PARA O FINANCIAMENTO *DA SEGURIDADE SOCIAL* - COFINS. RECOLHIMENTO E CÁLCULO. *ISONOMIA* TRIBUTÁRIA. VEDAÇÃO AO CONFISCO TRIBUTÁRIO. ALÍQUOTAS DIFERENCIADAS. *CONTRIBUIÇÃO SOCIAL*. ATIVIDADE ECONÔMICA. PORTE DA EMPRESA. LUCRO PRESUMIDO. LUCRO REAL. LEI 10.833/2003. 1. A jurisprudência do STF é firme no sentido de

61. STF, Pleno ADI-MC, nº 20.10, Rel. Min. Celso de Mello, DJ 12/04/2002.

> que não se conhece de ADI em que a petição inicial seja insuficientemente fundamentada, por conta da ausência de particularização pontual da motivação a justificar a declaração da invalidade do diploma legislativo. Precedentes: ADI 1.811, de relatoria do Ministro Néri da Silveira, Tribunal Pleno, DJ 25.02.2000; ADI-MC 1.222, de relatoria do Ministro Sydney Sanches, Tribunal Pleno, DJ 19.05.1995. 2. A caracterização do efeito confiscatório pressupõe a análise da situação jurídica do contribuinte em concreto. Logo, é juridicamente insustentável buscar guarida no art. 150, IV, da Constituição da República, ao fundamento de elevada carga tributária do país de maneira globalmente considerada e reflexos no comércio. 3. Não há violação ao princípio da *isonomia* tributária, pois a diferenciação entre contribuintes pauta-se em princípio geral da atividade econômica, nos termos do art. 170, IX, do Texto Constitucional. 4. As diferenças de tratamento tributário entre sociedades empresárias que recolhem Imposto de Renda sob os regimes de lucro real ou de lucro presumido, inclusive o direito ao creditamento, não representam ofensa à igualdade, pois a sujeição ao regime do lucro presumido é uma escolha realizada pelo contribuinte, sob as luzes de seu planejamento tributário. Precedente: RE 559.937, de relatoria da Ministra Ellen Gracie e com acórdão redigido pelo Ministro Dias Toffoli, Tribunal Pleno, DJe 17.10.2013. 5. É inviável ao Judiciário infirmar a relativa liberdade de conformação da ordem tributária pelo Poder Legislativo, quando não há parâmetro constitucional flagrantemente violado. Precedente: RE-RG 598.572, de minha relatoria, Tribunal Pleno, DJe 09.08.2016. 6. Ação Direta de Inconstitucionalidade parcialmente conhecida a que se nega procedência.[62]

De igual modo, a vedação do art. 150, V poderá eventualmente alcançar a atividade desenvolvida pela União (ou entidade paraestatal), não a exação, posto que um dos seus pressupostos é a existência de um grupo, que passa a ser diferenciado dos demais para fins de tributação, hipótese que poderá importar em limitação ao tráfego de bens.

Por fim, tem-se um princípio inaplicável às contribuições, que é o previsto no art. 151, I da Carta Magna. A impossibilidade, neste caso, decorre dos pressupostos

62. STF, Pleno, ADIN n° 3044, Rel. Min Edson Fachin, DJ 31/10/2018.

constitucionais das contribuições. Como mencionado anteriormente, essa figura tributária atinge setor, ou grupo determinado, não podendo, portanto, ter o caráter uniforme tutelado pelo dispositivo constitucional em epígrafe.

9. PRINCIPAIS ALTERAÇÕES PROMOVIDAS POR EMENDAS CONSTITUCIONAIS

Com o passar dos anos, várias emendas constitucionais foram promulgadas, versando direta ou indiretamente sobre as contribuições em tela, alterando o perfil em epígrafe.

Em 15 de agosto de 1996, foi promulgada a Emenda Constitucional nº 12, outorgando competência à União para instituir contribuição provisória sobre movimentação ou transmissão de valores e de créditos e direitos de natureza financeira. O prazo para a cobrança deste tributo foi prorrogado pela EC 21, de 18/03/1999.

Em 21 de março de 2000, importante alteração no modelo das contribuições foi promovida pela edição de outra Emenda à Constituição, nº 27, que instituiu a desvinculação de impostos e contribuições sociais da União, prevendo-se, no período de 2000 a 2003, a desafetação de 20% da arrecadação dos impostos e do tributo em estudo, já instituídos ou que viessem a ser instituídos no referido período, seus adicionais e respectivos acréscimos legais.

Em 11 de dezembro de 2001, várias modificações foram introduzidas pela Emenda Constitucional nº 33, a qual acrescentou um parágrafo (2º) ao art. 149, regulando as contribuições sociais e de intervenção no domínio econômico, espécies de contribuições especiais. As principais inovações, neste particular, foram as seguintes: previsão de uma imunidade específica sobre as receitas de exportação, admissão da incidência do tributo sobre importação de produtos estrangeiros ou serviços, admissão da existência de alíquotas *ad valorem* e específica para as mencionadas contribuições, previsão da não cumulatividade para tais contribuições, sem indicação, contudo, do seu conteúdo, o qual ficaria a cargo da lei infraconstitucional.

Outra importante inovação dessa Emenda foi a inserção do § 4º no art. 177, permitindo a criação de uma contribuição de intervenção no domínio econômico, incidente sobre as atividades de importação ou comercialização de petróleo e seus derivados, gás natural e seus derivados e álcool combustível, tributo que veio a ser criado apenas seis dias depois, com a edição da Lei nº 10.336/2001, sendo designado como CIDE-combustível.

No final do ano seguinte, em 2002, foi promulgada nova e importante Emenda à Constituição, nº 39, que inseriu o art. 149-A, permitindo a criação pelos Municípios e pelo distrito Federal de uma nova modalidade de contribuição para o custeio "do serviço de iluminação pública", facultando a exigência do tributo na fatura de consumo de energia elétrica. Com o aparecimento dessa figura, não se pode mais afirmar que as contribuições especiais atingem um grupo ou setor, pois nessa modalidade não é possível precisar esse traço. Quem são os contribuintes deste tributo? Qual o setor ou grupo econômico atingido? Essa é uma questão sem resposta.

Em 2003, outra Emenda foi promulgada, a de nº 41, de 19 de dezembro de 2003, que deu nova redação ao § 1º (antigo parágrafo único) do art. 149 da CF.

Com a promulgação da Emenda Constitucional nº 42, de 19/12/2003, autorizou-se a incidência das contribuições sociais e de intervenção sobre a importação de produtos estrangeiros ou serviços.

Em 30 de junho de 2004, em caráter pioneiro, foi determinada a partilha de receitas de 29% da arrecadação da

CIDE-combustíveis, prevista pelo art. 177, § 4º, com os Estados e o DF, por meio da Emenda Constitucional nº 44.

Já a Emenda nº 47/2005, alterou alguns pontos, no que se refere à regulamentação constitucional das contribuições para a Seguridade Social.

Em 2007, nova Emenda, nº 56, prorrogou o percentual de 20% da desvinculação das receitas das contribuições até 31/12/2011. Esse percentual foi reduzido pela Emenda nº 59/2009.

Por fim, em 8 de setembro de 2016, foi editada a Emenda nº 93, criando nova hipótese de desvinculação de 30% da arrecadação da União, relativa às contribuições sociais, até 31 de dezembro de 2023.

Um conjunto de modificações foi inserido recentemente por meio da Emenda Constitucional nº 103 de 2019, que modificou a redação do art. 149, § 1º e inseriu novos dispositivos neste enunciado prescritivo, que ficou com a seguinte redação.

> Art. 149. Compete exclusivamente à União instituir contribuições sociais, de intervenção no domínio econômico e de interesse das categorias profissionais ou econômicas, como instrumento de sua atuação nas respectivas áreas, observado o disposto nos arts. 146, III, e 150, I e III, e sem prejuízo do previsto no art. 195, § 6º, relativamente às contribuições a que alude o dispositivo.
>
> § 1º. A União, os Estados, o Distrito Federal e os Municípios instituirão, por meio de lei, contribuições para custeio de regime próprio de previdência social, cobradas dos servidores ativos, dos aposentados e dos pensionistas, que poderão ter alíquotas progressivas de acordo com o valor da base de contribuição ou dos proventos de aposentadoria e de pensões.
>
> § 1º-A. Quando houver deficit atuarial, a contribuição ordinária dos aposentados e pensionistas poderá incidir sobre o valor dos proventos de aposentadoria e de pensões que supere o salário-mínimo.
>
> § 1º-B. Demonstrada a insuficiência da medida prevista no § 1º-A para equacionar o deficit atuarial, é facultada a instituição de

> contribuição extraordinária, no âmbito da União, dos servidores públicos ativos, dos aposentados e dos pensionistas.[63]
>
> § 1º-C. A contribuição extraordinária de que trata o § 1º-B deverá ser instituída simultaneamente com outras medidas para equacionamento do deficit e vigorará por período determinado, contado da data de sua instituição.
>
> (...)

Novas modificações foram efetuadas pela Emenda Constitucional nº 132, de 20 de dezembro de 2023, que promoveu uma reforma na tributação sobre o consumo, a saber:

> Art. 149- A. Os Municípios e o Distrito Federal poderão instituir contribuição, na forma das respectivas leis, para o custeio, a expansão e a melhoria do serviço de iluminação pública e de sistemas de monitoramento para segurança e preservação de logradouros públicos, observado o disposto no art. 150, I e III.
>
> Art. 149-B. Os tributos previstos nos arts. 156-A e 195, V, observarão as mesmas regras em relação a:
>
> I - fatos geradores, bases de cálculo, hipóteses de não incidência e sujeitos passivos;
>
> II - imunidades;
>
> III - regimes específicos, diferenciados ou favorecidos de tributação;
>
> IV - regras de não cumulatividade e de creditamento.
>
> Parágrafo único. Os tributos de que trata o *caput* observarão as imunidades previstas no art. 150, VI, não se aplicando a ambos os tributos o disposto no art. 195, § 7º.
>
> Art. 149-C. O produto da arrecadação do imposto previsto no art. 156-A e da contribuição prevista no art. 195, V, incidentes sobre operações contratadas pela administração pública direta, por autarquias e por fundações públicas, inclusive suas importações, será integralmente destinado ao ente federativo contratante, mediante redução a zero das alíquotas do imposto e da contribuição devidos aos demais entes e equivalente elevação da alíquota do tributo devido ao ente contratante.

---

63. Este dispositivo foi impugnado no STF em sede de controle abstrato, estando pendente de conclusão o julgamento, ao tempo em que este escrevemos.

§ 1º. As operações de que trata o **caput** poderão ter alíquotas reduzidas de modo uniforme, nos termos de lei complementar.

§ 2º. Lei complementar poderá prever hipóteses em que não se aplicará o disposto no **caput** e no § 1º.

§ 3º. Nas importações efetuadas pela administração pública direta, por autarquias e por fundações públicas, o disposto no art. 150, VI, "a", será implementado na forma do disposto no **caput** e no § 1º, assegurada a igualdade de tratamento em relação às aquisições internas.

Art. 195. ....

....

§ 9º. As contribuições sociais previstas no inciso I do **caput** deste artigo poderão ter alíquotas diferenciadas em razão da atividade econômica, da utilização intensiva de mão de obra, do porte da empresa ou da condição estrutural do mercado de trabalho, sendo também autorizada a adoção de bases de cálculo diferenciadas apenas no caso da alínea "c" do inciso I do **caput**".

10. OUTRAS QUESTÕES

10.1 Imunidades

As imunidades estabelecidas para os impostos no art. 150, VI, da Constituição Federal são inaplicáveis às contribuições sociais. Iterativa é a jurisprudência do Supremo Tribunal Federal sobre a matéria.[64]

Em verdade, a Carta prevê hipóteses de imunidades específicas para as contribuições. A primeira delas está prescrita no art.195, § 7º, que será analisada no próximo capítulo.

A segunda hipótese de imunidade que alcança as contribuições está disciplinada pelo art. 203 da CF, que proíbe a exigência de contribuições para a seguridade social daquele que necessitar do serviço de assistência social.

64. STF, Pleno, RE nº 628.122, Rel. Min. Gilmar Mendes, DJ 30/09/2013.

Uma terceira hipótese de imunidade foi inserida na Carta Magna pela Emenda Constitucional nº 33/2001, a qual previu a não incidência das contribuições sociais e interventivas sobre as receitas decorrentes de exportação. O Supremo Tribunal Federal já definiu o alcance desta imunidade:

> RECURSO EXTRAORDINÁRIO. REPERCUSSÃO GERAL. DIREITO TRIBUTÁRIO. IMUNIDADE TRIBUTÁRIA DAS EXPORTAÇÕES. CONTRIBUIÇÕES PREVIDENCIÁRIAS. RECEITAS DECORRENTES DE EXPORTAÇÃO. EXPORTAÇÃO INDIRETA. TRADING COMPANIES. Art. 22-A, Lei n. 8.212/1991. 1. O melhor discernimento acerca do alcance da imunidade tributária nas exportações indiretas se realiza a partir da compreensão da natureza objetiva da imunidade, que está a indicar que imune não é o contribuinte, 'mas sim o bem quando exportado', portanto, irrelevante se promovida exportação direta ou indireta. 2. A imunidade tributária prevista no art. 149, § 2º, I, da Constituição, alcança a operação de exportação indireta realizada por trading *companies*, portanto, imune ao previsto no art. 22-A, da Lei n.8.212/1991. 3. A jurisprudência deste STF (RE 627.815, Pleno, DJe1º/10/2013 e RE 606.107, DjE 25/11/2013, ambos rel. Min. Rosa Weber,) prestigia o fomento à exportação mediante uma série de desonerações tributárias que conduzem a conclusão da inconstitucionalidade dos §§1º e 2º, dos arts.245 da IN 3/2005 e 170 da IN 971/2009, haja vista que a restrição imposta pela Administração Tributária não ostenta guarida perante à linha jurisprudencial desta Suprema Corte em relação à imunidade tributária prevista no art.149, § 2º, I, da Constituição. 4. Fixação de tese de julgamento para os fins da sistemática da repercussão geral: "A norma imunizante contida no inciso I do § 2º do art.149 da Constituição da República alcança as receitas decorrentes de operações indiretas de exportação caracterizadas por haver participação de sociedade exportadora intermediária." 5. Recurso extraordinário a que se dá provimento.
>
> *Tema*
>
> 674 - Aplicabilidade da imunidade referente às *contribuições sociais* sobre as receitas decorrentes de exportação intermediada por empresas comerciais exportadoras ("trading companies").
>
> *Tese*
>
> A norma imunizante contida no inciso I do § 2º do art. 149 da Constituição da República alcança as receitas decorrentes de operações indiretas de exportação caracterizadas por haver participação negocial de sociedade exportadora intermediária".[65]

65. STF, Pleno, RE nº 759.244, Rel. Min. Edson Fachin, DJ 25/03/2020.

A Corte entende, ainda, que esta hipótese de não incidência é aplicável às empresas optantes pelo SIMPLES:

> RECURSO EXTRAORDINÁRIO COM REPERCUSSÃO GERAL. DIREITO TRIBUTÁRIO E CONSTITUCIONAL. IMUNIDADE INCIDENTE SOBRE RECEITAS DA EXPORTAÇÃO. EMPRESAS OPTANTES DO SIMPLES. APLICABILIDADE. RECURSO PROVIDO. 1. As imunidades ao poder de tributar devem ser interpretadas de acordo com sua finalidade, por isso o conteúdo do disposto no art. 149, § 2º, I, da CRFB autoriza reconhecer capacidade tributária ativa apenas sobre a "receita", afastando a sua incidência em relação à folha de salários, ao lucro e às movimentações financeiras das empresas exportadoras. Não se deve estender a imunização das receitas à pessoa jurídica exportadora. Precedentes. 2. O sistema integrado de pagamento de impostos e contribuições das microempresas e empresas de pequeno porte (SIMPLES) atende à exigência de simplificação da cobrança de tributos, o que não implica atribuir à União capacidade para dispor sobre as situações jurídicas imunizadas, pois, embora tenha o legislador o dever de simplificar a cobrança, não detém competência para dispor sobre as imunidades. 3. A opção por um regime simplificado de cobrança não pode dar ensejo ao exercício de uma competência de que os entes políticos jamais dispuseram. 4. Recurso extraordinário a que se dá provimento, para, reformando o acórdão recorrido, conceder parcialmente a segurança pleiteada E reconhecer o direito à imunidade constitucional prevista no artigo 149, § 2º, e 153, § 3º, III, sobre as receitas decorrentes de exportação e sobre a receita oriunda de operações que destinem ao exterior produtos industrializados. 5. Tese fixada: As imunidades previstas nos artigos 149, § 2º, I, e 153, § 3º, III, da Constituição Federal são aplicáveis às receitas das empresas optantes pelo Simples Nacional.
>
> *Tema*
>
> 207 - Reconhecimento a contribuinte optante pelo SIMPLES das imunidades tributárias previstas nos artigos 149, § 2º, I e 153, § 3º, III, da Constituição Federal.
>
> *Tese*
>
> As imunidades previstas nos artigos 149, § 2º, I, e 153, § 3º, III, da Constituição Federal são aplicáveis às empresas optantes pelo Simples Nacional.[66]

Fora dessas hipóteses, nenhuma outra atinge as contribuições especiais.

---

66. STF, Pleno, RE nº 598.468, Rel. Min. Marco Aurélio, DJ 09/12/2020.

10.2 Parafiscalidade

A parafiscalidade consiste na outorga de capacidade para figurar como sujeito ativo de relação jurídica tributária a determinadas entidades, as quais não titularizam competência tributária, que arrecadam a exação para atingir suas finalidades. Vale dizer, a parafiscalidade refere-se à atividade administrativa de arrecadação dos tributos e da aplicação da receita obtida em benefício dos entes paraestatais, ou de entidades privadas que exercem funções de interesse público.

A parafiscalidade não é obrigatória em se tratando de contribuições especiais, ou seja, a exação poderá ser exigida pela União (ou pelos Estados, Municípios e Distrito Federal, na hipótese da contribuição do art. 149, I), ou por outro sujeito com personalidade de direito público ou privado.

Essa matéria foi amplamente discutida em sede doutrinária e jurisprudencial por ocasião da instituição da Contribuição Social sobre o Lucro, oportunidade em que a Corte Excelsa se posicionou no sentido de que a parafiscalidade é facultativa.

Com a unificação dos sistemas de arrecadação dos tributos federais, decorrente da criação da Receita Federal do Brasil (Lei nº 11.547/2007), a discussão da parafiscalidade perdeu força, posto que as contribuições para a Seguridade Social passaram a ser exigidas pela União, e não mais pelo INSS, como será adiante estudado.

10.3 Não cumulatividade

10.3.1 Aspectos gerais

O perfil constitucional das contribuições incidentes sobre receitas não exige a observância da não cumulatividade. Quando a Carta Magna pretendeu conferir a determinado tributo a técnica da não cumulatividade, o fez expressamente, como nos casos do IPI e do ICMS. As demais exações, em relação às quais existe um silêncio do texto constitucional, podem ser ou não cumulativas, dependendo do modo como forem reguladas pelo legislador infraconstitucional.

A norma constitucional que outorgou competência à União para instituir contribuição sobre a receita (art. 195, I, "b") e a que recepcionou a contribuição para o PIS (art. 239) não previram a adoção da técnica em epígrafe, razão pela qual tais tributos (PIS e COFINS) poderiam ser cumulativos.

Veio a lume, então, a Medida Provisória nº 66, de 29 de dezembro de 2002, depois convertida na Lei nº 10.637, de 30 de dezembro de 2002, criando o regime da não cumulatividade para a contribuição para o PIS. Posteriormente, idêntico modelo foi previsto para a COFINS (Lei nº 10.833/2003).

A rigor, trata-se de uma não cumulatividade "imprópria", "mitigada", "relativa", pois consiste apenas na possibilidade de deduzir alguns "créditos", especificados em lei, da base de cálculo do tributo. A hipótese, aqui, não é de compensação de imposto contra imposto. Não há dedução de PIS/COFINS incidentes sobre receitas do vendedor, prestador de serviços etc.[67]

E nem poderia ser diferente, porque tais exações não são plurifásicas, pois são devidas toda vez que houver receita, a qual não decorre de qualquer fenômeno jurídico ou econômico. O fato jurídico tributário de tais figuras é instantâneo, pois ocorre a cada nova aquisição de receita, isoladamente considerada, nada tendo a ver com outros fatos anteriores.[68] Não é o que ocorre no ICMS e no IPI,

---

67. Cf. nesse sentido, Marco Aurélio Greco (Op.cit., p.110) e Ricardo Mariz de Oliveira (Aspectos Relacionados à "Não Cumulatividade" da COFINS e da Contribuição ao PIS, p.22.In: *PIS-COFINS*. Marcelo Campos Peixoto e Octavio Campos Fischer (coord), São Paulo, Quartier Latin, 2005, p.18-52.

68. Como lembra Ricardo Mariz de Oliveira, "essas contribuições incidem sobre fatos solitários e individuais – receitas de qualquer natureza, inclusive de faturamento – sem qualquer vínculo com outros fatos anteriores ou posteriores, e ainda que

nos quais o fato imponível está diretamente relacionado com operações anteriores, indispensáveis à sua ocorrência. Em tais casos, de incidência plurifásica, existe um leque de obrigações tributárias que incidem ao longo do ciclo econômico, gerando incidências de tributos em cascata, salvo se houver possibilidade de dedução.

Por tais motivos, o perfil da "não cumulatividade" conferido para esses tributos é aquele previsto em lei. Em face da ausência de determinação constitucional, o legislador tem discricionariedade na regulamentação da matéria.

A inserção no texto constitucional dos §§ 12 e 13[69] ao art. 195 não alterou esse quadro. A não cumulatividade em estudo não ganhou estatura constitucional. Tais dispositivos veiculam normas programáticas, as quais não regulam diretamente a matéria sobre a qual versam, influenciando, porém, a interpretação da legislação infraconstitucional. Vale dizer, possuem uma eficácia diferenciada em relação às normas de eficácia plena e de eficácia contível.

Isso importa em afirmar que inexiste determinação constitucional no sentido de adoção obrigatória da técnica em epígrafe para o PIS/COFINS. O § 12 não importou em qualquer modificação ao regime infraconstitucional já existente. O magistério de Ricardo Mariz de Oliveira é elucidativo sobre a matéria: "o parágrafo 12 não contém norma que seja dirigida às contribuições sobre as receitas, isoladamente consideradas, quando se poderia pensar que ele estaria prescrevendo a não cumulatividade das mesmas."[70] E conclui: "Mas não é isto o que ocorre com o parágrafo 12, pois o que ele prescreve é que as novas contribuições sobre importação de bens e serviços podem ou não ser cumula-

---

estes acidentalmente possam ter alguma ligação com um objeto material (coisa, inclusive mercadoria) ou imaterial (serviço)." (Op. cit., p.27).

69. Referido parágrafo foi revogado pela EC nº 103/2019.

70. Op. cit., p.33.

tivas com as contribuições sobre receitas, nos setores de atividades econômicas para os quais a lei estipular este ou aquele regime".[71]

Com base em tais premissas, pode-se concluir o seguinte: i) é válido o estabelecimento da sistemática da não cumulatividade apenas para determinados contribuintes, pois no caso do PIS/COFINS tal técnica decorre de previsão legal, e não de determinação constitucional; ii)o § 12 admitiu a possibilidade de as novas contribuições sobre importação de bens e serviços serem ou não cumulativas com o PIS/COFINS, sem estabelecer qualquer mandamento para o legislador; iii) os contribuintes submetidos à tributação pelo lucro real não configuram um "setor" da economia, pois não estão agrupados por um mesmo interesse econômico, todavia, a lei pode estabelecer, como o fez (Lei 10.637/03, art. 8º,II; Lei 10.833/03, art. 10, II), este fator de descrímen no desenho do perfil da não cumulatividade, pois esta não tem estatura constitucional.

A previsão constitucional da não cumulatividade para as contribuições para a Seguridade Social é plenamente aplicável às contribuições previdenciárias, como já decidiu o Pretório Excelso:

> Recurso extraordinário. Repercussão geral. Direito Tributário. Contribuições previdenciárias do empregado, inclusive, o doméstico, e do trabalhador avulso. Tributação progressiva. Possibilidade. Expressão "de forma não cumulativa" prevista no caput do art. 20 da Lei nº 8.212/91. Progressividade simples. Constitucionalidade. 1. Há compatibilidade entre a progressividade e as *contribuições* previdenciárias devidas pelo empregado - inclusive o doméstico - e pelo trabalhador avulso vinculados ao regime geral de previdência *social* (RGPS), sendo certo que não existe, no texto constitucional, qualquer restrição quanto ao uso da mencionada técnica de tributação na disciplina dos tributos em questão. 2. A expressão "de forma não cumulativa" constante do caput do art. 20 da Lei nº 8.212/91, utilizada no tratamento

71. Idem, p.33-34.

das contribuições em tela, traduz a opção do legislador pela progressividade simples, e não pela progressividade gradual. 3. Os aumentos de carga tributária decorrentes da não cumulatividade em tela são proporcionais aos aumentos correspondentes da base tributável e não configuram confisco. Inexistência de inconstitucionalidade na norma questionada. 4. Fixação da seguinte tese para o Tema nº 833 de repercussão geral: "É constitucional a expressão 'de forma não cumulativa' constante do caput do art. 20 da Lei º 8.212/91". 5. Recurso extraordinário provido.

Tema

833 - Constitucionalidade da expressão "de forma não cumulativa" constante no caput do art. 20 da Lei 8.212/1991, o qual prevê a sistemática de cálculo da contribuição previdenciária devida pelo segurado empregado e pelo trabalhador avulso.

Tese

É constitucional a expressão "de forma não cumulativa" constante do caput do art. 20 da Lei nº 8.212/91.[72]

10.3.2 Regime jurídico dos créditos

Os créditos relativos à contribuição ao PIS e à COFINS não se equiparam aos relacionados ao ICMS e IPI, pois decorrem de lei, e não de determinação constitucional, reafirme-se.

No regime do ICMS e do IPI, os valores que incidiram sobre as matérias-primas ou demais insumos adquiridos pelo comerciante ou industrial, destacados nas notas fiscais de entrada, são escriturados em registro próprio (Registro de Entradas). No Registro de Saídas, o contribuinte escritura as operações/prestações que realizou no período de apuração do imposto. Ao final do período, é realizada a operação aritmética de subtração dos valores incidentes sobre as operações de saídas com os valores relativos às operações de entrada, daí resultando ou não imposto a pagar.

72. STF, Pleno, RE nº 852.796, Rel. Min. Dias Toffoli, DJ 17/06/2021.

No caso do PIS/COFINS, é a lei quem define os créditos que poderão ser abatidos, sem qualquer restrição ou imposição constitucional. Não há dedução de idênticas exações, recolhidas anteriormente, como ocorre no ICMS e IPI.

É possível, por conseguinte, a lei estabelecer a possibilidade de dedução de valores relativos à aquisição de bens e serviços sujeitos à incidência de regime cumulativo.

Atualmente, todavia, em se tratando de pessoa jurídica sujeita à incidência não cumulativa do PIS/COFINS, em relação apenas à parte de suas receitas, o crédito deve ser apurado exclusivamente em relação aos custos, despesas e encargos vinculados a essas receitas (Lei nº 10.637/2003, art. 3º, §7º, Lei 10.833/2003, art. 3º, § 7º).

10.4 A base de cálculo possível

A Constituição Federal elegeu algumas bases de cálculo para as contribuições de seguridade social (CF, art. 195, I) e para as contribuições sociais e interventivas (CF, art. 149, § 2º, III, "a").

Em relação às demais contribuições, caberá ao legislador, ao produzir a norma jurídica tributária, gizar o critério quantitativo, estabelecendo a base tributável.

Todavia, não poderá escolher alguma das bases de cálculo já mencionadas pela Carta. Em outras palavras, isso significa que não poderá existir superposição de bases de cálculo, tal como não poderá existir superposição de finalidades, posto que foi este o critério considerado na distribuição da competência para criar as contribuições. Não podem, por exemplo, ser criadas duas contribuições objetivando o mesmo escopo em determinado setor.

Cabe observar, ainda, que o critério a ser escolhido pelo legislador na definição da base imponível das exações epigrafadas deve necessariamente se relacionar com dois pressupostos constitucionais relacionados às contribuições: a finalidade e o fato de pertencer a determinado grupo. Se estiver presente alguma vantagem diferencial para o sujeito passivo, e/ou despesas para a União (ou entidade paraestatal), nada obsta, também, que a base de cálculo se relacione com esse traço acidental. Exemplificando: nas contribuições previstas no art. 149, § 1º, a base de cálculo deverá ser um elemento ligado à despesa que o ente tributante tiver para custear o sistema de previdência dos seus servidores públicos.

Convém reafirmar que o critério de rateio da contribuição poderá consistir na capacidade contributiva, ou em outro fator.

Essa matéria já foi objeto de apreciação do Supremo Tribunal Federal, que entendeu que a enumeração contida na norma constitucional é meramente exemplificativa.[73]

10.5 Contribuição para o Regime Próprio de Previdência Social – RPPS

O art.149, parágrafo único, da CF de 1988, em sua redação original, autorizava os Estados e Municípios a instituírem contribuições para o regime próprio de previdência social dos seus respectivos servidores. Com o advento da emenda n° 33/2001, este dispositivo foi remunerado, transformando-se no atual § 1º, cuja redação foi alterada pela Emenda nº 103/2019,

O Supremo Tribunal Federal firmou algumas teses acerca deste regime jurídico, a saber:

> Recurso extraordinário com agravo. Direito Previdenciário. Aposentado. Retorno ou permanência no trabalho. Cobrança de contribuição previdenciária. Possibilidade. Princípio da

73. STF, Pleno, RE n° 630.898, Rel. Min. Dias Toffoli, DJ 11/05/2021.

solidariedade. Existência de repercussão geral. Reafirmação da jurisprudência da Corte sobre o tema.

Tema

1065 - Constitucionalidade da ***contribuição*** previdenciária devida por aposentado pelo Regime Geral de Previdência ***Social*** (RGPS) que permaneça em atividade ou a essa retorne.

Tese

É constitucional a ***contribuição*** previdenciária devida por aposentado pelo Regime Geral de Previdência ***Social*** (RGPS) que permaneça em atividade ou a essa retorne.[74]

CONTRIBUIÇÃO PARA O CUSTEIO DOS SERVIÇOS DE ASSISTÊNCIA MÉDICA, HOSPITALAR, ODONTOLÓGICA E FARMACEÚTICA. ART. 85 DA LEI COMPLEMENTAR Nº 62/2002, DO ESTADO DE MINAS GERAIS. NATUREZA TRIBUTÁRIA. COMPULSORIEDADE. DISTRIBUIÇÃO DE *COMPETÊNCIAS* TRIBUTÁRIAS. ROL TAXATIVO. INCOMPETÊNCIA DO ESTADO-MEMBRO. INCONSTITUCIONALIDADE. RECURSO EXTRAORDINÁRIO NÃO PROVIDO. I - É nítida a natureza tributária da *contribuição* instituída pelo art. 85 da Lei Complementar nº 64/2002, do Estado de Minas Gerais, haja vista a compulsoriedade de sua cobrança. II - O art. 149, caput, da Constituição atribui à União a *competência* exclusiva para a instituição de *contribuições sociais*, de intervenção no domínio econômico e de interesse das categorias profissionais e econômicas. Essa regra contempla duas exceções, contidas no arts. 149, § 1º, e 149-A da Constituição. À exceção desses dois casos, aos Estados-membros não foi atribuída *competência* para a instituição de *contribuição*, seja qual for a sua finalidade. III - A *competência*, privativa ou concorrente, para legislar sobre determinada matéria não implica automaticamente a *competência* para a instituição de tributos. Os entes federativos somente podem instituir os impostos e as *contribuições* que lhes foram expressamente outorgados pela Constituição. IV - Os Estados-membros podem instituir apenas *contribuição* que tenha por finalidade o custeio do regime de previdência de seus servidores. A expressão «regime previdenciário» não abrange a prestação de serviços médicos, hospitalares, odontológicos e farmacêuticos.

74. STF, Pleno, RE nº1224327, Rel. Min. Presidente, DJ 04/11/2019.

Tema

55 - Reserva de lei complementar estadual de *contribuição* compulsória para custeio de assistência médico-hospitalar

Tese

I - Os Estados-membros possuem *competência* apenas para a instituição de *contribuição* voltada ao custeio do regime de previdência de seus servidores. Falece-lhes, portanto, *competência* para a criação de *contribuição* ou qualquer outra espécie tributária destinada ao custeio de serviços médicos, hospitalares, farmacêuticos e odontológicos prestados aos seus servidores; II - Não há óbice constitucional à prestação, pelos Estados, de serviços de saúde a seus servidores, desde que a adesão a esses «»planos»» seja facultativa. Obs: Redação da tese aprovada nos termos do item 2 da Ata da 12ª Sessão Administrativa do STF, realizada em 09/12/2015[75].

Direito previdenciário. Recurso Extraordinário com repercussão geral. Regime próprio dos Servidores públicos. Não incidência de contribuições previdenciárias sobre parcelas não incorporáveis à aposentadoria. 1. O regime previdenciário próprio, aplicável aos servidores públicos, rege-se pelas normas expressas do art. 40 da Constituição, e por dois vetores sistêmicos: (a) o caráter contributivo; e (b) o princípio da solidariedade. 2. A leitura dos §§ 3º e 12 do art. 40, c/c o § 11 do art. 201 da CF, deixa claro que somente devem figurar como base de cálculo da contribuição previdenciária as remunerações/ganhos habituais que tenham "repercussão em benefícios". Como consequência, ficam excluídas as verbas que não se incorporam à aposentadoria. 3. Ademais, a dimensão contributiva do sistema é incompatível com a cobrança de contribuição previdenciária sem que se confira ao segurado qualquer benefício, efetivo ou potencial. 4. Por fim, não é possível invocar o princípio da solidariedade para inovar no tocante à regra que estabelece a base econômica do tributo. 5. À luz das premissas estabelecidas, é fixada em repercussão geral a seguinte tese: "Não incide contribuição previdenciária sobre verba não incorporável aos proventos de aposentadoria do servidor público, tais como 'terço de férias', 'serviços extraordinários', 'adicional noturno' e 'adicional de insalubridade." 6. Provimento parcial do recurso extraordinário, para determinar a restituição das parcelas não prescritas.

75. STF, Pleno, RE nº573.540, Rel. Min. Gilmar Mendes, DJ 11/06/2020.

Tema

163 - Contribuição previdenciária sobre o terço constitucional de férias, a gratificação natalina, os serviços extraordinários, o adicional noturno e o adicional de insalubridade.

Tese

Não incide contribuição previdenciária sobre verba não incorporável aos proventos de aposentadoria do servidor público, tais como terço de férias, serviços extraordinários, adicional noturno e adicional de insalubridade.[76]

76. STF, Pleno, RE n° 593.068, Rel. Min. Roberto Barroso, DJ 22/03/2019.

II. PREVIDÊNCIA E SEGURIDADE SOCIAL

1. CONCEITO

A expressão "Previdência Social" está ligada à ideia de prevenção de riscos. A propósito, leciona Mozart Victor Russomano que a "Previdência Social, como todas as formas de *previdência*, consiste na captação de meios e na adoção de métodos para enfrentar certos riscos (invalidez, velhice, acidente, etc.) que ameaçam a segurança da vida humana e que são inevitáveis, por sua própria natureza, em toda sociedade, por melhor organizada que ela seja".[77]

A Previdência Social representa uma etapa de evolução em que as formas de previdência privada, individuais ou coletivas, são afastadas em prol da constituição de um sistema gerido por um órgão desinteressado, e financiado por contribuições obrigatórias, tanto do tomador quanto do prestador do serviço, e pela contribuição financeira do Estado.

Já a Seguridade Social é utilizada para designar uma etapa posterior, em que se evidencia a necessidade de todo homem a um nível mínimo de bem-estar, segurança e

---

77. *Curso de Previdência Social*, Rio de Janeiro, Forense, 1979, p.43.

conforto.[78] Por conseguinte, a área alcançada pela Seguridade Social é maior do que aquela atingida pela Previdência. No ordenamento brasileiro, este traço está presente no art. 194 da Constituição Federal de 1988, que englobou, em caráter pioneiro, no conceito de Seguridade Social a Saúde, Previdência e Assistência Social, prescrevendo que "a seguridade social compreende um conjunto integrado de ações de iniciativa dos Poderes Públicos e da sociedade, destinadas a assegurar os direitos relativos à saúde, à previdência, e à assistência social".

É possível, destarte, estabelecer as seguintes diferenças entre as expressões: a) enquanto o trabalhador e o empresário são as referências da Previdência, a Seguridade Social visa a proteger todos os cidadãos; b)a Previdência Social é custeada por meio do pagamento de contribuições pelos associados do sistema, enquanto a Seguridade Social estabelece as suas prestações (benefícios e serviços) sem levar em consideração as contribuições pagas, e sim as necessidades mínimas dos favorecidos; c)a intervenção estatal é mais forte na Seguridade Social, tanto na criação dos órgãos gestores quanto na instituição e na prestação de serviços e oferecimento de benefícios; d)nos sistemas de Previdência Social, a preocupação maior é com a reparação objetiva do risco ocorrido mediante o sinistro, já na Seguridade Social os programas de prevenção de enfermidades ou acidentes e de assistência médica preventiva são mais importantes; e)os recursos financeiros do Estado são distribuídos nos sistemas de Seguridade Social por meio de orçamentos gerais, transferindo-se para todos os cidadãos o dever de custeio.[79]

Desse modo, observa-se que no conceito constitucional de seguridade social existem dois sistemas: um contributivo,

78. Cf. Mozart Victor Russomano, op. cit., p.45.

79. Idem, p 47.

relativo à previdência social, no qual ocorre o pagamento de contribuições previdenciárias pelos segurados para a sua cobertura e dos seus dependentes, e por empresas; e outro não contributivo, que compreende a saúde pública e a assistência social, ambas custeados com a cobrança de impostos e de contribuições para a Seguridade Social, sem a exigência de prévio pagamento de contribuições para que o usuário possa usufruir das prestações oferecidas pelo Poder Público.

Em um estudo que busca examinar as contribuições previdenciárias, e não as destinadas para a Seguridade Social, é importante levar tais distinções em consideração.

2. EVOLUÇÃO HISTÓRICA

Localiza-se o embrião da ideia de previdência social no caráter assistencial dos agrupamentos profissionais da índia, dos hebreus e dos árias; bem como nas organizações profissionais dos pastores, agricultores, barqueiros e soldados, no Egito; na união de pequenos produtores e artesãos livres gregos e romanos, de caráter assistencialista, e nas guildas germânicas. Na Idade Média, com o aparecimento das corporações, das confrarias e das irmandades o mutualismo assistencial fortaleceu-se.[80]

Posteriormente, a prevenção de riscos aparece de maneira mais elaborada com a instituição dos seguros privados, que decorreu do aumento dos riscos a que estavam expostas determinadas classes de trabalhadores (ex: marinheiros).

Em todas essas experiências, os necessitados estavam excluídos, pois a proteção contra os riscos alcançava os que participavam na formação de poupança do grupo.

---

80. Nicolau Konkel Junior, *Contribuições Sociais*, São Paulo, Quartier Latin, 2005, p. 31.

De maneira pioneira, em 1601, na Inglaterra, surge o "Poor Relief Act", a "lei dos pobres", a qual coloca o Estado na condição de entidade responsável pela assistência social, arcando com o sustento dos mais pobres.[81]

Mudanças substanciais ocorreram com a Revolução Industrial, que importou em expor os trabalhadores a maiores riscos sociais, sem um adequado mecanismo de proteção. A partir de então, surgem técnicas específicas de proteção contra os riscos sociais: o mutualismo obreiro, as leis de acidente de trabalho e os seguros sociais.[82] A preocupação maior passou a ser, a partir do final do século XIX, com os acidentes de trabalho. Os trabalhadores passaram, então, a contratar seguros que os protegessem contra os infortúnios decorrentes dos acidentes de trabalho. Esta prestação, de caráter facultativo, finalmente, torna-se um seguro obrigatório, na Alemanha de Bismarck, em 15/06/1883, com a promulgação da lei que institui esse tipo de seguro contra doenças (seguro-doença) e, em 06/11/1884, com a edição de nova lei que institui o seguro obrigatório contra acidentes de trabalho. Em 1884, nova modalidade de seguro foi criada, o de invalidez e velhice. Finalmente, em 1911, todos foram reunidos no Código de Seguros Sociais. Esse modelo alemão, de caráter pioneiro, repercutiu fortemente em outros países,[83] como a Noruega, Áustria, Luxemburgo, Chile, México e Brasil.

Nesse contexto, aparece um novo modelo de seguros sociais, o qual apresentava as seguintes características: i) obrigatoriedade; ii) financiamento tripartido (trabalhadores, empregadores e Estado); iii) gestão pública; iv) beneficiários são as pessoas determinadas pela lei; v) caráter sinalagmático.[84]

---

81. Nicolau Konkel Junior, op. cit., p. 32.

82. *Idem, ibidem*, p. 33.

83. *Idem, ibidem*, p. 34.

84. *Idem, ibidem*, p. 35.

Esse primeiro período da evolução da Previdência Social é denominado por Mozart Victor Russomano de *período de formação*, que se inicia com a primeira lei de Bismarck e se prolonga até o término da 1ª Guerra Mundial.[85] Com o fim desse conflito, o Tratado de Versalhes concedeu às leis sociais novas perspectivas.

Inicia-se, a partir daí, então, a fase da expansão geográfica, caracterizada pelo progressivo aperfeiçoamento dos sistemas previdenciários europeus e pela migração de seus princípios para outros continentes, como a Ásia e América Latina. Nesta fase, destacam-se a promulgação da lei norte-americana de seguridade social, de 14 de agosto de 1935, na qual aparece pela primeira vez a expressão "social security"; e o relatório de Lord Beveridge, de 1942, complementado pelo plano de 1944, para reformular a Previdência Social no Reino Unido.[86]

Com a lei norte-americana, que integrava a política do Presidente Franklin Roosevelt, estabeleceu-se definitivamente a concepção de que o Estado tem o dever de assegurar a todo cidadão um nível de vida digno e de valorizar o bem-estar social.[87]

Com o fim da 2ª Guerra Mundial, uma nova fase surge na expansão da Previdência Social. O que caracteriza esse momento é a transformação da Previdência em um regime de Seguridade Social, como assinala Russomano, pelo acréscimo dos riscos cobertos, pela melhoria das condições de concessão dos benefícios e serviços, pela extensão destas prestações para um número maior de indivíduos e pela transferência para o Estado da responsabilidade pelo custeio do sistema. Nessa fase, merecem ser destacadas a

85. *Curso de Previdência Social*, Rio de Janeiro, Forense, 1979, p. 11.

86. Cf. Mozart Victor Russomano, op. cit., p. 11.

87. Idem, p. 12.

Declaração da Filadélfia, que recomendava para diferentes países a adoção de programas típicos de seguridade social,[88] e, em 1948, a Declaração Universal dos Direitos do Homem, cujo art. XXII consagrava o direito à Seguridade Social.

No Brasil, é a partir da 1ª Guerra Mundial que começa a história da Previdência Social, com a edição da Lei de Acidentes do Trabalho, de 15 de janeiro de 1919. Posteriormente, surgiu o Decreto nº 4.682, de 24/01/1923, denominada de Lei Eloy Chaves, em homenagem ao seu proponente. Antes disso, porém, o país já havia experimentado algumas experiências de natureza previdenciária.

A Lei Eloy Chaves criou as Caixas de Aposentadoria e Pensões dos Ferroviários, que funcionaram em todo o país durante muitos anos.[89] Esse diploma normativo serviu como modelo para experiências similares, como o Decreto nº 5.109, de 20 de dezembro de 1925, que criou as Caixas de Aposentadoria e Pensões dos trabalhadores das empresas de navegação marítima ou fluvial e das empresas dedicadas aos serviços portuários.

Nessa primeira fase, salienta Russomano,[90] ocorreu uma proliferação rápida na criação das Caixas, experiência que se prolongou até o advento do Decreto nº 20.465, de 1º de outubro de 1931. As Caixas de Aposentadoria e Pensões foram marcadas pela ausência do poder público ou pela sua atuação apenas como intermediador.[91]Destarte, nos anos vinte, a Previdência Social no Brasil era organizada por meio de instituições de natureza privada, sem interferência do Poder Público, quanto à gestão.

---

88. Cf. Mozart Victor Russomano, op. cit., p. 14.

89. Cf. Mozart Victor Russomano, op. cit., p. 33.

90. Op. cit., p. 33.

91. Cf. Nikolau Konkel Júnior, op.cit., p. 41.

Com o Decreto nº 20.465 ocorreu uma extensão do regime das caixas de previdência para os empregados dos demais serviços públicos concedidos ou explorados pelo Poder Público, bem como uma reformulação da legislação das caixas e a consolidação de toda a legislação, que dispensou tratamento uniforme para todas as caixas.[92]Esse Decreto apresentou, ainda, outras grandes inovações: a instituição de uma contribuição dos segurados, que variava para cada Caixa em função do montante das despesas da instituição no ano anterior; e a criação de uma contribuição para a União, proveniente do aumento das tarifas, taxas ou preços dos serviços explorados pela empresa, cujo valor não poderia ser inferior ao das contribuição da própria empresa. O art.10 desse Decreto denominou esta contribuição como "quota de previdência". A legislação determinava, ainda, que as contribuições das empresas e da União fossem iguais as dos segurados, visando a uma cobertura total das despesas.[93]

A partir dos anos trinta, uma nova fase na evolução da Previdência aparece, com a criação dos Institutos de Aposentadoria e Pensões. Em vez de se criarem caixas de aposentadoria por empresas, passaram-se a ser instituídos os institutos especializados em função da atividade profissional de seus segurados.[94]

Nesse contexto surgiram, sucessivamente, os Institutos dos Marítimos, em 29 de junho de 1933, dos Comerciários, em 22 de maio de 1934, dos Bancários, em 09 de julho deste mesmo ano, dos Industriários, em 31 de dezembro de 1936 e dos empregados em Transportes e Cargas, em 18 de agosto de 1938.

---

92. Cf. Nikolau Konkel Júnior, op. cit., p. 43.

93. Cf. Nokolau Konkel Júnior, op. cit., p. 44.

94. Cf. Mozart Victor Russomano, op. cit., p. 34.

Dois traços caracterizavam esses Institutos. De um lado, alcançavam categorias profissionais conexas, embora distintas, formando-se grandes grupos beneficiários da Previdência; de outro lado, tinham uma dimensão nacional.[95]

Ocorre que os Institutos tinham normas próprias, muitas vezes conflitantes com as de outro Instituto, o que proporcionou a formação de um sistema complexo de leis previdenciárias, e desequilibrado, como assinala Russomano.[96]

Em 07 de maio de 1945, começa o período de uniformização das leis previdenciárias e da unificação dos órgãos administrativos com a edição do Decreto-Lei nº 7.526, denominado de Lei Orgânica dos Serviços Sociais. Russomano assinala que as medidas adotadas por este Decreto-Lei foram ineficazes por diversas razões, principalmente pela ausência de regulamentação e pelas conturbações políticas que marcaram a época.[97] Porém, essas ideias frutificaram, posteriormente, com a elaboração da Lei Orgânica da Previdência Social, em 1960 (Lei nº 3.807/1960), que unificou o sistema, em termos de legislação, submetendo todos os que exerciam emprego ou atividade remunerada a um mesmo tratamento jurídico; bem como unificou a gestão administrativa, com a reunião de todos os Institutos no Instituto Nacional da Previdência Social (INPS).

Posteriormente, surgiu uma outra grande uniformização, com a edição da Consolidação das Leis da Previdência Social (Decreto nº 77.077, de 24/01/1976) e, em 1984, com a aprovação de uma nova consolidação pelo Decreto nº 89.312, de 23/01/1984.

Com a promulgação da Carta de 1988, consagrou-se a diversidade de base de financiamento, adotando-se um

---

95. Cf. Mozart Victor Russomano, op. cit., p. 34.

96. Op. cit., p. 34.

97. Op. cit., p. 35.

modelo tripartite de custeio, entre empregadores, trabalhadores e o Poder Público. As contribuições previdenciárias foram instituídas, neste período, inicialmente pela Lei nº 7.787/89 e, posteriormente, pela Lei nº 8.212/91, que atualmente disciplina a matéria.

3. CUSTEIO DA SEGURIDADE SOCIAL

3.1 Princípios constitucionais

Dentre os princípios previstos pela Constituição Federal para a Seguridade Social, cinco estão relacionados ao custeio desse sistema.

O primeiro é o da solidariedade, que alguns denominam de solidarismo ou de mutualismo. Para o Regime Próprio de Previdência Social – RPPS, o princípio está previsto expressamente pelo art. 40 da Constituição Federal. Em relação aos demais regimes de previdência, decorre do art. 3º, I, do Texto Magno, que menciona a solidariedade como um dos objetivos da República Federativa do Brasil. Como assevera, a propósito, Wladimir Novaes Martinez,

> solidariedade quer dizer cooperação da maioria em favor da minoria, em certos casos, da totalidade em direção à individualidade. Dinâmica a sociedade, subsiste constante alteração dessas parcelas e, assim, num dado momento, todos contribuem, e, noutro, muitos se beneficiam da participação da coletividade. Nessa ideia simples, cada um também se apropria do seu aporte. Financeiramente, o valor não utilizado por uns é canalizado por outros. Significa a cotização de certas pessoas, com capacidade contributiva, em favor dos despossuídos. Socialmente considerada, é ajuda marcadamente anônima, traduzindo mútuo auxílio, mesmo obrigatório, dos indivíduos.[98]

98. *Curso de Direito Previdenciário*, 3ªed., São Paulo, LTr, 2000, p. 121.

Destarte, a solidariedade impõe a necessidade de todos contribuírem para o custeio da Seguridade Social, independentemente da capacidade financeira, mesmo que não sejam por ela direta ou indiretamente beneficiados.

O segundo princípio é o da equidade na forma de participação no custeio (art.194, parágrafo único, V, CF). Trata-se de um corolário do princípio da isonomia: quem tem maiores condições financeiras deve contribuir com uma prestação maior. Por essa razão, a lei pode prever alíquotas progressivas das contribuições para a Seguridade Social, como forma de implementar este princípio.

Já a diversidade da base de financiamento, previsto originariamente na CF de 1934 (art. 121, § 1º, "h"), significa a existência de bases econômicas diversas para o financiamento da Seguridade Social, indicadas pelo próprio texto constitucional (CF, art. 195). A existência de múltiplas fontes de financiamento funciona como um mecanismo para garantir a solvabilidade do sistema, evitando que em momentos de crise a redução da contribuição de determinados setores comprometa a arrecadação, como um todo. Além do custeio por meio de recursos dos entes federados, a Constituição Federal menciona no art. 195, I a V, as fontes de financiamento que poderão ser utilizadas pela lei.

Em se tratando de Previdência Social, desde a Constituição Federal de 1934, o sistema brasileiro tem assegurado o tríplice custeio deste regime, por meio da participação do Poder Público, das empresas e dos trabalhadores em geral. Permite-se, ainda, a criação de novas fontes de custeio para a Seguridade Social, por meio de lei complementar.

Com o advento da Emenda Constitucional nº 103/2019, o enunciado do art. 194, parágrafo único, VI da CF, que veicula o princípio em estudo, foi modificado, passando a prescrever a "diversidade da base de financiamento, identificando-se, em rubricas contábeis específicas para cada área, as receitas e as despesas vinculadas a ações de saúde, previdência e assistência social, preservado o caráter contributivo da previdência social".

Outro princípio é o da precedência da fonte do custeio (princípio da preexistência ou da antecedência da fonte de custeio), previsto no art. 195, § 5º da CF, que estabelece que "nenhum benefício ou serviço da seguridade social poderá ser criado, majorado ou estendido sem a correspondente fonte de custeio total".

Esse princípio surgiu em nosso ordenamento por meio da Emenda Constitucional nº 11/65, elaborada na vigência da Carta de 1946, e busca assegurar uma gestão responsável nos recursos da Seguridade Social, impedindo a criação de novas prestações a cargo do Poder Público sem a prévia existência de recursos financeiros para custeá-la. Conseguintemente, a criação ou majoração de um benefício deverá indicar a respectiva dotação orçamentária, para manter o equilíbrio do orçamento da Seguridade Social.

Por fim, tem-se o princípio do orçamento diferenciado (CF, art. 165, § 5º, III), consagrado na previsão constitucional de um orçamento próprio para a Seguridade Social, que deverá prever as despesas com o pagamento dos benefícios e serviços e estimar a receita. Assim, a lei orçamentária anual da União deverá abranger, além do orçamento fiscal e o de investimento nas empresas estatais federais, o orçamento da Seguridade Social, alcançando todas as entidades e órgãos a ela vinculados e os Fundos Públicos.

O orçamento da Seguridade Social, segundo estabelece o art.11 da Lei nº 8.212/91, é integrado das seguintes receitas: I – receitas da União; II – receitas das contribuições sociais; III- receitas de outras fontes. O parágrafo único deste dispositivo elenca as contribuições para a Seguridade Social: a) das empresas, incidentes sobre a remuneração paga ou creditada aos segurados a seu serviço; b) as dos empregadores domésticos; c) a dos trabalhadores, incidentes sobre o seu salário-de-contribuição; d) das empresas, incidentes sobre o faturamento e lucro; e) as incidentes sobre a receita de concursos de prognósticos.

3.2 Fontes

O custeio da Seguridade Social é regulado pela Constituição Federal, que em seu art. 195 estabelece que:

> Art. 195. A seguridade social será financiada por toda a sociedade, de forma direta e indireta, nos termos da lei, mediante recursos provenientes dos orçamentos da União, dos Estados, do distrito Federal e dos Municípios, e das seguintes contribuições sociais:
>
> I – do empregador, da empresa e da entidade a ela equiparada na forma da lei, incidentes sobre:
>
> a) a folha de salários e demais rendimentos do trabalho pagos ou creditados, a qualquer título, à pessoa física que lhe preste serviço, mesmo sem vínculo empregatício;
>
> b) a receita ou o faturamento;
>
> c) o lucro;
>
> II- do trabalhador e dos demais segurados da previdência social, não incidindo contribuição sobre aposentadoria e pensão concedidas pelo regime geral de previdência social de que trata o art. 201;
>
> III- sobre a receita de concursos de prognósticos;
>
> IV – do importador de bens ou serviços do exterior, ou de quem a lei a ele equiparar
>
> V - sobre bens e serviços, nos termos de lei complementar. (Incluído pela Emenda Constitucional nº 132, de 2023)
>
> (...)
>
> V - sobre bens e serviços, nos termos de lei complementar. (Incluído pela Emenda Constitucional nº 132, de 2023)

Ademais, o art. 195, § 1º, contém outra regra sobre o financiamento, asseverando que "as receitas dos Estados, do distrito Federal e dos Municípios destinadas à seguridade social constarão dos respectivos orçamentos, não integrando o orçamento da União". Por força desta previsão constitucional, evidencia-se que a seguridade social consiste em uma atribuição comum a todos os entes federados, que deverão incluir em seus respectivos orçamentos as despesas relacionadas ao cumprimento destas atividades.

Atualmente, o art. 76 do Ato das Disposições Constitucionais Transitórias – ADCT permite a desvinculação de 30% das receitas da Seguridade Social, até 31/12/2024 conforme estabelece a Emenda Constitucional nº 132/2023.

4. IMUNIDADES

O art. 195, § 7º, prevê uma hipótese de imunidade para as contribuições para a Seguridade Social, estabelecendo que "são isentas de contribuição para a seguridade social as entidades beneficentes de assistência social que atendam às exigências estabelecidas em lei".

Embora o dispositivo tenha utilizado a expressão "isentas", por óbvio que se trata de uma atecnia, pois as hipóteses de não incidência previstas pela Constituição Federal têm a natureza de imunidades tributárias, e não de isenções.[99]

Nesse sentido, posiciona-se a jurisprudência pacífica do Supremo Tribunal Federal:

> MANDADO DE SEGURANÇA - CONTRIBUIÇÃO PREVIDENCIÁRIA - QUOTA PATRONAL - ENTIDADE DE FINS ASSISTENCIAIS, FILANTRÓPICOS E EDUCACIONAIS

99. A doutrina é pacífica sobre a matéria. Cabe transcrever o ensinamento de Souto Maior Borges a propósito: "A regra de imunidade configura, desta sorte, hipótese de não incidência constitucionalmente qualificada" (*Teoria Geral da Isenção tributária*, 3ª ed., São Paulo, Malheiros, 2001, p. 218).

> - IMUNIDADE (CF, ART. 195, § 7º) - RECURSO CONHECIDO E PROVIDO. - A Associação Paulista da Igreja Adventista do Sétimo Dia, por qualificar-se como entidade beneficente de assistência social - e por também atender, de modo integral, às exigências estabelecidas em lei - tem direito irrecusável ao benefício extraordinário da imunidade subjetiva relativa às contribuições pertinentes à seguridade social. - A cláusula inscrita no art. 195, § 7º, da Carta Política - não obstante referir-se impropriamente à isenção de *contribuição para a seguridade social* -, contemplou as entidades beneficentes de assistência social, com o favor constitucional da imunidade tributária, desde que por elas preenchidos os requisitos fixados em lei. A jurisprudência constitucional do Supremo Tribunal Federal já identificou, na cláusula inscrita no art. 195, § 7º, da Constituição da República, a existência de uma típica garantia de imunidade (e não de simples isenção) estabelecida em favor das entidades beneficentes de assistência social. Precedente: RTJ 137/965. - Tratando-se de imunidade - que decorre, em função de sua natureza mesma, do próprio texto constitucional -, revela-se evidente a absoluta impossibilidade jurídica de a autoridade executiva, mediante deliberação de índole administrativa, restringir a eficácia do preceito inscrito no art. 195, § 7º, da Carta Política, para, em função de exegese que claramente distorce a teleologia da prerrogativa fundamental em Referência, negar, à entidade beneficente de assistência social que satisfaz os requisitos da lei, o benefício que lhe é assegurado no mais elevado plano normativo.[100]

A Corte entende, ainda, que os requisitos a serem observados para o gozo deste tipo de imunidade são aqueles estabelecidos pela lei complementar:[101]

---

100. STF, 1ª Turma, RMS nº 22.192, Rel. Min. Celso de Mello, DJ 19/12/1996.

101. Entretanto, o STF resguarda o direito das entidades que se beneficiaram desta imunidade por terem preenchido os pressupostos previstos em legislação pretérita: AGRAVO REGIMENTAL EM RECURSO EXTRAORDINÁRIO. CONTRIBUIÇÃO PREVIDENCIÁRIA. QUOTA PATRONAL. ENTIDADE DE CARÁTER FILANTRÓPICO. DECRETO-LEI N. 1.572/77. ISENÇÃO. O fato de a Constituição do Brasil, em seu artigo 195, § 7º, ao prever isenção do pagamento da *contribuição para a seguridade social*, subordinar esse benefício a exigências estabelecidas em lei, de modo algum implica a extinção de isenções anteriormente reconhecidas com base em legislação outrora vigente [Decreto-lei n. 1.572/77], sobretudo se ainda não editada a nova regulamentação a respeito do tema. Pelo contrário, a previsão constitucional vem a corroborar a situação da agravada, recepcionando as hipóteses de isenção ainda vigentes até que lei específica venha a revogá-las. Agravo regimental a que se nega provimento. (STF, 1ª Turma, RE nº 354168, Rel. Min. Eros Grau, DJ 24/06/2005)

Ementa

IMUNIDADE – DISCIPLINA – LEI COMPLEMENTAR. Ante a Constituição Federal, que a todos indistintamente submete, a regência de imunidade faz-se mediante lei complementar.

Tema

32 - Reserva de lei complementar para instituir requisitos à concessão de imunidade tributária às entidades beneficentes de assistência social.

Tese

A lei complementar é forma exigível para a definição do modo beneficente de atuação das entidades de assistência social contempladas pelo art. 195, § 7º, da CF, especialmente no que se refere à instituição de contrapartidas a serem por elas observadas. Obs.: Redação da tese aprovada no julgamento do RE 566622 ED, realizado em 18/12/2019.[102]

Além disso, o Tribunal admite a incidência dessa imunidade apenas para as contribuições para a seguridade social, sem estendê-la às contribuições para o sistema "S" (contribuições para terceiros):[103]

---

102. STF, Pleno, RE nº 566.622, Rel. Min. Marco Aurélio, DJ 23/08/2017.

103. De igual modo, a Corte afasta a incidência desta imunidade para outros tipos de contribuições sociais:
AGRAVO REGIMENTAL EM RECURSO EXTRAORDINÁRIO. CONTRIBUIÇÕES DE QUE TRATAM OS ARTS. 1º E 2º DA LEI COMPLEMENTAR 110/2001. CONSTITUCIONALIDADE DECLARADA PELO SUPREMO TRIBUNAL FEDERAL, NO JULGAMENTO DA MEDIDA CAUTELAR NA AÇÃO DIRETA DE CONSTITUCIONALIDADE 2.556. APLICABILIDADE DA DECISÃO PLENÁRIA. NÃO HÁ QUE SE FALAR EM IMUNIDADE TRIBUTÁRIA, NOS TERMOS DO § 7º DO ART. 195 DA CONSTITUIÇÃO FEDERAL. ALEGAÇÃO DE OFENSA AO INCISO IX DO ART. 93 DA CONSTITUIÇÃO REPUBLICANA. INSUBSISTÊNCIA. 1. O Plenário do Supremo Tribunal Federal reconheceu a constitucionalidade das contribuições de que tratam os arts. 1º e 2º da Lei Complementar 110/2001 (ADI 2.556-MC, da relatoria do ministro Moreira Alves). 2. A imunidade tributária prevista no § 7º do art. 195 da Carta Magna de 1988 diz respeito às ***contribuições para a seguridade social***. 3. A jurisdição foi prestada de forma completa, em decisão devidamente fundamentada, embora em sentido contrário aos interesses da parte agravante, o que não caracteriza cerceamento de defesa. 4. Agravo regimental desprovido. (STF, 2ª Turma, RE nº 556.813, Rel. Min. Ayres Brito, DJ 24/08/2011).

> DIREITO TRIBUTÁRIO. CONTRIBUIÇÃO SOCIAL. ENTIDADE EDUCACIONAL. IMUNIDADE PREVISTA NO ART. 195, § 7º, DA CONSTITUIÇÃO FEDERAL. CONTRIBUIÇÃO DESTINADA A TERCEIROS. NÃO ABRANGÊNCIA. RECURSO EXTRAORDINÁRIO INTERPOSTO SOB A ÉGIDE DO CPC/1973. CONSONÂNCIA DA DECISÃO RECORRIDA COM A JURISPRUDÊNCIA CRISTALIZADA DO SUPREMO TRIBUNAL FEDERAL. RECURSO EXTRAORDINÁRIO QUE NÃO MERECE TRÂNSITO. AGRAVO MANEJADO SOB A VIGÊNCIA DO CPC/1973. 1. O entendimento da Corte de origem, nos moldes do assinalado na decisão agravada, não diverge da jurisprudência firmada no Supremo Tribunal Federal, no sentido de que a imunidade prevista pelo art. 195, § 7º, da Constituição Federal é restrita às *contribuições para a seguridade social* e, por isso, não abrange as contribuições destinadas a terceiros. 2. As razões do agravo regimental não se mostram aptas a infirmar os fundamentos que lastrearam a decisão agravada. 3. Em se tratando de agravo manejado sob a vigência do Código de Processo Civil de 1973, inaplicável o art. 85, § 11, do CPC/2015. 4. Agravo regimental conhecido e não provido.[104]

Os requisitos para o gozo dessa imunidade eram previstos pelo art. 55 da Lei nº 8.212/91, modificado pela Lei nº 9.732/98.[105] Essas alterações tiveram a validade questionada no Supremo Tribunal Federal por meio da ADIN nº 2.028. Ao apreciar o pedido de medida liminar, a Corte suspendeu a vigência do dispositivo impugnado.[106] Veio a lume, então,

---

104. STF, 1ª Turma, ARE 744.723, Rel. Min. Rosa Weber, DJ 04/04/2017.

105. O Tribunal exige a observância dos requisitos legais, previstos pelo art. 14 do CTN e na Lei nº 8.212/91:
AGRAVO INTERNO. AGRAVO DE INSTRUMENTO. RECURSO EXTRAORDINÁRIO. TRIBUTÁRIO. IMUNIDADE TRIBUTÁRIA. *CONTRIBUIÇÃO PARA A SEGURIDADE SOCIAL*. ENTIDADES BENEFICENTES DE ASSISTÊNCIA SOCIAL. Para o reconhecimento da imunidade de que trata o art. 195, § 7º, da Constituição Federal, é preciso que sejam atendidos tanto os requisitos contidos no artigo 14 do Código Tributário Nacional, como a exigência da Certificação de Entidades Beneficentes de Assistência Social - CEBAS (inciso II do artigo 55 da Lei nº 8.212/1991). Embargos de declaração acolhidos, para conhecer do agravo, dar-lhe provimento e julgar, desde logo, o recurso extraordinário, provendo-o parcialmente. (STF, 1ª Turma, AI nº531.271, Red. do acórdão Min. Alexandre de Moraes, DJ 25/05/2022).

106. STF, Pleno, ADIMC nº 2028, Rel. Min. Moreira Alves, DJ 16/06/2000.

em 2009, a Lei nº 12.101, que passou a regular a matéria, sendo revogada pela Lei Complementar nº 187/2021.

A Lei Complementar nº 187/2021 sanou as mencionadas inconstitucionalidades, estabelecendo em seu art. 3º os requisitos para que uma entidade que atue nas áreas de saúde, educação e assistência social possa desfrutar do benefício em pauta:

> Art. 3º. Farão jus à imunidade de que trata o § 7º do art. 195 da Constituição Federal as entidades beneficentes que atuem nas áreas da saúde, da educação e da assistência social, certificadas nos termos desta Lei Complementar, e que atendam, cumulativamente, aos seguintes requisitos:
>
> I - não percebam seus dirigentes estatutários, conselheiros, associados, instituidores ou benfeitores remuneração, vantagens ou benefícios, direta ou indiretamente, por qualquer forma ou título, em razão das competências, das funções ou das atividades que lhes sejam atribuídas pelos respectivos atos constitutivos;
>
> II - apliquem suas rendas, seus recursos e eventual superávit integralmente no território nacional, na manutenção e no desenvolvimento de seus objetivos institucionais;
>
> III - apresentem certidão negativa ou certidão positiva com efeito de negativa de débitos relativos aos tributos administrados pela Secretaria Especial da Receita Federal do Brasil e pela Procuradoria-Geral da Fazenda Nacional, bem como comprovação de regularidade do Fundo de Garantia do Tempo de Serviço (FGTS);
>
> IV - mantenham escrituração contábil regular que registre as receitas e as despesas, bem como o registro em gratuidade, de forma segregada, em consonância com as normas do Conselho Federal de Contabilidade e com a legislação fiscal em vigor;
>
> V - não distribuam a seus conselheiros, associados, instituidores ou benfeitores seus resultados, dividendos, bonificações, participações ou parcelas do seu patrimônio, sob qualquer forma ou pretexto, e, na hipótese de prestação de serviços a terceiros, públicos ou privados, com ou sem cessão de mão de obra, não transfiram a esses terceiros os benefícios relativos à imunidade prevista no § 7º do art. 195 da Constituição Federal;
>
> VI - conservem, pelo prazo de 10 (dez) anos, contado da data de emissão, os documentos que comprovem a origem e o registro de

seus recursos e os relativos a atos ou a operações realizadas que impliquem modificação da situação patrimonial;

VII - apresentem as demonstrações contábeis e financeiras devidamente auditadas por auditor independente legalmente habilitado nos Conselhos Regionais de Contabilidade, quando a receita bruta anual auferida for superior ao limite fixado pelo inciso II do caput do art. 3º da Lei Complementar nº 123, de 14 de dezembro de 2006; e

VIII - prevejam, em seus atos constitutivos, em caso de dissolução ou extinção, a destinação do eventual patrimônio remanescente a entidades beneficentes certificadas ou a entidades públicas.

§ 1º A exigência a que se refere o inciso I do caput deste artigo não impede:

I - a remuneração aos dirigentes não estatutários; e

II - a remuneração aos dirigentes estatutários, desde que recebam remuneração inferior, em seu valor bruto, a 70% (setenta por cento) do limite estabelecido para a remuneração de servidores do Poder Executivo federal, obedecidas as seguintes condições:

a) nenhum dirigente remunerado poderá ser cônjuge ou parente até o terceiro grau, inclusive afim, de instituidores, de associados, de dirigentes, de conselheiros, de benfeitores ou equivalentes da entidade de que trata o caput deste artigo; e

b) o total pago a título de remuneração para dirigentes pelo exercício das atribuições estatutárias deverá ser inferior a 5 (cinco) vezes o valor correspondente ao limite individual estabelecido para a remuneração dos servidores do Poder Executivo federal.

§ 2º. O valor das remunerações de que trata o § 1º deste artigo deverá respeitar como limite máximo os valores praticados pelo mercado na região correspondente à sua área de atuação e deverá ser fixado pelo órgão de deliberação superior da entidade, registrado em ata, com comunicação ao Ministério Público, no caso das fundações.

§ 3º. Os dirigentes, estatutários ou não, não respondem, direta ou subsidiariamente, pelas obrigações fiscais da entidade, salvo se comprovada a ocorrência de dolo, fraude ou simulação.

Art. 4º. A imunidade de que trata esta Lei Complementar abrange as contribuições sociais previstas nos incisos I, III e IV do caput do art. 195 e no art. 239 da Constituição Federal, relativas a entidade beneficente, a todas as suas atividades e aos empregados e demais segurados da previdência social, mas não se estende a outra pessoa jurídica, ainda que constituída e mantida pela entidade à qual a certificação foi concedida.

Art. 5º. As entidades beneficentes deverão obedecer ao princípio da universalidade do atendimento, vedado dirigir suas atividades exclusivamente a seus associados ou categoria profissional.

5. A PREVIDÊNCIA SOCIAL: PERFIL CONSTITUCIONAL

Consoante dispõe o art.201 da CF, "a previdência social será organizada sob a forma de regime geral, de caráter contributivo e de filiação obrigatória, observados critérios que preservem o equilíbrio financeiro e atuarial, e atenderá, nos termos da Lei, a:

I – cobertura dos eventos de doença, invalidez, morte e idade avançada;

II- proteção à maternidade, especialmente à gestante;

III- proteção ao trabalhador em situação de desemprego involuntário;

IV – salário-família e auxílio-reclusão para os dependentes dos segurados de baixa renda;

V- pensão por morte do segurado, homem ou mulher, cônjuge ou companheiro e dependentes, observado o disposto no § 2º.

Este dispositivo regulamenta o Regime Geral de Previdência – RGPS, o qual atinge os trabalhadores da iniciativa privada e os seus dependentes, sendo administrado pelo Ministério da Previdência Social, cabendo ao Instituto Nacional do Seguro Social – INSS a concessão de benefícios previdenciários e o oferecimento de determinados serviços. No entanto, a exigência das contribuições previdenciárias não representa mais uma função desse Instituto, em face do advento da Lei nº 11.457/2007, que unificou o sistema de arrecadação dos tributos federais, centralizando-o perante a Receita Federal do Brasil.

Da análise do mencionado enunciado constitucional pode-se extrair as seguintes características do regime em epígrafe: público, contributivo, prima pelo equilíbrio financeiro e atuarial, de filiação obrigatória para os trabalhadores em geral, de repartição (fundo único), solidário, de gestão quadripartite (Poder Público, empregadores, trabalhadores e aposentados) e de custeio tripartite (Poder Público, trabalhadores e empresas/empregadores/equiparados).[107]

Da exegese deste dispositivo observa-se, ainda, que a previdência social é estruturada com base nos seguintes princípios: *compulsoriedade*, *contributividade*, *solidariedade* e *equilíbrio financeiro e atuarial*.

Por força da compulsoriedade, todos os trabalhadores que exercem atividade remunerada são obrigados a se filiarem à previdência social, exceto os servidores públicos civis e militares, que são regidos por regime previdenciário próprio. Além dos trabalhadores, os indivíduos que não trabalham poderão ingressar no regime em pauta, na condição de segurados facultativos, como adiante será analisado.

Já a contributividade significa que o regime se baseia nas contribuições específicas (contribuições previdenciárias) dos filiados e das empresas para proporcionar a cobertura securitária. Frederico Amado observa, a propósito, que se trata de

> um sistema contributivo de repartição e não de capitalização, pois restou instituído um fundo único para o pagamento dos benefícios previdenciários, sendo possível que determinados benefícios sejam concedidos mesmo que ainda não haja uma contribuição sequer ao sistema, no interstício entre a filiação e o primeiro pagamento, a exemplo da pensão por morte e do auxílio-acidente, prestações que dispensam a carência.[108]

107. Cf. Frederico Amado, *Legislação Previdenciária*, Salvador, Jus Podivm, 2013.

108. Op. cit., p. 130.

Esse caráter tem sido reconhecido pelo Supremo Tribunal Federal, consoante demonstra o aresto adiante transcrito:

> CONSTITUCIONAL. PREVIDENCIÁRIO. REGIME GERAL DA PREVIDÊNCIA SOCIAL. CARÁTER CONTRIBUTIVO. APOSENTADORIA POR INVALIDEZ. AUXÍLIO-DOENÇA. COMPETÊNCIA REGULAMENTAR. LIMITES. 1. O caráter contributivo do regime geral da previdência social (caput do art. 201 da CF) a princípio impede a contagem de tempo ficto de contribuição. 2. O § 5º do art. 29 da Lei nº 8.213/1991 (Lei de Benefícios da Previdência Social – LBPS) é exceção razoável à regra proibitiva de tempo de contribuição ficto com apoio no inciso II do art. 55 da mesma Lei. E é aplicável somente às situações em que a aposentadoria por invalidez seja precedida do recebimento de auxílio-doença durante período de afastamento intercalado com atividade laborativa, em que há recolhimento da *contribuição previdenciária*. Entendimento, esse, que não foi modificado pela Lei nº 9.876/99. 3. O § 7º do art. 36 do Decreto nº 3.048/1999 não ultrapassou os limites da competência regulamentar porque apenas explicitou a adequada interpretação do inciso II e do § 5º do art. 29 em combinação com o inciso II do art. 55 e com os arts. 44 e 61, todos da Lei nº 8.213/1991. 4. A extensão de efeitos financeiros de lei nova a benefício previdenciário anterior à respectiva vigência ofende tanto o inciso XXXVI do art. 5º quanto o § 5º do art. 195 da Constituição Federal. Precedentes: REs 416.827 e 415.454, ambos da relatoria do Ministro Gilmar Mendes. 5. Recurso extraordinário com repercussão geral a que se dá provimento.
>
> *Tema*
>
> 88 - Aplicação do art. 29 da Lei nº 8.213/91, com a redação dada pela Lei nº 9.876/99, a benefícios concedidos antes da respectiva vigência.
>
> *Tese*
>
> Em razão do caráter contributivo do regime geral de previdência (CF/1988, art. 201, caput), o art. 29, § 5º, da Lei nº 8.213/1991 não se aplica à transformação de auxílio-doença em aposentadoria por invalidez, mas apenas a aposentadorias por invalidez precedidas de períodos de auxílio-doença intercalados com intervalos de atividade, sendo válido o art. 36, § 7º, do Decreto nº 3.048/1999, mesmo após a Lei nº 9.876/1999. Obs: Redação da

tese aprovada nos termos do item 2 da Ata da 12ª Sessão Administrativa do STF, realizada em 09/12/2015.[109]

Por força de previsão do art. 250 da Carta Maior, "com o objetivo de assegurar recursos para o pagamento dos benefícios concedidos pelo regime geral de previdência social, em adição aos recursos de sua arrecadação, a União poderá constituir fundo integrado por bens, direitos e ativos de qualquer natureza, mediante lei que disporá sobre a natureza e administração desse fundo". Este Fundo Público, que consiste em uma reserva financeira no orçamento, foi instituído pelo art. 68 da Lei Complementar nº 101/2000, sendo vinculado ao Ministério da Previdência Social e gerido pelo INSS. Os recursos do Fundo são destinados exclusivamente ao pagamento dos benefícios previdenciários.

Em face da existência do princípio em estudo, só poderão ser concedidos benefícios e prestados serviços aos segurados que se filiarem ao regime geral de previdência e efetuarem o pagamento das contribuições previdenciárias. Por esse motivo é que se afirma que o sistema brasileiro de previdência social é contributivo, essencialmente.

Quanto à solidariedade, impõe um dever para todos que contribuírem com o financiamento da Seguridade Social, na qual se inclui a previdência, ainda que não venha a usufruir dos benefícios previdenciários. Neste ponto, a solidariedade permite o alargamento da classe dos sujeitos passivos possíveis das contribuições previdenciárias.

Por fim, o princípio do equilíbrio financeiro e atuarial exige que haja um equilíbrio entre as receitas que ingressam no Fundo Previdenciário e as despesas relativas ao pagamento dos benefícios e à prestação de serviços.

109. STF, Pleno, RE nº 583834, Rel. Min. Ayres Britto, DJ 14/02/2012.

6. Regimes de Previdência

São três os regimes de previdência social:[110] a) regime geral de previdência social (RGPS); b) regime próprio de previdência social (RPPS) e regime de previdência privada (regime de previdência complementar).

O regime geral de previdência, estruturado pela Lei nº 8.213/91, contributivo e compulsório, é gerido pelo INSS. Atualmente, por força da unificação nos sistemas de arrecadação promovida pela Lei nº 11.457/2007, as contribuições para esse regime são arrecadadas pela Receita Federal do Brasil.[111]

Os regimes próprios de previdência são aqueles estabelecidos pelos entes federativos, que visam a assegurar, por meio de lei, aos servidores titulares de cargos efetivos, pelos menos os benefícios de aposentadoria e pensão por morte.

Tais regimes encontram-se previstos pelo art. 40 da Constituição Federal. As Leis nº 9.717/98 e 10.887/2004 estabelecem normas gerais, que deverão obrigatoriamente ser seguidas pelos entes federados no momento em que vierem a criar seus respectivos regimes próprios.

Quanto ao regime de previdência privada, previsto no art. 202 da Constituição Federal, é complementar e organizado em caráter autônomo em relação ao Regime Geral de Previdência Social. Seus traços característicos são os

---

110. Os regimes de previdência podem ser financiados de duas formas: repartição simples ou capitalização. No primeiro caso as contribuições são depositadas em um fundo único, sendo os recursos destinados a quem deles necessitar. No segundo caso, os recursos das contribuições são investidos pelos administradores do sistema, sendo os rendimentos daí decorrentes utilizados para a concessão de futuros benefícios aos segurados, de acordo com as respectivas contribuições efetuadas. (Ivan Kertzman, *Curso Prático de Direito Previdenciário*, 6ª ed., JusPodivm, Salvador, 2009, p. 29-30).

111. No período anterior à edição desta lei, havia uma duplicidade de sistemas de arrecadação, cabendo ao INSS a exigência das contribuições para a previdência social.

seguintes: a) complementar; b) facultativo; c) autonomia em relação ao RGPS; d) contratual; e) baseado na constituição de reservas; f) regulado por meio de lei complementar; f) dividido em regime aberto e fechado; g) inconfundível com o contrato de trabalho.[112] Este tipo de regime é regulado pelas Lei Complementares nº 109/2001 e nº 108/2001.

As contribuições previdenciárias, objeto do presente estudo, estão relacionadas como regime geral de previdência social (RGPS).

7. Competência da Justiça do Trabalho para executar as contribuições previdenciárias

O art. 114, VIII, da Constituição Federal confere competência à Justiça do Trabalho para "a execução, de ofício, das contribuições sociais previstas no art. 195, I, *a*, e II, e seus acréscimos legais, decorrentes das sentenças que proferir".

Esse dispositivo veicula uma norma que autoriza o início da execução das contribuições previdenciárias, incidentes sobre as parcelas reconhecidas pela sentença trabalhista ou pelo acordo judicial, devidamente homologado, que apresentem natureza remuneratória. Como tais verbas integram a base de cálculo da contribuição do empregador sobre a folha de salários e do empregado, consoante será adiante examinado, sobre elas serão devidas as respectivas contribuições previdenciárias. Nesses casos, a execução se inicia sem a provocação da parte, representando uma exceção ao princípio da inércia da jurisdição.

Convém que a sentença ou o acordo discrimine quais são as parcelas remuneratórias, sobre as quais incidirão as contribuições em epígrafe. Sobre as parcelas de natureza indenizatória não incidirão tais tributos. Em caso de

112. Cf. Frederico Amado, op. cit., p. 163.

omissão nesta separação, a incidência irá ocorrer sobre o valor total das parcelas deferidas ao autor ou previstas no termo de acordo, homologado pelo juiz do trabalho.

Sobre essa matéria, o Pretório Excelso consolidou o seu posicionamento na Súmula Vinculante nº 53, segundo a qual "A competência da Justiça do Trabalho prevista no art. 114, VIII, da Constituição Federal alcança a execução de ofício das *contribuições previdenciárias* relativas ao objeto da condenação constante das sentenças que proferir e acordos por ela homologados".

Além disso, há, ainda, dois Temas, firmados em sede de Repercussão Geral, a seguir transcritos:

> Recurso extraordinário. Repercussão geral reconhecida. Competência da Justiça do Trabalho. Alcance do art. 114, VIII, da Constituição Federal. 1. A competência da Justiça do Trabalho prevista no art. 114, VIII, da Constituição Federal alcança apenas a execução das *contribuições previdenciárias* relativas ao objeto da condenação constante das sentenças que proferir. 2. Recurso extraordinário conhecido e desprovido.
>
> *Tema*
>
> 36 - Competência da Justiça do Trabalho para execução de *contribuições previdenciárias*.
>
> *Tese*
>
> A competência da Justiça do Trabalho prevista no art. 114, VIII, da Constituição Federal alcança somente a execução das *contribuições previdenciárias* relativas ao objeto da condenação constante das sentenças que proferir, não abrangida a execução de *contribuições previdenciárias* atinentes ao vínculo de trabalho reconhecido na decisão, mas sem condenação ou acordo quanto ao pagamento das verbas salariais que lhe possam servir como base de cálculo. Obs: Redação da tese aprovada nos termos do item 2 da Ata da 12ª Sessão Administrativa do STF, realizada em 09/12/2015."[113]
>
> COMPETÊNCIA - CONTRIBUIÇÃO SOCIAL - SENTENÇA TRABALHISTA. A Justiça do Trabalho é competente para executar, de ofício, as contribuições previstas no artigo 195, incisos

113. STF, RE nº 569.056, Pleno, Rel. Min. Menezes Direito, DJ 12/12/2008.

I, alínea "a", e II, da Carta da República, relativamente a títulos executivos judiciais por si formalizados em data anterior à promulgação da Emenda Constitucional nº 20/1998.

Tema

505 - Aplicação imediata EC nº 20/98 quanto à competência da Justiça do Trabalho para execução de *contribuições previdenciárias* decorrentes de sentenças anteriores à sua promulgação.

Tese

A Justiça do Trabalho é competente para executar, de ofício, as contribuições previstas no artigo 195, incisos I, alínea a, e II, da Carta da República, relativamente a títulos executivos judiciais por si formalizados em data anterior à promulgação da Emenda Constitucional nº 20/1998."[114]

8. Principais modificações da emenda Constitucional nº 103/2019, relacionadas às contribuições previdenciárias

8.1 Substituição das contribuições sobre a folha

A Emenda Constitucional nº 42/2003 inseriu o § 13no art. 195, prescrevendo que a não cumulatividade, estabelecida pelo § 12, seria aplicada inclusive na hipótese de substituição gradual, total ou parcial, da contribuição incidente na forma do inciso I, *a*, pela incidente sobre a receita ou o faturamento.

Com base nesse dispositivo, foi editada a Lei nº 12.456/2011, prevendo a desoneração da folha de pagamento para alguns setores, como será adiante examinado.

Com o advento da Emenda Constitucional nº 103/2019, o mencionado dispositivo constitucional foi revogado. Na doutrina, há quem sustente que ficou proibida, então, a substituição das contribuições sobre a folha de pagamento

114. STF, Pleno, RE nº 595.326, Rel. Min. Marco Aurélio, DJ 17/09/2020.

por uma contribuição sobre a receita ou o faturamento.[115] A nosso ver, a matéria versada no § 13 dizia respeito à aplicação do regime da não cumulatividade às contribuições substitutivas. Não se tratava de um fundamento constitucional para a desoneração, a qual poderia ser realizada com base no art. 149, § 2º, III, "a" ou no art. 195, I, "b". Logo, não há óbice para a adoção da substituição desse dispositivo não representa um empecilho para a continuação da adoção da substituição das contribuições previdenciárias sobre a folha de pagamento pela contribuição sobre a receita ou o faturamento.

8.2 Seguro de Acidente de Trabalho

O art. 201, §10 da Constituição Federal, inserido pela Emenda Constitucional nº 20/1998, estabelecia que "lei disciplinará a cobertura do risco de acidente de trabalho, a ser atendida concorrentemente pelo regime geral de previdência social e pelo setor privado".

A Emenda Constitucional nº 103/2019 modificou esse dispositivo, que passou a ser redigido da seguinte forma:

> § 10. Lei complementar poderá disciplinar a cobertura de benefícios não programados, inclusive os decorrentes de acidente do trabalho, a ser atendida concorrentemente pelo Regime Geral de Previdência Social e pelo setor privado.

Destarte, apenas a lei complementar poderá dispor sobre essa matéria, sendo vedado à lei ordinária fazê-lo. Além disso, permite-se que qualquer benefício previdenciário possa ser atendido de forma concorrente pelo setor privado e pelo Regime Geral de Previdência Social, e não apenas os relacionados com o acidente de trabalho.

---

115. Cf. Ivan Kertzman, op. cit., 23ª ed, p. 102-103.

8.3 Sistema Especial de Inclusão Previdenciária

A Emenda Constitucional nº 41/2003 inseriu o § 12 no art. 201 da Constituição Federal, prevendo um sistema especial de inclusão previdenciária.[116] Este dispositivo foi alterado posteriormente pela Emenda nº 47/2005.

Nova alteração foi efetuada pela Emenda nº 103/2019, a qual passou a redigir o dispositivo da seguinte maneira:

> § 12. Lei instituirá sistema especial de inclusão previdenciária, com alíquotas diferenciadas, para atender aos trabalhadores de baixa renda, inclusive os que se encontram em situação de informalidade, e àqueles sem renda própria que se dediquem exclusivamente ao trabalho doméstico no âmbito de sua residência, desde que pertencentes a famílias de baixa renda.

Foi excluída a previsão de carência diferenciada para esse sistema, mantendo-se as demais regras, as quais permitem aos trabalhadores de baixa renda se enquadrarem nesse tipo de regime.

9. SUJEITOS PASSIVOS DAS CONTRIBUIÇÕES PREVIDENCIÁRIAS: SEGURADOS E CONTRIBUINTES DA PREVIDÊNCIA SOCIAL

Os beneficiários da Previdência Social são as pessoas que podem gozar das prestações (benefícios e serviços) estabelecidas pela lei. São qualificados como segurados, noção que decorreu da ideia do Direito Civil, no qual alguém realiza um contrato de seguro para ficar protegido contra determinados riscos. Como o regime previdenciário é contributivo, os segurados são os contribuintes. Além deles,

116. Nesse sistema, as contribuições devidas à Previdência Social apresentam alíquotas diferenciadas, menores do que as alíquotas padrão.

algumas classes de pessoas jurídicas também são contribuintes, embora não possam ser seguradas.

Os segurados podem ser divididos nas seguintes categorias: a) obrigatórios: b) facultativos. Os segurados obrigatórios são aqueles que, pelo exercício de determinada atividade abrangida pelo regime de previdência, são alcançados pelas prestações previdenciárias. Já os facultativos, são as pessoas que não estão compelidas a participar do sistema, mas têm o direito de fazê-lo.

A matéria é disciplinada pelo art. 12 da Lei nº 8.212/91, da seguinte forma:

> Art. 12. São segurados obrigatórios da Previdência Social as seguintes pessoas físicas:
>
> I - como empregado:
>
> a) aquele que presta serviço de natureza urbana ou rural à empresa, em caráter não eventual, sob sua subordinação e mediante remuneração, inclusive como diretor empregado;
>
> b) aquele que, contratado por empresa de trabalho temporário, definida em legislação específica, presta serviço para atender a necessidade transitória de substituição de pessoal regular e permanente ou a acréscimo extraordinário de serviços de outras empresas;
>
> c) o brasileiro ou estrangeiro domiciliado e contratado no Brasil para trabalhar como empregado em sucursal ou agência de empresa nacional no exterior;
>
> d) aquele que presta serviço no Brasil a missão diplomática ou a repartição consular de carreira estrangeira e a órgãos a ela subordinados, ou a membros dessas missões e repartições, excluídos o não brasileiro sem residência permanente no Brasil e o brasileiro amparado pela legislação previdenciária do país da respectiva missão diplomática ou repartição consular;
>
> e) o brasileiro civil que trabalha para a União, no exterior, em organismos oficiais brasileiros ou internacionais dos quais o Brasil seja membro efetivo, ainda que lá domiciliado e contratado, salvo se segurado na forma da legislação vigente do país do domicílio;

f) o brasileiro ou estrangeiro domiciliado e contratado no Brasil para trabalhar como empregado em empresa domiciliada no exterior, cuja maioria do capital votante pertença a empresa brasileira de capital nacional;

g) o servidor público ocupante de cargo em comissão, sem vínculo efetivo com a União, Autarquias, inclusive em regime especial, e Fundações Públicas Federais;

h) o exercente de mandato eletivo federal, estadual ou municipal, desde que não vinculado a regime próprio de previdência social; (Execução suspensa pela Resolução do Senado Federal nº 26, de 2005)

i) o empregado de organismo oficial internacional ou estrangeiro em funcionamento no Brasil, salvo quando coberto por regime próprio de previdência social;

j) o exercente de mandato eletivo federal, estadual ou municipal, desde que não vinculado a regime próprio de previdência social;

II - como empregado doméstico: aquele que presta serviço de natureza contínua a pessoa ou família, no âmbito residencial desta, em atividades sem fins lucrativos;

III - (Revogado pela Lei nº 9.876, de 1999)

IV - (Revogado pela Lei nº 9.876, de 1999)

V - como contribuinte individual:

a) a pessoa física, proprietária ou não, que explora atividade agropecuária, a qualquer título, em caráter permanente ou temporário, em área superior a 4 (quatro) módulos fiscais; ou, quando em área igual ou inferior a 4 (quatro) módulos fiscais ou atividade pesqueira, com auxílio de empregados ou por intermédio de prepostos; ou ainda nas hipóteses dos §§ 10 e 11 deste artigo;

b) a pessoa física, proprietária ou não, que explora atividade de extração mineral - garimpo, em caráter permanente ou temporário, diretamente ou por intermédio de prepostos, com ou sem o auxílio de empregados, utilizados a qualquer título, ainda que de forma não contínua;

c) o ministro de confissão religiosa e o membro de instituto de vida consagrada, de congregação ou de ordem religiosa;

d) revogada; (Redação dada pela Lei nº 9.876, de 1999).

e) o brasileiro civil que trabalha no exterior para organismo oficial internacional do qual o Brasil é membro efetivo, ainda que lá domiciliado e contratado, salvo quando coberto por regime próprio de previdência social;

f) o titular de firma individual urbana ou rural, o diretor não empregado e o membro de conselho de administração de sociedade anônima, o sócio solidário, o sócio de indústria, o sócio gerente e o sócio cotista que recebam remuneração decorrente de seu trabalho em empresa urbana ou rural, e o associado eleito para cargo de direção em cooperativa, associação ou entidade de qualquer natureza ou finalidade, bem como o síndico ou administrador eleito para exercer atividade de direção condominial, desde que recebam remuneração;

g) quem presta serviço de natureza urbana ou rural, em caráter eventual, a uma ou mais empresas, sem relação de emprego;

h) a pessoa física que exerce, por conta própria, atividade econômica de natureza urbana, com fins lucrativos ou não;

VI - como trabalhador avulso: quem presta, a diversas empresas, sem vínculo empregatício, serviços de natureza urbana ou rural definidos no regulamento;

VII - como segurado especial: a pessoa física residente no imóvel rural ou em aglomerado urbano ou rural próximo a ele que, individualmente ou em regime de economia familiar, ainda que com o auxílio eventual de terceiros a título de mútua colaboração, na condição de:

a) produtor, seja proprietário, usufrutuário, possuidor, assentado, parceiro ou meeiro outorgados, comodatário ou arrendatário rurais, que explore atividade:

1. agropecuária em área de até 4 (quatro) módulos fiscais; ou

2. de seringueiro ou extrativista vegetal que exerça suas atividades nos termos do inciso XII do *caput* do art. 2º da Lei nº 9.985, de 18 de julho de 2000, e faça dessas atividades o principal meio de vida;

b) pescador artesanal ou a este assemelhado, que faça da pesca profissão habitual ou principal meio de vida; e

c) cônjuge ou companheiro, bem como filho maior de 16 (dezesseis) anos de idade ou a este equiparado, do segurado de que tratam as alíneas *a* e *b* deste inciso, que, comprovadamente, trabalhem com o grupo familiar respectivo.

§ 1º Entende-se como regime de economia familiar a atividade em que o trabalho dos membros da família é indispensável à própria subsistência e ao desenvolvimento socioeconômico do núcleo familiar e é exercido em condições de mútua dependência e colaboração, sem a utilização de empregados permanentes.

§ 2º Todo aquele que exercer, concomitantemente, mais de uma atividade remunerada sujeita ao Regime Geral de Previdência Social é obrigatoriamente filiado em relação a cada uma delas.

§ 3º (Revogado);

§ 4º O aposentado pelo Regime Geral de Previdência Social - RGPS que estiver exercendo ou que voltar a exercer atividade abrangida por este Regime é segurado obrigatório em relação a essa atividade, ficando sujeito às contribuições de que trata esta Lei, para fins de custeio da Seguridade Social.

§ 5º O dirigente sindical mantém, durante o exercício do mandato eletivo, o mesmo enquadramento no Regime Geral de Previdência Social - RGPS de antes da investidura.

§ 6º Aplica-se o disposto na alínea *g* do inciso I do *caput* ao ocupante de cargo de Ministro de Estado, de Secretário Estadual, Distrital ou Municipal, sem vínculo efetivo com a União, Estados, Distrito Federal e Municípios, suas autarquias, ainda que em regime especial, e fundações.

§ 7º Para serem considerados segurados especiais, o cônjuge ou companheiro e os filhos maiores de 16 (dezesseis) anos ou os a estes equiparados deverão ter participação ativa nas atividades rurais do grupo familiar. § 8º O grupo familiar poderá utilizar-se de empregados contratados por prazo determinado ou trabalhador de que trata a alínea g do inciso V do *caput* deste artigo, à razão de no máximo 120 (cento e vinte) pessoas por dia no ano civil, em períodos corridos ou intercalados ou, ainda, por tempo equivalente em horas de trabalho, não sendo computado nesse prazo o período de afastamento em decorrência da percepção de auxílio-doença. § 9º Não descaracteriza a condição de segurado especial

I – a outorga, por meio de contrato escrito de parceria, meação ou comodato, de até 50% (cinquenta por cento) de imóvel rural cuja área total não seja superior a 4 (quatro) módulos fiscais, desde que outorgante e outorgado continuem a exercer a respectiva atividade, individualmente ou em regime de economia familiar;

II – a exploração da atividade turística da propriedade rural, inclusive com hospedagem, por não mais de 120 (cento e vinte) dias ao ano;

III – a participação em plano de previdência complementar instituído por entidade classista a que seja associado, em razão da condição de trabalhador rural ou de produtor rural em regime de economia familiar;

IV – ser beneficiário ou fazer parte de grupo familiar que tem algum componente que seja beneficiário de programa assistencial oficial de governo;

V – a utilização pelo próprio grupo familiar, na exploração da atividade, de processo de beneficiamento ou industrialização artesanal, na forma do § 11 do art. 25 desta Lei; e

VI - a associação em cooperativa agropecuária ou de crédito rural; e

VII - a incidência do Imposto Sobre Produtos Industrializados - IPI sobre o produto das atividades desenvolvidas nos termos do § 14 deste artigo.

VIII - a participação em programas e ações de pagamento por serviços ambientais.

§ 10. Não é segurado especial o membro de grupo familiar que possuir outra fonte de rendimento, exceto se decorrente de:

I - benefício de pensão por morte, auxílio-acidente ou auxílio-reclusão, cujo valor não supere o do menor benefício de prestação continuada da Previdência Social;

II - benefício previdenciário pela participação em plano de previdência complementar instituído nos termos do inciso IV do § 9º deste artigo;

III - exercício de atividade remunerada em período não superior a 120 (cento e vinte) dias, corridos ou intercalados, no ano civil, observado o disposto no § 13 deste artigo;

IV - exercício de mandato eletivo de dirigente sindical de organização da categoria de trabalhadores rurais;

V - exercício de mandato de vereador do município onde desenvolve a atividade rural, ou de dirigente de cooperativa rural constituída exclusivamente por segurados especiais, observado o disposto no § 13 deste artigo;

VI - parceria ou meação outorgada na forma e condições estabelecidas no inciso I do § 9º deste artigo;

VII - atividade artesanal desenvolvida com matéria-prima produzida pelo respectivo grupo familiar, podendo ser utilizada matéria-prima de outra origem, desde que a renda mensal obtida na atividade não exceda ao menor benefício de prestação continuada da Previdência Social; e

VIII - atividade artística, desde que em valor mensal inferior ao menor benefício de prestação continuada da Previdência Social.

§ 11. O segurado especial fica excluído dessa categoria:

I - a contar do primeiro dia do mês em que:

a) deixar de satisfazer as condições estabelecidas no inciso VII do *caput* deste artigo, sem prejuízo do disposto no art. 15 da Lei nº 8.213, de 24 de julho de 1991, ou exceder qualquer dos limites estabelecidos no inciso I do § 9º deste artigo;

b) enquadrar-se em qualquer outra categoria de segurado obrigatório do Regime Geral de Previdência Social, ressalvado o disposto nos incisos III, V, VII e VIII do § 10 e no § 14 deste artigo, sem prejuízo do disposto no art. 15 da Lei no 8.213, de 24 de julho de 1991;

c) tornar-se segurado obrigatório de outro regime previdenciário; e

d) participar de sociedade empresária, de sociedade simples, como empresário individual ou como titular de empresa individual de responsabilidade limitada em desacordo com as limitações impostas pelo § 14 deste artigo.

II - a contar do primeiro dia do mês subsequente ao da ocorrência, quando o grupo familiar a que pertence exceder o limite de:

a) utilização de trabalhadores nos termos do § 8º deste artigo;

b) dias em atividade remunerada estabelecidos no inciso III do § 10 deste artigo; e

c) dias de hospedagem a que se refere o inciso II do § 9º deste artigo.

§ 12. Aplica-se o disposto na alínea *a* do inciso V do *caput* deste artigo ao cônjuge ou companheiro do produtor que participe da atividade rural por este explorada.

§ 13. O disposto nos incisos III e V do § 10 e no § 14 deste artigo não dispensa o recolhimento da contribuição devida em relação ao exercício das atividades de que tratam os referidos dispositivos.

§ 14. A participação do segurado especial em sociedade empresária, em sociedade simples, como empresário individual ou como titular de empresa individual de responsabilidade limitada de objeto ou âmbito agrícola, agroindustrial ou agroturístico, considerada microempresa nos termos da Lei Complementar nº 123, de 14 de dezembro de 2006, não o exclui de tal categoria previdenciária, desde que, mantido o exercício da sua atividade rural na forma do inciso VII do *caput* e do § 1º, a pessoa jurídica componha-se apenas de segurados de igual natureza e sedie-se no mesmo Município ou em Município limítrofe àquele em que eles desenvolvam suas atividades.

§ 15. (Vetado).

Art. 13. O servidor civil ocupante de cargo efetivo ou o militar da União, dos Estados, do Distrito Federal ou dos Municípios, bem como o das respectivas autarquias e fundações, são excluídos do Regime Geral de Previdência Social consubstanciado nesta Lei, desde que amparados por regime próprio de previdência social.

§ 1º Caso o servidor ou o militar venham a exercer, concomitantemente, uma ou mais atividades abrangidas pelo Regime Geral de Previdência Social, tornar-se-ão segurados obrigatórios em relação a essas atividades.

§ 2º Caso o servidor ou o militar, amparados por regime próprio de previdência social, sejam requisitados para outro órgão ou entidade cujo regime previdenciário não permita a filiação nessa condição, permanecerão vinculados ao regime de origem, obedecidas as regras que cada ente estabeleça acerca de sua contribuição.

Art. 14. É segurado facultativo o maior de 14 (quatorze) anos de idade que se filiar ao Regime Geral de Previdência Social, mediante contribuição, na forma do art. 21, desde que não incluído nas disposições do art. 12.

10. CONTRIBUIÇÕES PARA A SEGURIDADE SOCIAL

10.1 Natureza jurídica

A doutrina diverge quanto à natureza jurídica das contribuições para a Seguridade Social. Para uma determinada corrente, tais contribuições se equiparam ao prêmio de seguro pago pelo beneficiário às companhias seguradoras. Assim, as contribuições são realizadas como contrapartida de uma prestação aleatória, que será devida em virtude do risco assegurado. A ideia de seguro, nos moldes do direito civil, não se adequa à Previdência Social, pois esta visa a amparar os necessitados diante de determinados eventos. Ademais, nas contribuições para a Seguridade Social, a autonomia da vontade não tem importância, pois a prestação é instituída por meio de lei.[117]

Uma segunda concepção sustenta que se trata de um salário diferido, ou seja, uma poupança diferida para o trabalhador, pois o benefício resultante da contribuição não seria pago imediatamente ao obreiro. Com efeito, porém, a relação da qual decorre a obrigação de recolher a contribuição em pauta é de direito público, e não de direito privado. Ademais, o benefício daí decorrente não tem natureza salarial, pois não é adimplido pelo empregador, e sim pelo Estado.[118]

Outro posicionamento defende se tratar de um salário social, isto é, um salário devido pela sociedade em favor do trabalhador. Também não merece acolhida essa concepção, pois o benefício previdenciário não tem natureza salarial, pois não é pago pelo empregador diretamente ao empregado.[119]

Já para uma quarta linha de posicionamento, se trata de um salário atual, isto é, uma quota paga pelo empregador, destinada à seguridade social, que visa a assegurar ao empregado uma existência digna. Os mesmos argumentos utilizados para rebater as correntes anteriores valem para esse posicionamento, pois o benefício previdenciário não tem natureza salarial, vale reafirmar.[120]

Em verdade, as contribuições para a Seguridade Social ostentam natureza tributária, eis que preenchem todos os requisitos do conceito traçado pelo art. 3º do CTN. Como

117. Cf. Sérgio Pinto Martins, op. cit., p. 66-67.

118. Cf. Sergio Pinto Martins, op. cit., p. 67.

119. Idem, p. 68-69.

120. Cf. Sergio Pinto Martins, op. cit., p. 69.

tributo, são espécie do gênero contribuições especiais. Esse é o posicionamento adotado pelo Pretório Excelso e que melhor explica a natureza da prestação em exame.

10.2 Características

Além das características das demais contribuições especiais, as contribuições para a seguridade social apresentam traços específicos.

Em primeiro lugar, a Constituição Federal indicou as bases de cálculo possíveis desses tributos em seu art. 195, I, "a". Como a base de cálculo é a dimensão quantitativa do aspecto material da hipótese de incidência tributária, implicitamente a Carta indica a materialidade possível do tributo, à medida que estabelece a sua base possível.

Em segundo lugar, os sujeitos passivos dos tributos também são previstos pela Carta (art. 195, I, II, III e IV). Logo, o constituinte não se contentou em indicar, implicitamente a materialidade, estabelecendo, de forma expressa, o destinatário do tributo.

Convém observar, contudo, que a indicação prevista no texto constitucional não é exaustiva. Isso porque, como mencionado anteriormente, a Seguridade Social é estruturada com base no princípio da solidariedade, por força do qual todos devem contribuir. Logo, ainda que determinado sujeito não se enquadre no rol da Constituição, poderá ser eleito como sujeito passivo de uma contribuição para a Seguridade Social, por aplicação do princípio da solidariedade. Em diversos julgados, inclusive, o Supremo Tribunal Federal sufragou esse posicionamento. No julgamento do RE nº 566.259, por exemplo, o Ministro Relator, Ricardo Lewandowski, entendeu que o " financiamento da seguridade social encontra arrimo no princípio da solidariedade".[121] Ao julgar o RE nº 474.132, ratificou-se esse entendimento.[122] Por fim, no julgamento do Agravo de Instrumento nº 724.582 ressaltou-se o caráter solidário do mencionado custeio.[123]

Outra peculiaridade das contribuições em estudo é a submissão à anterioridade nonagesimal (art. 195, § 6º, CF), e não à anterioridade do exercício (art. 150, III, "b"). Desse modo, a criação ou a majoração do tributo não necessita aguardar o início do exercício financeiro para ser aplicada.

Por fim, o destino da receita é outro traço das contribuições em pauta, cuja arrecadação irá custear as ações desenvolvidas pelo Poder Público para assegurar os direitos relativos à saúde, à previdência e à assistência social. Em outras palavras, a receita deverá ser destinada ao orçamento da Seguridade Social

10.3 Espécies

As contribuições para a Seguridade Social apresentam as seguintes modalidades: a) contribuições previdenciárias (Lei nº 8.212/91); b) contribuição para o PIS e contribuição para o financiamento da seguridade social (COFINS), (Lei Complementar nº 70/91, Leis nºs. 9.715/98 e 9.718/98, 10.637/02 e 10.833/03); c) contribuição social sobre o lucro líquido (Lei nº 7.689/88); d) contribuição sobre a receita de prognósticos (Lei nº 8.212/91, art.26); e) contribuição do importador de bens e serviços (Lei nº 10.865/2004).

Enquanto as contribuições previdenciárias se destinam ao custeio das prestações oferecidas pela previdência

---

121. STF, RE nº 566.259, Pleno, Rel. Min. Ricardo Lewandowski, DJ 23/09/2010.

122. STF, RE nº 474.132, Pleno, Rel. Gilmar Mendes, DJ 12/08/2010.

123. STF, AI nº 724.582, 2ª Turma, Rel. Min. Joaquim Barbosa, DJ 22/03/2011.

social, as receitas das demais se relacionam à saúde e à assistência social. Todas são arrecadadas e fiscalizadas pela Receita Federal do Brasil, atualmente.

11. CONTRIBUIÇÕES PREVIDENCIÁRIAS: TRAÇOS CARACTERÍSTICOS

As contribuições previdenciárias são espécies de contribuições para a Seguridade Social que se destinam a arrecadar receitas para o custeio das prestações oferecidas pela União no âmbito da Previdência Social (benefícios pecuniários e serviços). Assim, o critério para identificar este tipo de contribuição é o da finalidade: instrumentar a atuação da União na órbita da Previdência Social, no Regime Geral. Esse é um objetivo financeiro do tributo: arrecadar receitas que são destinadas ao Fundo da Previdência Social, as quais servem como fonte de custeio do Regime Geral de Previdência Social.

Por conseguinte, apresentam todos os traços das contribuições para a Seguridade Social (indicação da base de cálculo em sede constitucional, previsão do sujeito passivo, anterioridade nonagesimal, submissão ao princípio da solidariedade), gênero das quais são uma espécie, tendo como peculiaridade o destino da sua arrecadação.

III - CONTRIBUIÇOES DAS EMPRESAS

1. ASPECTOS CONSTITUCIONAIS

1.1 As normas de competência tributária

No ordenamento jurídico brasileiro, a Constituição Federal confere competência aos entes federados para instituir tributos. As normas constitucionais de competência tributária foram gizadas de modos diferentes, ou seja, o conteúdo da competência foi indicado por meio de modelos normativos diversos. No primeiro modelo, aplicável aos impostos, às taxas e à contribuição de melhoria (CF, arts. 145, 153, 155 e 156), foi indicada a materialidade da exação. Já em relação aos empréstimos compulsórios e à maioria das contribuições especiais, a Carta mencionou apenas a finalidade, ou seja, o fim do tributo (CF, art. 149). Outrossim, em relação a algumas contribuições sociais – espécie do gênero especiais -, a Carta previu a finalidade, a base de cálculo e o sujeito passivo do tributo. Com isso, a materialidade restou implicitamente indicada, pois a base de cálculo, prevista constitucionalmente, é uma medida desta.

1.2 Sujeito passivo

O sujeito passivo do tributo é indicado, via de regra, implícita ou explicitamente, no ordenamento brasileiro, no texto da Constituição Federal. Como o sujeito passivo é aquele que pratica a conduta prevista no aspecto material da hipótese de incidência tributária, duas hipóteses podem ser identificadas no plano do texto constitucional. Na primeira, a norma de competência indica o aspecto material possível do tributo. É o que ocorre com os impostos, por exemplo, em relação aos quais a Carta Magna previu, expressamente, os pressupostos de fato em seus arts. 153, 155 e 156. Assim, como a materialidade foi mencionada expressamente no plano constitucional, disso se depreende que o sujeito passivo de tais exações será aquele que vier a praticar a conduta prevista como o aspecto material da hipótese de incidência tributária. Se o pressuposto de fato é, por exemplo, a "renda e os proventos de qualquer natureza" (CTN, art. 153, III), o sujeito passivo deste tributo será aquele que vier a ter a disponibilidade da renda ou dos proventos. Neste caso, pois, a previsão é implícita no enunciado constitucional que veicula uma norma de competência.

De outro lado, há situações em que a indicação do sujeito passivo é prevista, em caráter expresso, pela norma de competência. É o que ocorre com as contribuições previdenciárias, em relação as quais as normas de outorga de competência para instituir este tributo, veiculadas pelo art. 195, prescrevem que a seguridade social será financiada por meio da cobrança de contribuições sociais do empregador, da empresa e de entidade a ela equiparada na forma da lei (inciso I), do trabalhador e dos demais segurados da previdência social, (inciso II) e do produtor, parceiro, meeiro, arrendatário rural e o pescador artesanal (§ 8º).

Ao exercer essa competência, o legislador adotou no art. 15, I, da Lei nº 8.212/91 a seguinte definição de empresa: a "firma individual ou sociedade que assume o risco de atividade econômica urbana ou rural, com fins lucrativos ou não, bem como os órgãos e entidades da administração pública direta, indireta e fundacional".

Outrossim, o art.15, parágrafo único, desse diploma normativo equiparou à empresa "o contribuinte individual em relação a segurado que lhe presta serviço, bem como a cooperativa, a associação ou entidade de qualquer natureza ou finalidade, a missão diplomática e a repartição consular de carreira estrangeira". Logo, todas as entidades estão sujeitas ao pagamento desta contribuição.

1.3 Sujeito ativo

Em relação ao sujeito ativo, tradicionalmente o Instituto Nacional da Seguridade Social – INSS, autarquia federal, era posto nesta condição pela lei infraconstitucional. No entanto, com o advento da Lei nº 11.457/2007, que criou a Secretaria da Receita Federal do Brasil, a União passou a figurar como sujeito ativo dos tributos em estudo.

Logo, a parafiscalidade, outrora existente em relação às contribuições previdenciárias, desapareceu do ordenamento jurídico para tais tributos, à medida que não existe mais a transferência da capacidade tributária ativa para outro ente público figurar no polo ativo da relação jurídica tributária.

1.4 Base de cálculo

As normas constitucionais em epígrafe determinam, ainda, a incidência possível dessa espécie tributária sobre "a folha de salários e demais rendimentos de trabalho pagos ou creditados, a qualquer título, à pessoa física que lhe preste serviço, mesmo sem vínculo empregatício" (art. 195, I, "a"). As demais bases previstas pelo art. 195, I (receita, faturamento e lucro) são utilizadas por outras contribuições para a Seguridade Social, e não para a Previdência Social.

Como a base imponível é a mensuração, a quantificação do aspecto material da hipótese de incidência tributária, a indicação desta no plano constitucional significa a previsão, em caráter implícito, da materialidade possível do tributo em estudo. Neste particular, portanto, a Constituição Federal não se limitou em indicar a finalidade do tributo - característica principal das contribuições-, prevendo, também, o pressuposto de fato.

Isso significa que o modelo constitucional das contribuições previdenciárias é mais fechado do que o das demais contribuições especiais, tendo em vista que a previsão da base de cálculo e da materialidade possível do tributo limita, em caráter acentuado, a atuação do legislador infraconstitucional, no momento em que este vier a editar a norma impositiva tributária, instituindo a exação.

Outra consequência da previsão destas bases é a aplicação obrigatória do princípio da capacidade contributiva para as contribuições em tela, pois o pressuposto de fato implicitamente previsto pela Carta é um fato com conteúdo econômico. Por tal razão, esse princípio constitucional tributário integra necessariamente o regime jurídico dessas contribuições.

Com base nessas normas de competência, foram criadas as contribuições previdenciárias a seguir analisadas, exigíveis do empregador.

2. CONTRIBUIÇÃO DA EMPRESA E DOS EQUIPARADOS SOBRE A REMUNERAÇÃO DE EMPREGADOS E AVULSOS (LEI Nº 8.212/91, ART. 22,I)

2.1 Histórico

Em sua redação original, o art. 195, I, da Constituição Federal conferia competência à União para instituir contribuição social incidente sobre a “folha de salários”. Veio a lume, então, a Lei nº 7.787/89, que criou essa exação, prescrevendo em seu art.3º, I, que a contribuição das empresas em geral e das entidades ou órgãos a ela equiparados, destinada à previdência social, seria de 20% sobre o total das remunerações pagas ou creditadas, a qualquer título, no decorrer do mês, aos segurados empregados, avulsos, autônomos e administradores.

Esse dispositivo foi acoimado de inconstitucional, por extrapolar a norma de outorga de competência. Ao examinar esta questão, no julgamento do Recurso Extraordinário nº 166.772, o Supremo Tribunal Federal declarou a inconstitucionalidade das expressões "administradores" e "autônomos".[124]

124. INTERPRETAÇÃO - CARGA CONSTRUTIVA - EXTENSÃO. Se é certo que toda interpretação traz em si carga construtiva, não menos correta exsurge a vinculação à ordem jurídico-constitucional. O fenômeno ocorre a partir das normas em vigor, variando de acordo com a formação profissional e humanística do intérprete. No exercício gratificante da arte de interpretar, descabe "inserir na regra de direito o próprio juízo - por mais sensato que seja - sobre a finalidade que "conviria" fosse por ela perseguida" - Celso Antônio Bandeira de Mello - em parecer inédito. Sendo o Direito uma ciência, o meio justifica o fim, mas não este àquele. CONSTITUIÇÃO - ALCANCE POLÍTICO - SENTIDO DOS VOCÁBULOS - INTERPRETAÇÃO. O conteúdo político de uma Constituição não é conducente ao desprezo do sentido vernacular das palavras, muito menos ao do técnico, considerados institutos consagrados pelo Direito. Toda ciência pressupõe a adoção de escorreita linguagem, possuindo os institutos, as expressões e os vocábulos que a revelam conceito estabelecido com a passagem do tempo, quer por força de estudos acadêmicos quer, no caso do Direito, pela atuação dos Pretórios. SEGURIDADE SOCIAL - DISCIPLINA - ESPÉCIES - CONSTITUIÇÕES FEDERAIS - DISTINÇÃO. Sob a égide das Constituições Federais de 1934, 1946 e 1967, bem como da Emenda Constitucional nº 1/69, teve-se a previsão geral do tríplice custeio, ficando aberto campo propício a que, por norma ordinária, ocorresse a regência das contribuições. A Carta da República de 1988 inovou. Em preceitos exaustivos - incisos I, II e III do artigo 195 - impôs contribuições, dispondo que a lei poderia criar novas fontes destinadas a garantir a manutenção ou expansão da seguridade social, obedecida a regra do artigo 154, inciso I, nela inserta (§ 4º do artigo 195 em comento). CONTRIBUIÇÃO SOCIAL - TOMADOR DE SERVIÇOS - PAGAMENTOS A ADMINISTRADORES E AUTÔNOMOS - REGÊNCIA. A relação jurídica mantida com administradores e autônomos não resulta de contrato de trabalho e, portanto, de ajuste formalizado à luz da Consolidação das Leis do Trabalho. Daí a impossibilidade de se dizer que o tomador dos serviços qualifica-se como empregador e que a satisfação do que devido ocorra via folha de salários. Afastado o enquadramento no inciso I do artigo 195 da Constituição Federal, exsurge a desvalia constitucional da norma ordinária disciplinadora da matéria. A referência contida no § 4º do artigo 195 da Constituição Federal ao inciso I do artigo 154 nela insculpido, impõe

O Senado Federal, exercendo a competência que lhe foi conferida pelo art. 52, X da CF de 1988, expediu, então, a Resolução nº 14/95, suspendendo a execução do dispositivo declarado inconstitucional pelo STF. Posteriormente, no julgamento da ADIN nº 1.102, a Corte Excelsa reconheceu a inconstitucionalidade das palavras "empresários" e "autônomos", eis que suas remunerações não se enquadram no conceito de salário, plasmado pela CLT, razão pela qual a lei burlou o art. 195, I, do Texto Maior, à medida que extrapolou os limites estabelecidos pela Carta Maior quanto à base de cálculo possível do tributo.[125]

Para superar esse obstáculo constitucional, a União exerceu a sua competência tributária residual (CF, art. 195, § 4º), instituindo novamente a exação, desta vez por meio de lei complementar (LC nº 84/96), com alíquota de 15% sobre o total das remunerações ou retribuições pagas ou creditadas aos segurados empresários, trabalhadores autônomos,

---

a observância de veículo próprio - a lei complementar. Inconstitucionalidade do inciso I do artigo 3º da Lei nº 7.787/89, no que abrangido o que pago a administradores e autônomos. Declaração de inconstitucionalidade limitada pela controvérsia dos autos, no que não envolvidos pagamentos a avulsos. (STF, RE nº 166.772, Rel. Min. Marco Aurélio, DJ 12/05/1994).

125. AÇÃO DIRETA DE INCONSTITUCIONALIDADE. CUSTEIO DA SEGURIDADE SOCIAL: EXPRESSÕES «EMPRESARIOS» E «AUTÔNOMOS" CONTIDAS NO INC.I DO ART. 22 DA LEI N. 8.212/91. PEDIDO PREJUDICADO QUANTO AS EXPRESSÕES "AUTÔNOMOS E ADMINISTRADORES". CONTIDAS NO INC. I DO ART. 3. DA LEI N. 7.787/89. 1. O inciso I do art. 22 da Lei n. 8.212, de 25.07.91, derrogou o inciso I do art. 3. da Lei n. 7.787, de 30.06.89, porque regulou inteiramente a mesma matéria (art. 2., par. 1., da Lei de Introdução ao Cod. Civil). Malgrado esta revogação, o Senado Federal suspendeu a execução das expressões "avulsos, autônomos e administradores" contidas no inc. I do art. 3. da Lei n. 7.787, pela Resolução n. 15, de 19.04.95 (DOU 28.04.95), tendo em vista a decisão desta Corte no RE n. 177.296-4. 2. A contribuição previdenciária incidente sobre a "folha de salários" (CF, art. 195, I) não alcança os "autônomos" e "administradores", sem vínculo empregatício; entretanto, poderiam ser alcançados por contribuição criada por lei complementar (CF, arts. 195, par. 4., e 154, I). Precedentes. 3. Ressalva do Relator que, invocando política judicial de conveniência, concedia efeito prospectivo ou "ex-nunc" a decisão, a partir da concessão da liminar. 4. Ação direta conhecida e julgada procedente para declarar a inconstitucionalidade das expressões "empresários" e "autônomos" contidas no inciso I do art. 22 da Lei n. 8.212, de 25.07.91 (STF, Rel. Min. Maurício Correa, DJ 17/11/1995).

avulsos e demais pessoas físicas. Em face da modificação constitucional efetuada com a promulgação da Emenda Constitucional nº 20/98, que alterou a redação do art. 195,I, ampliando as hipóteses de incidência deste tributo, foi editada, então, a Lei nº 9.876/99, que revogou a LC nº 84/96, alterando a redação do inciso I e incluindo o inciso III no art. 22 da Lei nº 8.212/91, admitindo a incidência do tributo em relação aos trabalhadores avulsos, autônomos e segurados contribuintes individuais (art. 12, V, Lei nº 8.212/91).

2.2 Regra-matriz de incidência

2.2.1 Aspecto material

O art. 195, I, "a", da CF autoriza a incidência da contribuição em estudo sobre "a folha de salários e demais rendimentos *pagos* ou *creditados*, a qualquer título, à pessoa física que lhe preste serviço, mesmo sem vínculo empregatício". Sendo assim, o aspecto material da hipótese de incidência é pagar ou creditar remuneração.[126] Convém esclarecer que o crédito não é o contábil, e sim o jurídico, ou seja, o direito à remuneração.[127]Assim, ter-se-á por ocorrido o fato jurídico tributário com a realização da prestação de serviço, da qual surja para o prestador o direito à percepção da respectiva retribuição.[128] A realização efetiva do pagamento não interfere na realização do aspecto material

---

126. Observa, com acerto, Leandro Paulsen, que não é válida a exigência da contribuição sobre a remuneração devida, "mas que não tenha sido paga ou creditada ao empregado ao menos na contabilidade da empresa e/ou no contra-cheque do empregado". (*Contribuições*, 2ª. ed., Porto Alegre, Livraria do Advogado, 2013, p. 131).

127. Nesse sentido: Andrei Pitten Velloso, *Comentários à Lei do Custeio da Seguridade Social*, Porto Alegre, Livraria do Advogado, 2005, p.111.

128. Como a legislação brasileira adota, na escrituração contábil, o regime de competência, é irrelevante que a despesa tenha sido paga.

da hipótese de incidência. É pacífica a jurisprudência do Superior Tribunal de Justiça sobre a matéria.[129]

Com relação às "remunerações" que se encontram abrangidas pela contribuição, o sentido da expressão é cunhado pelo legislador, senão vejamos. Em primeiro lugar, o art. 22, I, da Lei nº 8.212/91 estabelece que as remunerações devem ser "destinadas a retribuir o trabalho, qualquer que seja a sua forma". Sendo assim, a remuneração que não tenha a natureza de uma retribuição por uma prestação de serviço está excluída da incidência da contribuição em pauta. Em segundo lugar, a remuneração deve ser paga aos "segurados empregados e trabalhadores avulsos". Se o pagamento for efetuado a contribuinte individual, a exação devida será aquela regulada pelo art. 22, III, e não pelo inciso I da Lei nº 8.212/91. Em terceiro lugar,

---

129. "TRIBUTÁRIO - CONTRIBUIÇÃO PREVIDENCIÁRIA - PRAZO DE RECOLHIMENTO.
1. O fato gerador da contribuição previdenciária é a relação laboral onerosa, da qual se origina a obrigação de pagar ao trabalhador (até o quinto dia subsequente ao mês laborado) e a obrigação de recolher a contribuição previdenciária aos cofres da Previdência.
2. A folha de salário é a base de cálculo da exação, sendo irrelevante para o nascimento do fato gerador o pagamento.
3. Disposição expressa do art. 30, I, "b" da Lei 8.212/91 prevendo o recolhimento da contribuição previdenciária até o segundo dia do mês seguinte ao da competência.
4. Recurso improvido.
(REsp 502650/SC, Rel. Ministra ELIANA CALMON, SEGUNDA TURMA, julgado em 16/12/2003, DJ 25/02/2004, p. 149)
"TRIBUTÁRIO – PRAZO PARA RECOLHIMENTO DA CONTRIBUIÇÃO PREVIDENCIÁRIA SOBRE FOLHA DE SALÁRIOS – 2º DIA ÚTIL APÓS O MÊS TRABALHADO.
1. A controvérsia dos autos diz respeito ao prazo para o recolhimento da contribuição previdenciária incidente sobre a remuneração dos empregados.
2. O aresto regional consignou que o fato gerador da contribuição em comento não é o efetivo pagamento dos salários, mas o fato de o empregador encontrar-se em débito para com seus empregados pelos serviços prestados, entendimento esse consentâneo com o assentado no STJ. Por conseguinte, o tributo deve ser recolhido à Autarquia Previdenciária até o segundo dia do mês subsequente ao mês laborado, conforme dispõe o art. 22 da Lei n. 8.212/91.
Agravo regimental improvido.
(AgRg no REsp 1102433/SC, Rel. Ministro HUMBERTO MARTINS, SEGUNDA TURMA, julgado em 04/06/2009, DJe 25/06/2009)"

a lei exclui, expressamente, do âmbito de incidência deste tributo algumas espécies remuneratórias (art. 22, § 13, Lei nº 8.212/91).[130]

Discute-se, atualmente na jurisprudência, a incidência deste tributo sobre uma série de verbas remuneratórias, percebidas pelos empregados, seja em virtude de lei ou de previsão e, convenção ou acordo coletivo de trabalho.

O Supremo Tribunal Federal estabelece como critério para integrar determinada verba ao conceito de remuneração a habitualidade na sua percepção, que significa a reiteração do seu pagamento. Identifica-se, neste particular, a presença do princípio da força atrativa do salário, existente no âmbito do direito do trabalho, repercutindo na esfera previdenciária. Sobre o assunto, inclusive a Corte pacificou o seu posicionamento por meio do Tema nº 20:

> CONTRIBUIÇÃO – SEGURIDADE SOCIAL – EMPREGADOR. A contribuição social a cargo do empregador incide sobre ganhos habituais do empregado, a qualquer título, quer anteriores, quer posteriores à Emenda Constitucional nº 20/1998 – inteligência dos artigos 195, inciso I, e 201, § 11, da Constituição Federal.
>
> *Tema*
>
> 20 - Alcance da expressão "folha de salários", para fins de instituição de contribuição social sobre o total das remunerações.
>
> *Tese*
>
> A contribuição social a cargo do empregador incide sobre ganhos habituais do empregado, quer anteriores ou posteriores à Emenda Constitucional nº 20/1998.[131]

130. O parágrafo 13 do art.22 estabelece o seguinte: "não se considera como remuneração direta ou indireta, para os efeitos desta Lei, os valores despendidos pelas entidades religiosas e instituições de ensino vocacional com ministro de confissão religiosa, membros de instituto de vida consagrada, de congregação ou de ordem religiosa em face do seu mister religioso ou para sua subsistência desde que fornecidos em condições que independam da natureza e da quantidade do trabalho executado".

131. STF, Pleno, RE nº 565.160, Rel. Min. Marco Aurélio, DJ 23/08/2017.

Como a matéria envolve, basicamente, a interpretação da lei federal, não abrangendo questão constitucional, o Supremo Tribunal Federal tem rejeitado atualmente a admissão da existência de repercussão geral quanto à incidência da contribuição sobre diversas verbas.[132] No entanto, já se posicionou quanto à não incidência sobre o salário-maternidade[133] e

132. Recurso extraordinário com agravo. Direito Tributário. *Contribuição previdenciária* patronal ou a cargo do empregador. Artigo 22, I, da Lei nº 8.212/1991. *Incidência* da *contribuição previdenciária* a cargo do empregador. Natureza jurídica das verbas percebidas pelo empregado. Aferição da habitualidade do ganho. Matéria infraconstitucional. Ausência de repercussão geral. Recurso ao qual se nega seguimento. Firmada a seguinte tese de repercussão geral: É infraconstitucional, a ela se aplicando os efeitos da ausência de repercussão geral, a controvérsia relativa à definição individualizada da natureza jurídica de verbas percebidas pelo empregado, bem como de sua respectiva habitualidade, para fins de *incidência* da *contribuição previdenciária* a cargo do empregador conforme o art. 22, I, da Lei nº 8.212/1991.
Tema
1100 - Definição individualizada da natureza jurídica de verbas percebidas pelo empregado, bem como de sua respectiva habitualidade, para fins de *incidência* da *contribuição previdenciária* a cargo do empregador sobre a folha de salários e demais rendimentos conforme o art. 22, I, da Lei nº 8.212/1991.
Tese
É infraconstitucional, a ela se aplicando os efeitos da ausência de repercussão geral, a controvérsia relativa à definição individualizada da natureza jurídica de verbas percebidas pelo empregado, bem como de sua respectiva habitualidade, para fins de *incidência* da *contribuição previdenciária* a cargo do empregador conforme o art. 22, I, da Lei nº 8.212/1991.
(STF, ARE 1260750, Pleno, Min. Presidente, DJe 15/09/2020).

133. Direito constitucional. Direito tributário. Recurso Extraordinário com repercussão geral. Contribuição previdenciária do empregador. Incidência sobre o salário-maternidade. Inconstitucionalidade formal e material. 1. Recurso extraordinário interposto em face de acórdão do TRF da 4ª Região, que entendeu pela constitucionalidade da incidência da contribuição previdenciária "patronal" sobre o salário-maternidade. 2. O salário-maternidade é prestação previdenciária paga pela Previdência Social à segurada durante os cento e vinte dias em que permanece afastada do trabalho em decorrência da licença-maternidade. Configura, portanto, verdadeiro benefício previdenciário. 3. Por não se tratar de contraprestação pelo trabalho ou de retribuição em razão do contrato de trabalho, o salário-maternidade não se amolda ao conceito de folha de salários e demais rendimentos do trabalho pagos ou creditados, a qualquer título à pessoa física que lhe preste serviço, mesmo sem vínculo empregatício. Como consequência, não pode compor a base de cálculo da contribuição previdenciária a cargo do empregador, não encontrando fundamento no art. 195, I, a, da Constituição. Qualquer incidência não prevista no referido dispositivo constitucional configura fonte de custeio alternativa, devendo estar

vale-transporte.[134] Em relação à contribuição previdenciária devida pelos servidores públicos para o regime próprio de previdência social – RPPS, a Corte entende que o adicional de 1/3 sobre as férias, o décimo-terceiro salário, as horas extras, adicional noturno e o adicional de insalubridade não integram a base de cálculo, pois não são incorporáveis à remuneração para fins de percepção da aposentadoria.[135]

---

prevista em lei complementar (art. 195, §4º). Inconstitucionalidade formal do art. 28, §2º, e da parte final da alínea a, do §9º, da Lei nº 8.212/91. 4. Esta Corte já definiu que as disposições constitucionais são legitimadoras de um tratamento diferenciado às mulheres desde que a norma instituidora amplie direitos fundamentais e atenda ao princípio da proporcionalidade na compensação das diferenças. No entanto, no presente caso, as normas impugnadas, ao imporem tributação que incide somente quando a trabalhadora é mulher e mãe cria obstáculo geral à contratação de mulheres, por questões exclusivamente biológicas, uma vez que torna a maternidade um ônus. Tal discriminação não encontra amparo na Constituição, que, ao contrário, estabelece isonomia entre homens e mulheres, bem como a proteção à maternidade, à família e à inclusão da mulher no mercado de trabalho. Inconstitucionalidade material dos referidos dispositivos. 5. Diante do exposto, dou provimento ao recurso extraordinário para declarar, incidentalmente, a inconstitucionalidade da incidência de contribuição previdenciária sobre o salário-maternidade, prevista no art. art. 28, §2º, e da parte final da alínea a, do §9º, da Lei nº 8.212/91, e proponho a fixação da seguinte tese: "É inconstitucional a incidência de contribuição previdenciária a cargo do empregador sobre o salário- maternidade".
Tema
72 - Inclusão do salário-maternidade na base de cálculo da Contribuição Previdenciária incidente sobre a remuneração.
Tese
É inconstitucional a incidência da contribuição previdenciária a cargo do empregador sobre o salário maternidade.
(STF, Pleno, RE n° 576.967, Rel. Min. Roberto Barroso, DJ 21/20/2020)

134. STF, Pleno, RE n° 478.410, Rel.Min. Eros Grau, DJ 10/03/2010.

135. Direito previdenciário. Recurso Extraordinário com repercussão geral. Regime próprio dos Servidores públicos. Não incidência de contribuições previdenciárias sobre parcelas não incorporáveis à aposentadoria. 1. O regime previdenciário próprio, aplicável aos servidores públicos, rege-se pelas normas expressas do art. 40 da Constituição, e por dois vetores sistêmicos: (a) o caráter contributivo; e (b) o princípio da solidariedade. 2. A leitura dos §§ 3º e 12 do art. 40, c/c o § 11 do art. 201 da CF, deixa claro que somente devem figurar como base de cálculo da contribuição previdenciária as remunerações/ganhos habituais que tenham "repercussão em benefícios". Como consequência, ficam excluídas as verbas que não se incorporam à aposentadoria. 3. Ademais, a dimensão contributiva do sistema é incompatível com a cobrança de contribuição previdenciária sem que se confira ao segurado qualquer benefício, efetivo ou potencial. 4. Por fim, não é possível invocar o princípio da solidariedade para inovar no tocante à regra que estabelece a base econômica do

Por outro lado, o Tribunal reconheceu a incidência da contribuição previdenciária patronal sobre o décimo-terceiro salário (Súmula nº 688), adicional de 1/3 sobre as férias gozadas (Tema nº 985)[136] e participação nos lucros (Tema nº 344).[137]

No âmbito da jurisprudência do Superior Tribunal de Justiça, a incidência da contribuição em pauta sobre diversas verbas tem sido objeto de discussão. Seguindo a linha do Pretório Excelso, a Corte também estabelece o critério da habitualidade para a configuração da natureza remuneratória de alguma verba adimplida pelo empregador. Ademais, caso o pagamento ostente o caráter indenizatório, é afastado da incidência da contribuição previdenciária.[138]A causa do pagamento é que justificará a sua natureza indenizatória ou remuneratória, o que dependerá da previsão normativa ou em normas coletivas.

O Tribunal já pacificou o seu posicionamento quanto à incidência da contribuição em pauta, por meio da

---

tributo. 5. À luz das premissas estabelecidas, é fixada em repercussão geral a seguinte tese: "Não incide contribuição previdenciária sobre verba não incorporável aos proventos de aposentadoria do servidor público, tais como 'terço de férias', 'serviços extraordinários', 'adicional noturno' e 'adicional de insalubridade." 6. Provimento parcial do recurso extraordinário, para determinar a restituição das parcelas não prescritas.
Tema
163 - Contribuição previdenciária sobre o terço constitucional de férias, a gratificação natalina, os serviços extraordinários, o adicional noturno e o adicional de insalubridade.
Tese
Não incide contribuição previdenciária sobre verba não incorporável aos proventos de aposentadoria do servidor público, tais como terço de férias, serviços extraordinários, adicional noturno e adicional de insalubridade.
(STF, Pleno, RE n° 593.068, Rel. Min. Roberto Barroso, DJ 22/03/2019).

136. STF, Pleno, RE n° 1072485, Rel. Min. Marco Aurélio, DJ 02/10/2020.

137. STF, Pleno, RE n° 569411, Red. Para o acórdão Min. Teori Zavascki, DJ 10/02/2015.

138. STJ, 2ª Turma, EDcl no AgInt nos EDcl no AREsp n° 1729359 / SP, Rel. Min. Herman Benjamin, Dje 10/12/2021; 2ª Turma, AgRg no REsp n° 1197757/ES, Rel. Min. Humberto Martins, DJe 13/10/2010.

sistemática de julgamento de recursos repetitivos, sobre as seguintes parcelas: décimo terceiro salário (Tema nº 216),[139] horas extras (Tema nº 687),[140] adicional noturno (Tema nº 688),[141] adicional de periculosidade (Tema nº 689)[142] e auxílio-alimentação (Tema n° 1164).[143] Decidiu-se, também, pela incidência sobre o salário maternidade (Tema nº 739) e salário-paternidade (Tema nº 740), entretanto, tais decisões foram sobrestadas. De outro lado, posicionou-se pela não incidência em relação ao auxílio-creche (Tema nº 338),[144] aviso-prévio indenizado (Tema nº 478),[145] adicional de 1/3 sobre as férias indenizadas (Tema nº 737)[146] e os quinze primeiros dias de afastamento do empregado por motivo de doença (Tema n° 738).[147]

---

139. Tema Repetitivo nº 216: "A Lei n. 8.620/93, em seu art. 7.º, § 2.º autorizou expressamente a incidência da contribuição previdenciária sobre o valor bruto do 13.º salário, cuja base de cálculo deve ser calculada em separado do salário-de-remuneração do respectivo mês de dezembro".

140. Tema Repetitivo nº 687: "As horas extras e seu respectivo adicional constituem verbas de natureza remuneratória, razão pela qual se sujeitam à incidência de contribuição previdenciária".

141. Tema Repetitivo nº 688: "O adicional noturno constitui verba de natureza remuneratória, razão pela qual se sujeita à incidência de contribuição previdenciária".

142. Tema Repetitivo nº 689: "O adicional de periculosidade constitui verba de natureza remuneratória, razão pela qual se sujeita à incidência de contribuição previdenciária"

143. Tema Repetitivo nº 1164: "Incide a contribuição previdenciária a cargo do empregador sobre o auxílio-alimentação pago em pecúnia".

144. Tema Repetitivo nº 338: "O auxílio-creche funciona como indenização, não integrando o salário-de-contribuição para a Previdência. Inteligência da Súmula 310/STJ."

145. Tema Repetitivo n° 478: "Não incide contribuição previdenciária sobre os valores pagos a título de aviso prévio indenizado, por não se tratar de verba salarial".

146. Tema Repetitivo n° 737: "No que se refere ao adicional de férias relativo às férias indenizadas, a não incidência de contribuição previdenciária decorre de expressa previsão legal".

147. Tema Repetitivo n° 738: "Sobre a importância paga pelo empregador ao empregado durante os primeiros quinze dias de afastamento por motivo de doença não incide a contribuição previdenciária, por não se enquadrar na hipótese de incidência da exação, que exige verba de natureza remuneratória."

Ademais, há manifestações desta Corte de Justiça acerca da não incidência sobre as seguintes parcelas, decisões proferidas sem a eficácia dos precedentes qualificados: licença-prêmio não gozada,[148] auxílio-educação,[149] abono assiduidade,[150] prêmio por dispensa incentivada,[151] convênio-saúde,[152] seguro de vida em grupo,[153] habitação fornecida pelo empregador a todos os empregados,[154] vale-transporte,[155] auxílio-babá,[156] ressarcimento de despesas pelo uso de transporte pelo empregado, a serviço do empregador;[157] verba de representação,[158] assistência odontológica, desde que abranja todos os empregados;[159] verbas rescisórias indenizatórias[160] e participação nos lucros.[161] Tais decisões fundamentam-se no caráter indenizatório destas parcelas ou no seu caráter eventual, ou seja, ausência de habitua-

148. STJ, 2ª Turma, AgRg no Ag 1181310/MA, Rel. Min. Eliana Calmon, DJe 26/08/2010.

149. STJ,1ªTurma, Ag. Int. no RESP 2022/0129874-8, 1ª Turma, Rel. Min. Regina Helena Costa, DJe 23/09/2022.

150. STJ, 1ª Turma, REsp 496.408/PR, Rel. Min.Denise Arruda,DJ 06/12/2004.

151. STJ, 2ª Turma, REsp 712.185/RS, Rel. Min. Humberto Martins, DJe 08/09/2009.

152. STJ, REsp 1057010/SC, Rel. Min. Francisco Falcão, DJe 04/09/2008.

153. STJ, 1ª Turma, AgInt no AREsp 1069870 Rel. Min. Napoleão Nunes Maia Filho, DJe 02/08/2018.

154. STJ, 1ª Turma, REsp 371.088/PR, Rel. Min. Humberto Martins, DJ de 25/08/2006.

155. STJ, 2ª Turma, AgInt no REsp 1188891, Rel. Min. Assusete Magalhães, DJe 19/02/2019.

156. STJ, 2ª Turma, REsp 489.955, Rel. Min. João Otávio Noronha, DJ 13/06/2005.

157. STJ, 2ª Turma, REsp 489.955, Rel. Min. João Otávio Noronha, DJ 13/06/2005

158. STJ, 2ª Turma, REsp 1123062 Rel. Min. Herman Benjamin, Dje 14/09/2010.

159. STJ, 2ª Turma, AgInt no REsp 1677899 / SP, Rel. Min. OG Fernandes, Dje 25/04/2018

160. STJ, 1ª Turma, REsp 746.858/RS, Rel. Min. Francisco Falcão, DJ 10/04/2006.

161. STJ, 2ª Turma, AgInt no REsp 1797737 / PR, Rel. Min. Mauro Campbell, Dje 05/05/2022.

lidade em sua percepção. O voto proferido pelo Ministro Castro Meira é esclarecedor sobre o assunto:

> As verbas de caráter indenizatório não compõem a base de cálculo da contribuição previdenciária, por constituir o seu pagamento na reparação de ato ilícito ou ressarcimento de algum prejuízo sofrido pelo empregado.[162]

Reconhece, porém, a incidência da contribuição em estudo sobre as férias gozadas,[163] ajuda de custo para deslocamento noturno,[164] ajuda de custo habitual,[165] horas extras,[166] quebra de caixa,[167] licença-casamento e licença para a prestação de serviço eleitoral.[168]

Os Tribunais Regionais Federais têm observado os precedentes qualificados do Pretório Excelso e do Superior Tribunal de Justiça, posicionando-se, ademais, sobre a incidência ou não da contribuição previdenciária sobre algumas parcelas auferidas pelo empregado.

O TRF da 1ª Região posiciona-se pela não incidência do tributo em pauta sobre as seguintes parcelas: férias indenizadas, adicional constitucional de 1/3, aviso prévio indenizado, 15 dias que antecedem o gozo do auxílio doença ou acidente, 13º proporcional sobre o aviso prévio, licença prêmio convertida, salário família, auxílio creche, vale transporte, auxílio alimentação, auxílio educação, auxílio

---

162. STJ, 1ª Seção, EREsp 496.737/RJ, Rel. Min. Castro Meira, DJ 9.8.2004.

163. STJ, 2ª Turma, RESP 1.806.024, Rel. Min. Francisco Falcão, DJe 07/06/2019.

164. STJ, 1ª Turma, REsp 753.552, Rel. Min. Luiz Fux DJ 22/10/2007.

165. STJ, 1ª Turma, REsp 443.689/PR, Rel. Min. Denise Arruda, DJ 09/05/2005.

166. STJ, 1ª Turma, REsp 1.358.281-SP, Rel. Min. Herman Benjamin, julgado em 23/4/2014.

167. STJ, 2ª Turma, EDcl no REsp 733.362/RJ, Rel. Min. Humberto Martins, DJe 14/04/2008

168. STJ, 1ª Turma, REsp 1490322, Rel. Min. Gurgel de Faria, Dje 20/04/2017

doença, auxílio acidente, abono de férias. De outro lado, a Corte admite a incidência sobre as férias gozadas, salário-paternidade, adicionais de hora extra, noturno, periculosidade, insalubridade, de transferência, 13º salário, repouso semanal remunerado, biênios, anuênios, triênios e gratificações habituais.

Já o TRF da 2ª. Região posiciona-se pela não incidência da contribuição patronal em estudo sobre o adicional de 1/3 das férias, 15 dias que antecedem o gozo do auxílio doença ou auxílio acidente, auxílio creche, auxílio-doença, auxílio acidente, auxílio transporte, salário maternidade e 13º do aviso-prévio. De outro lado, aceita a incidência sobre o aviso-prévio cumprido, férias gozadas, adicionais de horas extras, noturno, periculosidade, insalubridade e de transferência.

Quanto ao TRF da 3ª Região, não admite a incidência do tributo epigrafado sobre o aviso prévio indenizado, adicional de 1/3 das férias, férias indenizadas, 15 dias que antecedem o gozo do auxílio doença ou acidente, vale transporte, auxílio-creche e ajuda de custo; posicionando-se em favor da incidência sobre o anuênio, adicionais de horas-extras, noturno, de insalubridade, transferência e periculosidade; salário maternidade e férias gozadas.

O TRF da 4ª Região entende que não incide a contribuição em estudo sobre o adicional de 1/3 das férias, férias indenizadas, aviso prévio, gratificação não habitual, auxílio casamento e abono de férias (CLT, art. 143). De outro lado, aceita a incidência sobre o auxílio-natalidade, auxílio funeral, hora de repouso, sobreaviso, repouso semanal, adicionais de horas extras, noturno, de insalubridade e de periculosidade, salário maternidade e licença para a prestação de serviço eleitoral.

Por fim, o Regional da 5ª Região posiciona-se pela não incidência da contribuição previdenciária sobre as seguintes parcelas: primeiros 15 dias do auxílio-doença, aviso-prévio indenizado, férias não gozadas, auxílio transporte, adicional de 1/3 das férias, prêmios e gratificações indenizatórias.[169] Reconhece a incidência sobre as horas extras, férias gozadas, 13º salário, adicional noturno, adicional de transferência e adicional de periculosidade.

A jurisprudência recente do Conselho Administrativo de Recursos Fiscais – CARF tem se debruçado sobre a incidência das contribuições previdenciárias sobre a remuneração, a cargo do empregador e do empregado, examinando as parcelas sobre as quais inexiste decisão do Supremo Tribunal Federal, em sede de controle difuso, no modelo de repercussão geral, com a definição de Temas; ou precedente do Superior Tribunal de Justiça, elaborado na sistemática de julgamento de recursos repetitivos (CPC, art. 1.036).

Há diversas posições firmadas por meio da edição de Súmulas, as quais versam sobre a incidência sobre o auxílio-creche, vale-transporte, bolsa de estudos e seguro de vida.[170] Tais orientações têm sido observadas pelo CARF.

O critério que o Tribunal tem utilizado para definir a natureza remuneratória de determinada parcela é o da

169. Em relação ao TRF da 6ª Região, não existe ainda uma base para a pesquisa de jurisprudência, razão pela qual deixamos de informar as posições desta Corte de Justiça.

170. Súmula 8 - A contribuição social previdenciária não incide sobre valores pagos a título de vale-transporte, mesmo que em pecúnia.
Súmula 149 - Não integra o salário de contribuição a bolsa de estudos de graduação ou de pós-graduação concedida aos empregados, em período anterior à vigência da Lei nº 12.513, de 2011, nos casos em que o lançamento aponta como único motivo para exigir a contribuição previdenciária o fato desse auxílio se referir a educação de ensino superior.
Súmula 182 - Seguro de vida em grupo - O seguro de vida em grupo contratado pelo empregador em favor do grupo de empregados, sem que haja a individualização do montante que beneficia a cada um deles, não se inclui no conceito de remuneração, não estando sujeito à incidência de contribuições previdenciárias, ainda que o benefício não esteja previsto em acordo ou convenção coletiva de trabalho.
Súmula 64 - Não incidem contribuições previdenciárias sobre as verbas concedidas aos segurados empregados a título de auxílio-creche, na forma do artigo 7º, inciso XXV, da Constituição Federal, em face de sua natureza indenizatória.

habitualidade, que significa a repetição do pagamento, que atrai a verba para o conceito de remuneração, fazendo com ingresse no âmbito de incidência desses tributos.[171] Neste particular, em julgado recente o CARF decidiu que

> o ganho eventual é aquele que se recebe de forma inesperada, desvinculado da relação de trabalho, por caso fortuito, como no caso de uma indenização da graciosamente pela empresa a um empregado que tenha perdido sua moradia, por conta de uma enchente. O conceito relativo à habitualidade não diz respeito apenas à quantidade de pagamentos, mas também à situação motivadora do pagamento.[172]

Além disso, o Conselho tem se debruçado sobre a incidência sobre outros temas, a seguir examinados, firmando o seu posicionamento sobre a matéria de forma reiterada e pacífica:

a) *Fornecimento de alimentação pela empresa*

O órgão julgador entende que o fornecimento de alimentação *in natura* ou por meio de ticket não integra o salário de contribuição do segurado, ainda que a empresa não tenha aderido ao Programa de Alimentação do Trabalhador – PAT. Sendo assim, não se trata de um tipo de salário *in natura*.[173]

b) *Participação nos lucros*

A participação nos lucros é regulada pelo art. 2º da Lei nº 10.101/2000, que estabelece os requisitos para o

---

171. Nesse ponto, segue-se o entendimento do Supremo Tribunal Federal e do Superior Tribunal de Justiça, acima analisado.

172. Ac nº 2202-009.820, Rel. Sonia de Queiroz Accioly, j. em 06/04/2023.

173. Ac nº2202-009.629, Rel. Martin da Silva Gesto, j. em 22/02/2023; Ac. nº2201-010.602, Rel. Francisco Nogueira Guarita, j. em 10/05/2023; Ac nº 2301.010.431, Rel João Mauricio Vital, j. em 05/04/2023; Ac nº 2201.010.417, Rel. Fernando Gomes Favacho, j. em 09/03/2023

pagamento deste benefício por parte das empresas aos seus empregados. O CARF entende que, uma vez observados tais requisitos, esta parcela não integra o salário de contribuição. A *contrario sensu*, descumprida a lei, o pagamento adquire natureza remuneratória, integrando a base de cálculo da contribuição previdenciária.[174]

Caso a participação seja paga aos administradores ou outro sujeito que não tenha vínculo empregatício com a empresa, como não observa a lei em pauta, a verba estará sujeita a incidência da contribuição previdenciária. Dependendo da situação, pode se subsumir ao regramento da Lei das Sociedades Anônimas (art.152), apresentando caráter remuneratório.[175]

c) *Benefício previdenciário*

As contribuições previdenciárias não incidem sobre determinados benefícios previdenciários, consoante jurisprudência já pacificada no âmbito do Supremo Tribunal Federal. Entretanto, caso o benefício seja pago em desconformidade com a legislação, passa a integrar a remuneração do empregado, submetendo-se à incidência destas exações, como tem decidido o CARF.[176]

d) *Salário indireto*

O CARF considera como salário indireto as vantagens percebidas pelo empregado pelo empregador como retribuição pelo trabalho realizado, independentemente do

---

174. Ac. n° 9202.010.645, Rel. Mauricio Nogueira Righetti, j. em 25/04/2023; Ac n° 2202-009.617, Rel. Mario Hermes Soares Campo, j. em 02/02/2023; Ac.n° 9202-01.621, Rel. Maurício Nogueira Righetti, j. em 21/03/2023

175. Ac. n° 2402-011.379, Rel. Gregorio Rechmann Júnior, j. em 09/05/2023; Ac n° 2201-010.522, Rel. Douglas Kazazu Kushiyama, j. em 06/04/2023; Ac n° 2201-010.473, Rel. Fernando Gomes Favacho, j. em 05/04/2023.

176. Ac n° 2201-010.648, Rel. Carlos Alberto do Amaral Azeredo, j. em 11/05/2023.

nome da verba. Sendo assim, compõem o conceito de remuneração, estando sujeitas à incidência da contribuição previdenciária.[177]

e) *Bônus de contratação*

Algumas empresas efetuam o pagamento de uma determinada parcela aos empregados, em razão da sua contratação. É denominada de "bônus de contratação". Por representar uma vantagem auferida em razão do trabalho, o CARF reconhece a sua natureza remuneratória para fins de incidência das contribuições previdenciárias.[178]

f) *Previdência privada*

O oferecimento pela empresa de plano de previdência privada aos seus empregados não é considerado pelo CARF como salário-utilidade nem salário indireto, razão pela qual não está sujeita à incidência das contribuições previdenciárias.[179]

2.3 Aspecto temporal

Como a contribuição em estudo incide sobre "o total das remunerações pagas, devidas ou creditadas a qualquer título, durante o mês", o período de apuração do tributo é mensal. Por conseguinte, considera-se ocorrido o fato jurídico tributário no último dia do mês civil, que deve ser

177. Ac n° 2402-011.341, Re. Gregorio Rechmann Junior, j. em 09/05/2023; Ac n° 2401-010.994 , Rel. Rayd Santana Ferreira, j. em 05/04/2023; Ac n° 2301-010.327, Rel. Maurício Dalri Timm do Valle, j em 08/03/2023; Ac n° 2201-010.436, Rel. Marco Aurelio de Oliveira Barbosa, j. em 09/03/2023.

178. Ac n° 2201-010.519, Rel. Douglas Kakazu Kushiyama, j. em 06/04/2023.

179. Ac n° 2301-010.407, Rel. Fernanda Melo Leal, j. em 04/04/2023.

considerado como o aspecto temporal da hipótese de incidência tributária.[180]

A contribuição deverá ser paga até o dia 20 do mês subsequente ao da apuração do tributo.[181]

2.4 Aspecto espacial

A exemplo do que ocorre com as demais contribuições previdenciárias, o aspecto espacial da hipótese de incidência da contribuição em estudo coincide com o âmbito de vigência espacial da lei instituidora deste tributo (Lei nº 8.212/91): o território nacional.

2.5 Aspecto quantitativo

A base de cálculo da contribuição em exame é o valor total das remunerações pagas ou creditadas aos empregados e trabalhadores avulsos, durante o mês.

Desse montante, devem ser excluídas as parcelas indicadas no art.28, §9º da Lei nº 8.212/91, as quais não integram o salário-de-contribuição, que funciona como base de cálculo da contribuição devida pelos segurados empregados, empregado doméstico, trabalhador avulso (art.20), contribuinte individual e facultativo (art.21), como será examinado posteriormente.

Sobre a base de cálculo deverá incidir a alíquota de 20% (vinte por cento), prevista pelo art. 22, I, da lei em epígrafe.

---

180. Convém recordar que para a configuração do aspecto material da hipótese de incidência tributária é irrelevante que a remuneração tenha sido efetivamente paga.

181. As contribuições devidas sobre a remuneração paga no mês de dezembro e sobre a gratificação natalina (décimo terceiro salário) devem ser pagas até o dia 20 de dezembro (Lei 8.620/93, art.7º.).

Em relação ao microempreendedor individual, previsto pela Lei Complementar nº 128, de 19/12/2008, a alíquota devida é de 3% sobre a remuneração paga ao empregado.

3. CONTRIBUIÇÃO PARA O SEGURO DE ACIDENTE DE TRABALHO (SAT) OU GRAU DE INCIDÊNCIA DE INCAPACIDADE LABORATIVA DECORRENTE DOS RISCOS AMBIENTAIS DO TRABALHO (GILRAT)

No inciso II do art.22 da Lei nº 8.212/91, foi instituída outra contribuição, devida pelas empresas, para financiar o benefício da aposentadoria especial - regulado pelos arts. 57 e 58 da Lei nº 8.213/91- e daqueles concedidos em razão do grau de incidência de incapacidade laborativa decorrente dos riscos ambientais do trabalho.

Alguns entendem que não se trata de nova contribuição, e sim de um adicional sobre a contribuição sobre a folha de salários ou até mesmo da parte variável desta.[182]

De fato, essa exação apresenta alguns traços de semelhança com a contribuição acima analisada, prevista pelo art. 22, I, da Lei 8.212/91: identidade quanto ao sujeito passivo, aspecto espacial e temporal e base de cálculo. Contudo, há diferenças que autorizam a conclusão de que se trata de um outro tributo.

Com efeito, ao definir a base de cálculo deste tributo, o inciso II do art. 22 não estabeleceu a finalidade das remunerações pagas ou creditadas, sobre as quais o tributo deverá incidir, como ocorreu em relação ao inciso I, que trata da contribuição acima estudada.[183] Enquanto este dispõe expressamente que as remunerações devem ser "destinadas

---

182. Cf. Leandro Paulsen, op. cit., p. 136.

183. Cf. Andrei Pitten Velloso, op. cit., p. 116-117.

a retribuir o trabalho", no inciso II, a lei menciona apenas que o tributo é devido "sobre o total das remunerações pagas ou creditadas, no decorrer do mês, aos segurados empregados e trabalhadores avulsos", sem fazer qualquer limitação no que se refere ao fim do pagamento efetuado.

Outrossim, as alíquotas devidas são de 1%, 2% ou 3%, de acordo com o grau de risco da "atividade preponderante da empresa", que pode ser considerado leve, médio ou grave.

Essa sistemática de apuração da contribuição, utilizando-se de um conceito aberto para enquadrar as empresas – atividade preponderante – foi regulamentada por decretos,[184] os quais estabeleceram os critérios para identificar o enquadramento das empresas em uma das três classes de alíquotas. Em outros termos, atos do Poder Executivo indicaram os parâmetros para o enquadramento dos contribuintes, regulando, portanto, o aspecto quantitativo da exação.

O enquadramento do contribuinte é efetuado pela própria empresa, mensalmente, com base em sua atividade econômica preponderante, consoante a Relação de Atividades Preponderantes e Correspondentes Graus de Risco, estabelecida com base no Código Nacional de Atividades Econômica- CNAE, previsto no anexo V do Regulamento da Previdência Social.

Isso significa que a alíquota do tributo é regulada por critério estabelecido em norma infralegal, o que possibilitou a arguição de inconstitucionalidade da exação, por burla à regra da legalidade. Parcela significativa da doutrina tributária inclinava-se em favor desta posição.

Ao apreciar essa matéria, porém, o Supremo Tribunal Federal rejeitou a tese da inconstitucionalidade, entendendo que todos os aspectos da hipótese tributária haviam

184. Decreto no. 356/91, Decreto nº 612/92, Decreto nº 2.173/97 e Decreto nº 3.048/99.

sido definidos pelas Leis n°s. 7.787/89 (art.3º, II) e 8.212/91 (art.22, II), inexistindo ofensa à regra da legalidade:

> CONSTITUCIONAL. TRIBUTÁRIO. CONTRIBUIÇÃO: SEGURO DE ACIDENTE DO TRABALHO - SAT. Lei 7.787/89, arts. 3º e 4º; Lei 8.212/91, art. 22, II, redação da Lei 9.732/98. Decretos 612/92, 2.173/97 e 3.048/99. C.F., artigo 195, § 4º; art. 154, II; art. 5º, II; art. 150, I. I. - Contribuição para o custeio do Seguro de Acidente do Trabalho - SAT: Lei 7.787/89, art. 3º, II; Lei 8.212/91, art. 22, II: alegação no sentido de que são ofensivos ao art. 195, § 4º, c/c art. 154, I, da Constituição Federal: improcedência. Desnecessidade de observância da técnica da competência residual da União, C.F., art. 154, I. Desnecessidade de lei complementar para a instituição da contribuição para o SAT. II. - O art. 3º, II, da Lei 7.787/89, não é ofensivo ao princípio da igualdade, por isso que o art. 4º da mencionada Lei 7.787/89 cuidou de tratar desigualmente aos desiguais. III. - As Leis 7.787/89, art. 3º, II, e 8.212/91, art. 22, II, definem, satisfatoriamente, todos os elementos capazes de fazer nascer a obrigação tributária válida. O fato de a lei deixar para o regulamento a complementação dos conceitos de "atividade preponderante" e "grau de risco leve, médio e grave", não implica ofensa ao princípio da legalidade genérica, C.F., art. 5º, II, e da legalidade tributária, C.F., art. 150, I. IV. - Se o regulamento vai além do conteúdo da lei, a questão não é de inconstitucionalidade, mas de ilegalidade, matéria que não integra o contencioso constitucional. V. - Recurso extraordinário não conhecido.[185]

Problemas surgiram, ainda, em decorrência da forma como o conceito de "atividade preponderante" foi prevista pelos decretos em epígrafe. Inicialmente, o Decreto nº 612/92 previu o critério do maior número de empregados "por estabelecimento" para fins de definição da atividade preponderante. Este parâmetro foi alterado pelo Decreto nº 2.173/97, que considerou o maior número de empregados na empresa, em sua totalidade, e não no estabelecimento. Esse critério foi mantido pelo Decreto nº. 3.048/99. A Receita Federal adotava o entendimento de que a atividade

---

185. STF Pleno, RE nº 343.466, Rel. Min. Carlos Velloso, DJ 04/04/2003.

preponderante deveria levar em consideração todos os estabelecimentos da empresa.

Tal questão, do SAT único, também foi discutida pelos tribunais. O fundamento do questionamento era a ausência de regulamentação da matéria por meio de lei, eis que o tema era tratado apenas pelo Decreto 3.048/99.

O Superior Tribunal de Justiça uniformizou o seu entendimento sobre a matéria, adotando o critério do SAT por estabelecimento, e não para toda a empresa. Nesse sentido, a Súmula nº 351 prevê que "a alíquota de contribuição para o Seguro de Acidente do Trabalho (SAT) é aferida pelo grau de risco desenvolvido em cada empresa, individualizada pelo seu CNPJ, ou pelo grau de risco da atividade preponderante quando houver apenas um registro".

Com base nesse posicionamento, a Receita Federal passou a entender que o SAT deve ser apurado considerando-se cada estabelecimento, por meio da IN 1.453/2014, posteriormente revogada pela IN 2.110/2022.[186]

---

186. O CARF tem se pronunciado sobre a matéria, adotando o entendimento antigo, em relação às exigências pretéritas:
"ASSUNTO: CONTRIBUIÇÕES SOCIAIS PREVIDENCIÁRIAS
Período de apuração: 01/06/2007 a 31/12/2009
CONTRIBUIÇÃO DA EMPRESA DESTINADA AO FINANCIAMENTO DOS BENEFÍCIOS CONCEDIDOS EM RAZÃO DO GRAU DE INCIDÊNCIA DE INCAPACIDADE LABORATIVA DECORRENTE DOS RISCOS AMBIENTAIS DO TRABALHO. ATIVIDADE PREPONDERANTE.
A empresa com mais de um estabelecimento e diversas atividades econômicas deverá somar o número de segurados alocados na mesma atividade em todos os estabelecimentos, prevalecendo como preponderante a atividade que ocupe o maior número de segurados empregados e trabalhadores avulsos, considerados todos os estabelecimentos.
REPRESENTAÇÃO FISCAL PARA FINS PENAIS. SÚMULA CARF Nº 28.
Conforme Súmula CARF nº 28, o CARF não é competente para se pronunciar sobre controvérsias referentes a Processo Administrativo de Representação Fiscal para Fins Penais.
MULTA DE MORA. PRINCÍPIO DA RETROATIVIDADE BENIGNA. LEI Nº 8.212/1991. LEI Nº 11.941/2009.
O cálculo da penalidade deve ser efetuado conforme a redação do art. 35 da Lei nº 8.212/1991, conferida pela Lei nº 11.941, de 2009, que fixa o percentual máximo de 20% para a multa moratória, por força da retroatividade benigna."
(Ac nº 2202-009.791, Rel. Martin da Silva Gesto, j. em 05/04/2023).

Em qualquer caso, é realizado um autoenquadramento pela empresa, que fica responsável em provar perante o Fisco a postura por ela adotada:

> ASSUNTO: CONTRIBUIÇÕES SOCIAIS PREVIDENCIÁRIAS
> Período de apuração: 01/01/2008 a 30/09/2009
>
> CONTRIBUIÇÕES SOCIAIS. GILRAT/SAT. AUTOENQUADRAMENTO EM GRAU DE RISCO. RESPONSABILIDADE DA EMPRESA.
>
> O grau de incidência de incapacidade laborativa decorrente dos riscos ambientais do trabalho é mensurado conforme a atividade econômica preponderante da empresa, elaborada com base na Classificação Nacional de Atividades Econômicas CNAE, prevista no Anexo V do Regulamento da Previdência Social, aprovado pelo Decreto nº 3.048 de 1999.
>
> É responsabilidade da empresa o autoenquadramento na atividade preponderante, cabendo ao fisco, em caso de erro no autoenquadramento, adotar as medidas necessárias à sua correção. Configura-se ônus da empresa a demonstração, mediante documentação idônea, do enquadramento diferenciado da atividade preponderante de cada um de seus estabelecimentos individualmente considerados.
>
> ALÍQUOTA GILRAT/SAT. DIFERENÇA.
>
> É devida a cobrança da diferença de alíquota da contribuição destinada ao financiamento dos benefícios concedidos em razão do grau de incidência de incapacidade laborativa decorrente dos riscos ambientais do trabalho (GILRAT/SAT), aferida pelo grau de risco desenvolvido em cada empresa, individualizada pelo seu CNPJ, ou pelo grau e risco da atividade preponderante quando houver apenas um registro, conforme classificação na tabela CNAE, vigente à época dos fatos geradores.
>
> ALÍQUOTA GILRAT/SAT. ATIVIDADE PREPONDERANTE. ADMINISTRAÇÃO PÚBLICA.
>
> A alíquota GILRAT/SAT aplicável é aquela atribuída à atividade na qual se encontram o maior número de segurados empregados ou trabalhadores avulsos. Cabe à Contribuinte apresentar provas que contradigam as informações prestadas por ela mesma no preenchimento da GFIP.
>
> JURISPRUDÊNCIA. EFICÁCIA NORMATIVA.

> Somente devem ser observados os entendimentos jurisprudenciais para os quais a lei atribua eficácia normativa.[187]

Definida a alíquota a ser utilizada para o recolhimento da contribuição, deve-se observar, ainda, a previsão contida na Lei nº 9.032/95, que alterou os §§ 6º. e 7º do art. 57 da Lei nº 8.213/91, estabelecendo um acréscimo na alíquota do SAT, de 12, 9 ou 6 pontos percentuais, em relação à remuneração do segurado que exerça atividade suscetível de concessão de aposentadoria especial após o decurso do prazo de quinze, vinte ou vinte e cinco anos de contribuição. Importante observar que o acréscimo não incide sobre todo o valor da contribuição, e sim sobre a remuneração do segurado.

Existe uma hipótese de redução ou aumento da alíquota da contribuição em pauta, regulada pela Lei nº 10.666/2003. Este documento normativo estabeleceu a possibilidade de redução de até cinquenta por cento ou aumento de até cem por cento no valor da alíquota - definida segundo a atividade preponderante da empresa, vale reafirmar-, em razão do desempenho da empresa em relação à respectiva atividade econômica, apurado em conformidade com os resultados obtidos a partir dos índices de frequência, gravidade e custo, calculados segundo metodologia aprovada pelo Conselho Nacional da Previdência Social. Tal desempenho é mensurado por meio do Fator Acidentário de Prevenção – FAP, regulamentado pelo Decreto nº 3.048/99, com a redação dada pelo Decreto nº 6.957/2009.[188]

O FAP é um número a ser multiplicado pela alíquota da contribuição ao SAT, aferido em razão dessas três variáveis das empresas (índices de gravidade, de frequência e de custo), confrontadas com as do segmento econômico,

187. CARF, Ac nº 2201-009.981, Rel. Débora Fófano Santos, j. em 06/12/2022.

188. As Resoluções CNPS nº. 1.236/2004 e 1.269/2006, bem como a IN nº 16/2007 do INSS também regulam a matéria.

apurados no período de cinco anos. Assim, o FAP dependerá do segmento nacional, pois se a sinistralidade da empresa estiver abaixo daquela do segmento econômico, sua alíquota irá diminuir. Caso contrário, irá aumentar.[189] O índice de frequência apresenta o número de dias de afastamento do trabalhador do trabalho, em decorrência do acidente de trabalho, durante a mesma quantidade de horas. O índice de custo é uma relação entre os valores pagos pela empresa de GILRAT e aqueles desembolsados pela Previdência com os benefícios acidentários ocorridos na empresa. A partir daí, é estabelecida uma complexa metodologia de cálculo desses índices para fins de definição da taxa padrão por atividade econômica.

O FAP também é quantificado por estabelecimento, a exemplo do SAT, segundo previsão da Resolução do CNP 1.327/2015.

Parte da doutrina alega a inconstitucionalidade do FAP, arguindo burla aos princípios da legalidade e da tipicidade, por existência de delegação ao Poder Executivo para especificar o sentido dos termos vagos e imprecisos utilizados pela Lei nº 10.666/2003.

O tema foi resolvido pelo Pretório Excelso no julgamento do RE nº 677.725.[190]

> CONTRIBUIÇÃO PREVIDENCIÁRIA. SEGURO DE ACIDENTE DO TRABALHO - SAT. ALÍQUOTA DEFINIDA PELO FATOR ACIDENTÁRIO DE PREVENÇÃO - FAT E PELO GRAU DE RISCOS AMBIENTAIS DO TRABALHO - RAT. DELEGAÇÃO AO CONSELHO NACIONAL DA PREVIDÊNCIA PARA REGULAMENTAÇÃO. ALEGAÇÃO DE OFENSA AOS PRINCÍPIOS DA LEGALIDADE, DA ANTERIORIDADE, DA RESERVA DE LEI COMPLEMENTAR E DA MORALIDADE ADMINISTRATIVA. LEI 10.666/03, ARTIGO 10. DECRETO

189. Wladimir Novaes Martinez, *Comentários à Lei Básica da Previdência Social*, tomo I, 7ª. ed., São Paulo, Ltr,2010, p.191.

190. STF, RE nº 677725., Pleno, Rel. Min Luiz FUX, DJ 16/12/2021.

3.048/89, ART. 202-A, NA REDAÇÃO DO DECRETO 6.957/09. RESOLUÇÕES 1.308/2009 E 1.309/2009, DO CONSELHO NACIONAL DA PREVIDÊNCIA SOCIAL. CF, ARTIGOS 5º, INCISO II; 37; 146, INCISO II; 150, INCISOS I E III, ALÍNEA 'A'; 154, INCISO I, E 195, § 4º.......18. O SAT, para a sua fixação, conjuga três critérios distintos de quantificação da obrigação tributária: (i) a base de cálculo (remuneração pagas pelas empresas aos segurados empregados e avulsos que lhes prestam serviços), que denota a capacidade contributiva do sujeito passivo; (ii) as alíquotas, que variam em função do grau de risco da atividade econômica da empresa, conferindo traços comutativos à contribuição; e (iii) o FAP, que objetiva individualizar a contribuição da empresa frente à sua categoria econômica, aliando uma finalidade extrafiscal ao ideal de justiça individual, o que atende aos standards, balizas e parâmetros que irão formatar a metodologia de cálculo deste fator, o que ocorreu quanto à regulamentação infralegal trazida pelo art. 202-A do Decreto nº 3.048/99, na redação dada pelo Decreto nº 6.957/09. 19. As empresas que investem na redução de acidentes de trabalho, reduzindo sua frequência, gravidade e custos, podem receber tratamento diferenciado mediante a redução do FAP, conforme o disposto nos artigos 10 da Lei nº 10.666/03 e 202-A do Decreto nº 3.048/99, com a redução decorrente do Decreto nº 6.042/07. Essa foi a metodologia usada pelo Poder Executivo para estimular os investimentos das empresas em prevenção de acidentes de trabalho. 20. O princípio da razoabilidade e o princípio da proporcionalidade encontram-se consagrados no caso sub judice, posto que o conjunto de normas protetivas do trabalhador aplicam-se de forma genérica (categoria econômica) num primeiro momento através do SAT e, num segundo momento, de forma individualizada através do FAP, ora objurgado, permitindo ajustes, observado o cumprimento de certos requisitos. 21. O Poder Judiciário, diante de razoável e proporcional agir administrativo, não pode substituir o enquadramento estipulado, sob pena de legislar, isso no sentido ilegítimo da expressão, por isso que não pode ser acolhida a pretensão a um regime próprio subjetivamente tido por mais adequado. 22. O princípio da irretroatividade tributária (Art. 150, III, "a", CRFB/88) não restou violado, posto que o Decreto nº 3.048/99, na redação dada pelo Decreto nº 6.957/09, editado em setembro de 2009, somente fixou as balizas para o primeiro processamento do FAP, com vigência a partir de janeiro de 2010, ocorrência efetiva do fato gerador, utilizados os dados concernentes aos anos de 2007 e 2008, tão somente elementos identificadores dos parâmetros de controle das variáveis consideradas para a aplicação da fórmula matemática instituída pela nova sistemática. 23. Os princípios da transparência, da moralidade administrativa e da publicidade estão atendidos na medida em que o FAP utiliza índices que são de conhecimento de cada contribuinte, que estão a disposição junto à Previdência Social, sujeitos à impugnação administrativa com efeito suspensivo. (*omissis*) 25. Mais recentemente a Corte enfrentou matéria similar em outro caso. Pode-se mencionar a tese firmada no Tema 939 de Repercussão Geral: "É constitucional a flexibilização da legalidade tributária constante do § 2º do art. 27 da Lei nº 10.865/04, no que permitiu ao Poder Executivo, prevendo as condições e fixando os tetos, reduzir e restabelecer as alíquotas da contribuição ao PIS e da COFINS incidentes sobre as receitas financeiras auferidas por pessoas jurídicas sujeitas ao regime não cumulativo, estando presente o desenvolvimento de função extrafiscal." (RE 1043313, Rel. Min. Dias Toffoli, Tribunal Pleno, julgado em 10/12/2020). 26. Na mesma linha dos precedentes já mencionados, há situações outras em que a jurisprudência do Supremo Tribunal Federal apresenta casos em que essa delegação foi reconhecida como legítima, na medida em que formalizada por meio de balizas rígidas e guarnecidas de razoabilidade e proporcionalidade. Nesse sentido: (i) a fixação das anuidades cobradas pelos Conselhos Profissionais, cujas balizas estão estabelecidas na Lei 12.514/11, mas a exigência se faz por ato das autarquias (ADIs 4697 e 4762 Rel. Min. Edson Fachin, Tribunal Pleno, DJe 30/03/2017); (ii) a exigência de taxa em razão do exercício do poder de polícia referente à Anotação de Responsabilidade Técnica (ART) - RE 838284, Rel. Min. Dias Toffoli, Tribunal Pleno, DJe 22/09/2017) e (iii) a possibilidade do estabelecimento de pautas fiscais para exigência do Imposto sobre Produtos Industrializados – IPI - RE 602917, Rel. Min. Rosa Weber, Redator p/ Acórdão Min. Alexandre de Moraes, Tribunal Pleno, DJe 21/10/2020). 27. Recurso extraordinário a que se nega provimento. 28. Proposta de Tese de Repercussão Geral: O Fator Acidentário de Prevenção (FAP), previsto no art. 10 da Lei nº 10.666/2003, nos moldes do regulamento promovido pelo Decreto 3.048/99 (RPS) atende ao princípio da legalidade tributária (art. 150, I, CRFB/88).

Tema

554 - Fixação de alíquota da contribuição ao SAT a partir de parâmetros estabelecidos por regulamentação do Conselho Nacional de Previdência Social.

Tese

O Fator Acidentário de Prevenção (FAP), previsto no art. 10 da Lei nº 10.666/2003, nos moldes do regulamento promovido pelo Decreto 3.048/99 (RPS) atende ao princípio da legalidade tributária (art. 150, I, CRFB/88).

Antes disso, no âmbito do Superior Tribunal de Justiça, ambas as Turmas da 1ª Seção entendiam que a matéria é constitucional, insuscetível de apreciação em Recurso Especial. Logo, o tema não foi enfrentado pela Corte.[191]

A jurisprudência majoritária dos Tribunais Regionais Federais entende que o FAP é constitucional. O TRF da 1ª Região posiciona-se em favor da constitucionalidade,[192]aplicando à matéria o entendimento manifestado pelo STF ao julgar a constitucionalidade do SAT. Mesmo posicionamento é adotado pelo TRF da 2ª [193] e da 3ª Região.[194] O TRF da 4ª Região, ao julgar a Arguição de Inconstitucionalidade nº 5007-47.2012.404.0000 já rejeitou a alegação de inconstitucionalidade do art.10 da Lei nº 10.666/2003. Já no âmbito do TRF da 5ª Região existia posicionamento em favor da inconstitucionalidade do FAP, antes da definição do STF.[195]

Sendo assim, do exposto pode-se concluir que a contribuição em estudo apresenta três alíquotas (1%, 2% ou 3%), existindo a possibilidade de aumento ou de redução destas em razão do FAP e de acréscimo de seis, nove ou doze pontos na remuneração do empregado e avulsos sujeitos à aposentadoria especial.

As alíquotas do GILRAT poderão ser ampliadas de 6%, 9% ou 12% se a atividade exercida pelo empregado da empresa possibilitar a concessão de aposentadoria especial, após 25, 20 ou 15 anos de contribuição.

Esse acréscimo incide tão somente sobre a remuneração dos empregados submetidos aos agentes nocivos,

191. STJ, AgRg no Resp nº 1343220, 2ª Turma, Rel. Min. Mauro Campbell, DJ 26/02/2013; AgRg no Resp nº 1290477, 1ª Turma, Rel. Min. Sérgio Kukina, DJ 10/09/2013.

192. AC nº0030284.23.2010.4.01380, 7ª Turma, Rel. Des. Reynaldo Fonseca, DJ 29/11/2013; AC 009338-54.2011.4.01.3813, 7ª Turma, Rel. Des. Reynaldo Fonseca, DJ 08/03/2013.

193. AC 201050010085477, 3ª Turma, Rel. Des. Theophilo Miguel, DJ 19/12/2014.

194. AI 00088997920114030000, 1ª Turma, Rel. Des. Helio Nogueira, DJ 28/05/2015.

195. AC 16582520134058311, 1ª Turma, Rel. Des. Manoel Erhardt, DJ 11/09/2011.

prejudiciais à saúde, situação que possibilita o deferimento do referido benefício.

4. CONTRIBUIÇÃO ADICIONAL DEVIDA PELAS INSTITUIÇÕES FINANCEIRAS (ART. 22, §1º)

O § 1º do art. 22 da Lei nº 8.212/91 estabelece que "no caso de bancos comerciais, bancos de investimentos, bancos de desenvolvimento, caixas econômicas, sociedades de crédito, financiamento e investimento, sociedades de crédito imobiliário, sociedades corretoras, distribuidoras de títulos e valores mobiliários, empresas de arrendamento mercantil, cooperativas de crédito, empresas de seguros privados e de capitalização, agentes autônomos de seguros privados e de crédito e entidades de previdência privada abertas e fechadas, além das contribuições referidas neste artigo e no art. 23, é devida a contribuição adicional de dois vírgula cinco por cento sobre a base de cálculo definida nos incisos I e II deste artigo".

A lei epigrafada instituiu, assim, um adicional de 2,5% para as instituições financeiras e congêneres, incidente sobre as bases de cálculo relativas às contribuições previstas no inciso I do art. 22, acima examinada, e no inciso III desse dispositivo, que será estudada oportunamente.

Essa exação também teve a sua constitucionalidade questionada perante o Supremo Tribunal Federal, que entendeu se tratar de tributo instituído com fundamento no art. 195, § 9º da Constituição Federal, segundo o qual as contribuições para a seguridade social, reguladas por este dispositivo, "poderão ter alíquotas ou bases de cálculo diferenciadas, em razão da atividade econômica, da utilização intensiva de mão de obra, do porte da empresa ou da condição estrutural do mercado de trabalho".[196]

---

196. A redação atual deste dispositivo foi dada pela Emenda Constitucional nº. 47, de 05 de julho de 2005. O texto anterior, redigido pela EC nº. 20, de 15 de dezembro

A constitucionalidade desta exigência já foi reconhecida por esta Corte de Justiça, julgados que resultaram na edição dos Temas n° 204[197] e 470.[198]

---

de 1998, dispunha o seguinte: "As contribuições sociais previstas no inciso I deste artigo poderão ter alíquotas ou bases de cálculo diferenciadas, em razão da atividade econômica ou da utilização intensiva de mão-de-obra".

197. RECURSO EXTRAORDINÁRIO. REPERCUSSÃO GERAL. DIREITO TRIBUTÁRIO. DIREITO PREVIDENCIÁRIO. CONTRIBUIÇÃO PREVIDENCIÁRIA. FOLHA DE SALÁRIO. INSTITUIÇÕES FINANCEIRAS E ASSEMELHADAS. DIFERENCIAÇÃO DE ALÍQUOTAS. CONTRIBUIÇÃO ADICIONAL DE 2,5%. ART. 22, §1º, DA LEI 8.212/91. CONSTITUCIONALIDADE. 1. A jurisprudência do STF é firme no sentido de que a lei complementar para instituição de contribuição social é exigida para aqueles tributos não descritos no altiplano constitucional, conforme disposto no § 4º do artigo 195 da Constituição da República. A contribuição incidente sobre a folha de salários esteve expressamente prevista no texto constitucional no art. 195, I, desde a redação original. O artigo 22, § 1º, da Lei 8.212/91 não prevê nova contribuição ou fonte de custeio, mas mera diferenciação de alíquotas, sendo, portanto, formalmente constitucional. 2. Quanto à constitucionalidade material, a redação do art. 22, § 1º, da Lei 8.212 antecipa a densificação constitucional do princípio da igualdade que, no Direito Tributário, é consubstanciado nos subprincípios da capacidade contributiva, aplicável a todos os tributos, e da equidade no custeio da seguridade social. Esses princípios destinam-se preponderantemente ao legislador, pois nos termos do art. 5º, caput, da CRFB, apenas a lei pode criar distinções entre os cidadãos. Assim, a escolha legislativa em onerar as instituições financeiras e entidades equiparáveis com a alíquota diferenciada, para fins de custeio da seguridade social, revela-se compatível com a Constituição. 3. Fixação da tese jurídica ao Tema 204 da sistemática da repercussão geral: "É constitucional a previsão legal de diferenciação de alíquotas em relação às contribuições previdenciárias incidentes sobre a folha de salários de instituições financeiras ou de entidades a elas legalmente equiparáveis, após a edição da EC 20/98." 4. Recurso extraordinário a que se nega provimento.
Tema
204 - Contribuição adicional de 2,5% sobre a folha de salários de instituições financeiras instituída pela Lei nº 8.212/91.
Tese
É constitucional a previsão legal de diferenciação de alíquotas em relação às contribuições previdenciárias incidentes sobre a folha de salários de instituições financeiras ou de entidades a elas legalmente equiparáveis, após a edição da Emenda Constitucional nº 20/1998.
(STF, Pleno, RE n° 598.572, Rel. Min. Edson Fachin, DJ 09/08/2016.

198. RECURSO EXTRAORDINÁRIO COM REPERCUSSÃO GERAL RECONHECIDA. INSTITUIÇÕES FINANCEIRAS. ALÍQUOTA ADICIONAL DE 2,5% SOBRE A CONTRIBUIÇÃO PREVIDENCIÁRIA INCIDENTE NA FOLHA DE SALÁRIOS. § 2° DO ART. 3° DA LEI 7.787/1989. CONSTITUCIONALIDADE. EXAÇÃO FUNDADA NOS PRINCÍPIOS DA SOLIDARIEDADE, EQUIDADE E CAPACIDADE CONTRIBUTIVA. POSTULADOS CONSTITUCIONAIS QUE NORTEIAM A SEGURIDADE SOCIAL. APORTES ORIGINADOS DE DISTINTAS FONTES DE

Segundo o entendimento do STJ, veiculado por meio da Súmula nº 584, as sociedades corretoras de seguro, que não se confundem com as sociedades de valores mobiliários ou com os agentes autônomos de seguro privado, não se enquadram no rol das entidades previstas pelo art. 22, §1º da Lei nº 8.212/91.

5. CONTRIBUIÇÃO PREVIDENCIÁRIA SOBRE A RECEITA BRUTA (LEI Nº 12.546/2011, LEI Nº 12.844/2013, LEI Nº 13.161/2015, LEI Nº 14.784/2023 E MP Nº 1.202/2023)

No regime inaugurado pela Constituição Federal de 1988 não havia previsão no art. 195 para a substituição da contribuição incidente sobre pagamentos realizados a empregados e avulsos por outro tipo de exação. Assim, a instituição de nova contribuição deveria observar os pressupostos do art. 195, § 4º, que versa sobre a competência residual em matéria de contribuições para a seguridade social.

Posteriormente, foi promulgada a Emenda Constitucional nº 42, de 19 de dezembro de 2003, que inseriu os

---

CUSTEIO. INEXIGIBILIDADE DE CONTRAPARTIDA. PODER JUDICIÁRIO. ATUAÇÃO COMO LEGISLADOR POSITIVO. IMPOSSIBILIDADE. I - É constitucional a alíquota adicional de 2,5% (dois e meio por cento), estabelecida pelo § 2° do art. 3° da Lei 7.787/1989, incidente sobre a folha de salários de bancos e entidades assemelhadas. II - É defeso ao Poder Judiciário atuar na condição anômala de legislador positivo, com base no princípio da isonomia, para suprimir ou equiparar alíquotas de tributos recolhidos pelas instituições financeiras em relação àquelas suportadas pelas demais pessoas jurídicas. III - Recurso extraordinário ao qual se nega provimento.
Tema
470 - Contribuição adicional de 2,5% sobre a folha de salários de instituições financeiras estabelecida antes da EC 20/98.
Tese
É constitucional a contribuição adicional de 2,5% (dois e meio por cento) sobre a folha de salários instituída para as instituições financeiras e assemelhadas pelo art. 3º, § 2º, da Lei 7.787/1989, mesmo considerado o período anterior à Emenda Constitucional 20/1998.
(STF, Pleno, RE 599.309, Rel. Min. Ricardo Lewandowski, DJ 12/12/2019)

parágrafos décimo-segundo e décimo-terceiro no art. 195. Enquanto o parágrafo décimo-segundo trouxe para o âmbito das contribuições sociais a não cumulatividade - com uma fisionomia diversa da prevista para o ICMS e para o IPI-, o parágrafo décimo-terceiro estabeleceu a possibilidade de aplicação desta técnica "na hipótese de substituição gradual, total ou parcial, da contribuição incidente na forma do inciso I, *a*, pela incidente sobre a receita ou o faturamento".

Destarte, a nova norma constitucional autorizou a substituição da contribuição prevista pelo art. 22, I da Lei nº 8.212/91 por outra exação, indicando desde logo a base de cálculo desta: receita ou faturamento.

Veio a lume em 2011, então, a Medida Provisória nº 540, posteriormente convertida na Lei nº 12.546/2011, a qual estabeleceu em seu art. 7º a substituição das contribuições reguladas pelos incisos I e III do art.22 da Lei nº 8.212/91, por uma contribuição incidente sobre a receita bruta, devida até 31 de dezembro de 2014, para as empresas indicadas nos arts.7º e 8º deste documento normativo.[199] Posteriormente esse prazo foi estendido até 31/12/2020. Em 2021, foi promulgada a Lei nº. 14.288, a qual ampliou esse prazo até 31 de dezembro de 2023, dando nova redação à Lei nº 12.546/2011. Finalmente, em 27 de dezembro de 2023, foi promulgada a Lei nº14.784/2023, ampliando o prazo deste benefício para 31/12/2027. No entanto, foi editada a, modificando este benefício, concedendo uma desoneração parcial para alguns setores, com vigência a partir de 01 de abril de 2024.

No regime inicial, a alíquota da exação era de 2% para os contribuintes indicados no art. 7º e de 1% para os mencionados no art. 8º. A lei permitiu algumas exclusões da base de cálculo (art. 9º, II e VI, § 7º).

---

199. Atos normativos posteriores ampliaram o leque dos contribuintes beneficiados com a substituição.

A Lei nº 13.161/2015 modificou a alíquota de 2% para 4,5%, para as empresas indicadas no art.7º. Tal regra não se aplica às empresas de *Call Center*, que estão sujeitas à alíquota de 3%, nem às empresas de transporte rodoviário, metroviário e ferroviário de passageiros, as quais se submetem à alíquota de 2% (art.7º-A, Lei nº 12.546/2011).

De igual modo, a alíquota de 1%, aplicável às atividades previstas pelo art. 8º, foi ampliada para 2,5% pela Lei nº 13.161/2015. Estão excluídas dessa regra algumas atividades de produtos específicos, sujeitas à alíquota de 1,5%, a fabricação de alguns produtos devidamente listados, que permaneceram pagando 1%, bem como várias outras empresas excepcionadas pela legislação.

Com a vigência da mencionada lei, que ampliou as alíquotas, o regime substitutivo passou a ser facultativo. A opção é feita pelo contribuinte por meio do pagamento da contribuição sobre a receita bruta, realizado no mês de janeiro, ou na primeira competência subsequente àquela em que houver sido apurada receita bruta. Em qualquer caso, é irretratável para todo o ano civil.[200]

Em se tratando de empresa que tenha por objeto a fabricação de produtos submetidos a alíquotas diferentes, a contribuição será calculada por meio da aplicação da alíquota incidente em relação a cada produto.

São três os critérios previstos para a desoneração: i) pelo CNAE; ii) pelo produto produzido; iii) pelos serviços listados. Há duas modalidades que podem ser utilizadas para realizar o cálculo da contribuição: a) a modalidade

---

200. Em relação às empresas de construção civil, a opção é manifestada por obra, sendo manifestada por meio do pagamento da contribuição sobre a receita bruta relacionada à competência em que houver ocorrido o cadastro no CEI ou na primeira competência para a qual houver sido apurada receita bruta para a obra, sendo em qualquer caso irretratável até o encerramento da obra.

"tudo ou nada"; b) modalidade da proporcionalidade.[201]Na primeira situação, todo o setor contemplado deverá ser submetido ao pagamento da contribuição em pauta, ficando desobrigado de recolher a contribuição de 20% sobre a folha de salários, adotando-se para isso o critério baseado no CNAE. Já no segundo caso, a desoneração será parcial, pagando a contribuição em estudo sobre parcela de sua receita bruta e recolhendo ainda a contribuição sobre a folha de salários. Adotam-se aqui os critérios do produto produzido ou dos serviços listados em lei.[202]

Cabe observar, ainda em relação ao aspecto quantitativo dessa figura, que a sua base de cálculo é regulada pela Lei nº 12.546/2011 (art. 9º):

> Art. 9º. Para fins do disposto nos arts. 7º e 8º desta Lei:
>
> I – a receita bruta deve ser considerada sem o ajuste de que trata o inciso VIII do art. 183 da Lei nº 6.404, de 15 de dezembro de 1976;
>
> II - exclui-se da base de cálculo das contribuições a receita bruta:
>
> a) de exportações; e
>
> b) decorrente de transporte internacional de carga;
>
> c) reconhecida pela construção, recuperação, reforma, ampliação ou melhoramento da infraestrutura, cuja contrapartida seja ativo intangível representativo de direito de exploração, no caso de contratos de concessão de serviços públicos;
>
> III – a data de recolhimento das contribuições obedecerá ao disposto na alínea "b" do inciso I do art. 30 da Lei nº 8.212, de 1991;
>
> IV – Revogado pela Lei nº 14.360/2022.
>
> V – com relação às contribuições de que tratam os arts. 7º e 8º, as empresas continuam sujeitas ao cumprimento das demais obrigações previstas na legislação previdenciária.

---

201. IvanKertzman, *Curso Prático de Direito Previdenciário*, 21ªed., Salvador, JusPodivm, 2023, p.807.

202. Lembra Ivan Kertzman que as empresas de construção civil utilizam o critério do CNAE, utilizando-se da modalidade "tudo ou nada". A atividade de incorporação não se inclui entre aquelas que têm a faculdade de pagar a contribuição em estudo (Op. cit., p.810).

Sobre o assunto, há o tema 674 do Supremo Tribunal Federal, o qual estabelece que "a norma imunizante contida no inciso I do parágrafo 2º do artigo 149 da Constituição da República alcança as receitas decorrentes de operações indiretas de exportação, caracterizadas por haver participação negocial de sociedade exportadora intermediária".

O Tribunal também já firmou posição acerca da inclusão do ICMS[203] e do ISS[204] na base de cálculo desta exação.

---

203. CONSTITUCIONAL E TRIBUTÁRIO. ICMS. INCLUSÃO NA BASE DE CÁLCULO DA CONTRIBUIÇÃO PREVIDENCIÁRIA SOBRE A RECEITA BRUTA. POSSIBILIDADE. DESPROVIMENTO DO RECURSO EXTRAORDINÁRIO. 1. A Emenda Constitucional 42/2003 inaugurando nova ordem previdenciária, ao inserir o parágrafo 13 ao artigo 195 da Constituição da República, permitiu a instituição de contribuição previdenciária substitutiva daquela incidente sobre a folha de salários e pagamentos. 3. Diante da autorização constitucional, foi editada a Lei 12.546/2011 (objeto de conversão da Medida Provisória 540/2011), instituindo contribuição substitutiva (CPRB), com o escopo de desonerar a folha de salários/pagamentos e reduzir a carga tributária. Quando de sua instituição, era obrigatória às empresas listadas nos artigos 7º e 8º da Lei 12.546/2011; todavia, após alterações promovidas pela Lei 13.161/2015, o novo regime passou a ser facultativo. 4. As empresas listadas nos artigos 7º e 8º da Lei 12.546/2011 têm a faculdade de aderir ao novo sistema, caso concluam que a sistemática da CPRB é, no seu contexto, mais benéfica do que a contribuição sobre a folha de pagamentos. 5. Impossibilidade da empresa optar pelo novo regime de contribuição por livre vontade e, ao mesmo tempo, se beneficiar de regras que não lhe sejam aplicáveis. 5. Impossibilidade de a empresa aderir ao novo regime, abatendo do cálculo da CPRB o ICMS sobre ela incidente, pois ampliaria demasiadamente o benefício fiscal, pautado em amplo debate de políticas públicas tributárias, em grave violação ao artigo 155, § 6º, da CF/1988, que determina a edição de lei específica para tratar sobre redução de base de cálculo de tributo. 6. Recurso Extraordinário a que se nega provimento. Tema 1.048, fixada a seguinte tese de repercussão geral: "É constitucional a inclusão do Imposto Sobre Circulação de Mercadorias e Serviços - ICMS na base de cálculo da Contribuição Previdenciária sobre a Receita Bruta - CPRB».
Tema
1048 - Inclusão do Imposto Sobre Circulação de Mercadorias e Serviços – ICMS na base de cálculo da Contribuição Previdenciária sobre a Receita Bruta – CPRB.
Tese
É constitucional a inclusão do Imposto Sobre Circulação de Mercadorias e Serviços - ICMS na base de cálculo da Contribuição Previdenciária sobre a Receita Bruta - CPRB.
(STF, Pleno, RE n°1187264, Re. Min. Alexandre de Moraes, DJ 20/05/2021)

204. CONSTITUCIONAL E TRIBUTÁRIO. ISS. INCLUSÃO NA BASE DE CÁLCULO DA CONTRIBUIÇÃO PREVIDENCIÁRIA SOBRE A RECEITA BRUTA. POSSIBILIDADE. DESPROVIMENTO DO RECURSO EXTRAORDINÁRIO. 1. A

Por seu turno, o Superior Tribunal de Justiça julgou o Tema 940, firmando o posicionamento de que os valores de ICMS não compõem a base de cálculo da contribuição previdenciária sobre a receita bruta, instituída pela Medida Provisória nº 540/2011, convertida na Lei 12.546/2011.[205] No entanto, esta Tese foi superada, em face da posição do STF, admitindo-se, pois, a inclusão do ICMS no cálculo desta exação.[206]

Emenda Constitucional 42/2003 inaugurando nova ordem previdenciária, ao inserir o parágrafo 13 ao artigo 195 da Constituição da República, permitiu a instituição de contribuição previdenciária substitutiva daquela incidente sobre a folha de salários e pagamentos. 2. Diante da autorização constitucional, foi editada a Lei 12.546/2011 (objeto de conversão da Medida Provisória 540/2011), instituindo contribuição substitutiva (CPRB), com o escopo de desonerar a folha de salários/pagamentos e reduzir a carga tributária. Quando de sua instituição, era obrigatória às empresas listadas nos artigos 7º e 8º da Lei 12.546/2011; todavia, após alterações promovidas pela Lei 13.161/2015, o novo regime passou a ser facultativo. 3. As empresas listadas nos artigos 7º e 8º da Lei 12.546/2011 têm a faculdade de aderir ao novo sistema, caso concluam que a sistemática da CPRB é, no seu contexto, mais benéfica do que a contribuição sobre a folha de pagamentos. 4. Impossibilidade da empresa optar pelo novo regime de contribuição por livre vontade e, ao mesmo tempo, se beneficiar de regras que não lhe sejam aplicáveis. 5. Impossibilidade de a empresa aderir ao novo regime, abatendo do cálculo da CPRB o ISS sobre ela incidente, pois ampliaria demasiadamente o benefício fiscal, pautado em amplo debate de políticas públicas tributárias, em grave violação ao artigo 155, § 6º, da CF/1988, que determina a edição de lei específica para tratar sobre redução de base de cálculo de tributo. 6. Recurso Extraordinário a que se nega provimento. Tema 1.135, fixada a seguinte tese de repercussão geral: "É constitucional a inclusão do Imposto Sobre Serviços de Qualquer Natureza -ISS na base de cálculo da Contribuição Previdenciária sobre a Receita Bruta – CPRB».
Tema
1135 - Inclusão do Imposto sobre Serviços de Qualquer Natureza (ISSQN) na base de cálculo da Contribuição Previdenciária sobre a Receita Bruta (CPRB).
Tese
É constitucional a inclusão do Imposto Sobre Serviços de Qualquer Natureza -ISS na base de cálculo da Contribuição Previdenciária sobre a Receita Bruta – CPRB.
(STF, Pleno, RE nº 1285845, Rel. Min. Alexandre de Moraes, DJ 08/07/2021

205. STJ, 1ª Seção, RESP nº 1.624,297, Rel. Min. Regina Helena Costa, DJe 26/04/2019.

206. PROCESSUAL CIVIL E TRIBUTÁRIO. REVISÃO DA TESE FIRMADA NO TEMA 994/STJ. RECURSO ESPECIAL REPETITIVO. CÓDIGO DE PROCESSO CIVIL DE 2015. APLICABILIDADE. CONTRIBUIÇÃO PREVIDENCIÁRIA SOBRE A RECEITA BRUTA - CPRB. LEI N. 12.546/2011. INCLUSÃO DO ICMS NA BASE DE CÁLCULO. RETORNO DOS AUTOS PARA RETRATAÇÃO. ART. 1.040, II, DO CPC/2015. ENTENDIMENTO CONTRÁRIO FIXADO PELO SUPREMO TRIBUNAL FEDERAL EM SEDE DE REPERCUSSÃO GERAL (TEMA 1.048/STF). RESSALVA DE POSICIONAMENTO PESSOAL QUANTO À

Em sede julgamento de Recurso Repetitivo, o STJ recentemente firmou posicionamento acerca da irretratabilidade da opção pela tributação pela receita bruta, entendendo que se aplica ao contribuinte, e não ao Fisco.[207]

6. CONTRIBUIÇÕES DEVIDAS PELOS CLUBES DE FUTEBOL

6.1 Inconstitucionalidades

A Lei nº 9.528, de 10 de dezembro de 1997, acrescentou o § 6º ao art. 22 da Lei nº 8.212/91, estabelecendo o seguinte:

DESNECESSIDADE DA ADEQUAÇÃO. EFEITO CONSTITUTIVO SUFICIENTE DO PRECEDENTE VINCULANTE.
I - Consoante o decidido pelo Plenário desta Corte na sessão realizada em 09.03.2016, o regime recursal será determinado pela data da publicação do provimento jurisdicional impugnado. Aplica-se, no caso, o Código de Processo Civil de 2015.
II - Em juízo de retratação, provocado por emissão de entendimento vinculante adverso do Supremo Tribunal Federal no Tema 1.048/STF (RE 1.187.264/SP RG), impõe-se a alteração da tese repetitiva fixada no Tema 994/STJ, que passa a vigorar com a seguinte redação: «É constitucional a inclusão do Imposto Sobre Circulação de Mercadorias e Serviços - ICMS na base de cálculo da Contribuição Previdenciária sobre a Receita Bruta - CPRB».
III - Superado o entendimento encartado em tese repetitiva por ulterior posicionamento vinculante contrário do Supremo Tribunal Federal, impõe-se o ajuste do seu enunciado - e não o seu mero cancelamento -, porquanto, embora de duvidosa utilidade prática sob a ótica do direito material envolvido, a ausência de precedente qualificado deste Superior Tribunal obstaria a negativa de seguimento, na origem, aos recursos especais interpostos (art. 1.030, I, b, do CPC/2015), impactando, desfavoravelmente, a gestão do acervo recursal das Cortes ordinárias.
IV - Ressalva de posicionamento pessoal da Relatora quanto à prescindibilidade de novo pronunciamento desta Corte para retratação, com as formalidades do presente juízo de revisão, porquanto a repercussão geral detém efeito constitutivo suficiente para, por si só, afastar tese contrária firmada sob a sistemática repetitiva.
V - Recurso especial do particular desprovido.
(STJ, 1ª SEÇÃO, REsp 1638772, Rel. Min. Regina Helena Costa, DJ 27/04/2022).

207. TEMA REPETITIVO N° 1184
"(i) a regra da irretratabilidade da opção pela Contribuição Previdenciária sobre Receita Bruta (CPRB) prevista no § 13 do art. 9º da Lei 12.546/2011 destina-se apenas ao beneficiário do regime, e não à Administração; e (ii) a revogação da escolha de tributação da contribuição previdenciária pelo sistema da CPRB, trazida pela Lei 13.670/2018, não feriu direitos do contribuinte, tendo em vista que foi respeitada a anterioridade nonagesimal».
(STJ, 1ª Seção, REsp n°1901638, Rel. Min. Herman Benjamin, DJ 28/06/2023)

> A contribuição empresarial da associação desportiva que mantém equipe de futebol profissional destinada à Seguridade Social, em substituição à prevista nos incisos I e II deste artigo, corresponde a cinco por cento da receita bruta, decorrente dos espetáculos desportivos de que participem em todo território nacional em qualquer modalidade desportiva, inclusive jogos internacionais, e de qualquer forma de patrocínio, licenciamento de uso de marcas e símbolos, publicidade, propaganda e de transmissão de espetáculos desportivos.

Considerando que a lei em epígrafe foi editada antes do advento da Emenda Constitucional nº. 42/2003 - que inseriu o § 13ao art. 195 da CF[208]- parte da doutrina defende a inconstitucionalidade desse regime substitutivo, alegando que não tem fundamento no art. 195, I, *a* do Texto Maior, pois a exação não incide sobre o salário e demais remunerações pagas em razão do trabalho prestado.[209] Assim, uma nova exação deveria ser instituída no exercício da competência residual prevista pelo art. 195, §4º da CF, o que não ocorreu. Parece-nos que essa exação de fato padeceria do vício da inconstitucionalidade, por burla ao art.195, I, *a* e §4º. da Carta Maior, sendo insuscetível de convalidação pela promulgação da Emenda Constitucional nº 42/2003.

Como a norma impositiva em pauta ainda não teve a sua inconstitucionalidade reconhecida pelo Pretório Excelso, estando, portanto, em vigor, impõe-se uma análise dos seus aspectos.

---

208. O §12 do art.195 previu a não cumulatividade para as contribuições para a seguridade social. O §13 estabeleceu a possibilidade de aplicação deste regime 'inclusive na hipótese de substituição gradual, total ou parcial, da contribuição incidente na forma do inciso I, a, pela incidente sobre a receita ou o faturamento". Desse modo, a norma constitucional de competência permitiu a adoção de regimes substitutivos, ou seja, substituir a incidência da contribuição sobre pagamentos efetuados a empregados e avulsos pela incidência apenas sobre a receita bruta.

209. Nesse sentido: Leandro Paulsen, op. cit., p.145; e Andrei Pitten Velloso, op. cit., p.128-129.

6.2 Estrutura do tributo

A materialidade do tributo é auferir receita bruta decorrente dos seguintes acontecimentos: espetáculos desportivos de que participem a associação desportiva; qualquer forma de patrocínio, licenciamento de uso de marcas e símbolos, publicidade, propaganda e de transmissão de espetáculos desportivos. Eventual receita, decorrente de outro evento, não está sujeita à incidência do tributo, por não se enquadrar no aspecto material da sua hipótese de incidência (ex: receita decorrente de aplicações financeiras).

O aspecto temporal não é o final do mês, como ocorre com os tributos supra examinados, e sim a data da realização do evento, do qual decorra a receita bruta.

Quanto ao aspecto espacial, a norma em pauta não apresenta novidades, vigendo para todo o território nacional, como as demais contribuições previdenciárias.

Já no aspecto quantitativo, identifica-se como base de cálculo a receita bruta, sujeita à alíquota de 5% (cinco por cento).

Embora a associação desportiva figure no aspecto subjetivo (pessoal), o § 7º do art.22 da Lei nº 8.212/91 previu a responsabilidade da entidade promotora do espetáculo de reter na fonte o valor do tributo, obrigando-a a efetuar o respectivo recolhimento no prazo de até dois dias úteis após a realização do evento. Para que isso ocorra, cabe à associação desportiva informar à entidade promotora do espetáculo desportivo todas as receitas auferidas no evento, discriminando-as detalhadamente (art.22, § 8º, Lei nº 8.212/91).

Em se tratando de receita decorrente de patrocínio, licenciamento de uso de marcas e símbolos, publicidade, propaganda e transmissão de espetáculos, quem realizar este tipo de pagamento detém a responsabilidade pela retenção e o recolhimento do tributo.

Importa salientar que a contribuição em estudo não substitui as exações reguladas pelo art. 22 da lei em exame, as quais serão adiante examinadas, e sim apenas os tributos regulados pelos incisos I e II do art. 21.

7. CONTRIBUIÇÕES DEVIDAS PELO SETOR RURAL

7.1 Contribuição da pessoa jurídica dedicada à produção rural

As agroindústrias não estão submetidas ao regime estabelecido pelo art. 22, I e II da Lei nº 8.212/91, e sim à incidência das contribuições sobre a receita bruta, a exemplo do que ocorre com as associações desportivas supracitadas.[210]

A Lei nº 8.870/94 substituiu as contribuições do art. 22, I e II por duas contribuições incidentes sobre o valor estimado da produção agrícola própria, considerado o seu preço de mercado: uma destinada à Seguridade Social, com a alíquota de 1,7%, com redação dada pela Lei nº 13.606/2018; e outra direcionada ao financiamento da complementação das prestações por acidente de trabalho, sujeita à alíquota de 0,1% (Lei nº 8.870/94, art. 25, I e II).

O produtor rural, além dessa exação, deve recolher a contribuição para o SENAR – Serviço Nacional de Aprendizagem Rural, com alíquota de 0,25%, sobre idêntica base de cálculo.

A Lei nº 13.606/2018, além de modificar a alíquota da contribuição, tornou o seu pagamento facultativo. Com efeito, foi inserido o parágrafo sétimo na Lei nº 8.870/94, prescrevendo que o produtor rural pode optar em recolher

---

210. A substituição não engloba as contribuições reguladas pelos incisos III e IV da Lei nº 8.212/91.

a contribuição incidente sobre a comercialização da produção rural ou sobre a folha de pagamento. Esta opção deve ser formulada por meio do pagamento da contribuição sobre a folha de salários do mês de janeiro ou relativa à primeira competência subsequente ao início da atividade rural, sendo irretratável para todo o ano-calendário.

Convém observar que o produtor rural pessoa jurídica somente pode manifestar a opção para recolher a contribuição sobre o faturamento para o custeio dos benefícios dos seus empregados. O sócio da empresa está, por conseguinte, excluído dessa sistemática.

O Supremo Tribunal Federal reconheceu a repercussão geral acerca da constitucionalidade do art. 25 da Lei nº 8.870/94, porém, até o momento, não julgou o mérito da demanda.

Vale recordar que o STF decidiu, ao julgar a ADIN nº 4735, que a exportação indireta de produtos por meio de empresas que atuam como intermediárias não está sujeita à incidência de contribuições sociais. Nesse sentido, dispõe o Tema 674: "A norma imunizante contida no inciso I do parágrafo 2º. do artigo 149 da Constituição da República alcança as receitas decorrentes de operações indiretas de exportação, caracterizadas por haver participação negocial de sociedade exportadora intermediária".

7.2 Contribuição do empregador rural pessoa física

A contribuição devida pelo empregador rural pessoa física é regulada pelo art. 25 da Lei nº 8.212/91, com redação dada pela Lei nº 13.606/2018, que prevê uma contribuição de 1,2% sobre a receita bruta proveniente da comercialização da sua produção, e outra de 0,1%, sobre a mesma base de cálculo, para o financiamento das prestações por acidente de trabalho (SAT/GILRAT).

Esse produtor rural deve, ainda, recolher a contribuição para o SENAR – Serviço Nacional de Aprendizagem Rural, com a alíquota de 0,2%, sobre a receita bruta.

A Lei nº 13.606/2018 possibilitou ao empregador rural pagar suas contribuições com base na folha de pagamento ou pela comercialização da produção rural. Logo, a contribuição em pauta tornou-se facultativa para o empregador. Em qualquer caso, a opção do empregador será apresentada no mês de janeiro de cada ano ou na primeira competência subsequente ao início da atividade rural, sendo irretratável para todo o ano.

O art. 30 da lei em estudo institui hipótese de substituição tributária da empresa adquirente, consumidora, consignatária ou cooperativa, atribuindo-lhe a obrigação de recolher a exação até o dia vinte do mês subsequente ao da operação de venda ou consignação da produção, independentemente de essas operações terem sido realizadas diretamente com o produtor ou com intermediário pessoa física.

Assim sendo, observa-se que o aspecto material da norma impositiva tributária em pauta é auferir receita bruta proveniente da comercialização da produção do empregador rural pessoa física.

O aspecto quantitativo é integrado pela base de cálculo (receita bruta), sujeita às alíquotas de 1,2% e 0,1%.

Quanto ao aspecto temporal, corresponde ao mês em que a operação de venda ou consignação for realizada.

O aspecto subjetivo indica como contribuinte o empregador rural pessoa física e o responsável tributário acima mencionado.

O Supremo Tribunal Federal pronunciou-se, por unanimidade de votos,[211] em controle difuso, no sentido da in-

---

211. STF, RE nº 363.852, Rel. Min. Marco Aurélio, DJ 03/02/2010.

constitucionalidade da Lei nº 8.540/92, que deu nova redação aos arts. 12, V e VII, art. 25, I e II, e 30, VI, da Lei nº 8.212/91, com a redação atualizada até a Lei nº 9.528/97, até que nova legislação, com base na Emenda Constitucional nº 20/98, viesse a instituir a contribuição. O fundamento principal da decisão é a criação de nova fonte de custeio por meio de lei ordinária, em vez da lei complementar.

O Tribunal reconheceu a constitucionalidade da contribuição do empregador rural pessoa física sobre o faturamento (Funrural). Aprovou, ainda, o Tema 669, que estabelece o seguinte: "é constitucional, formal e materialmente, a contribuição social do empregador rural pessoa física, instituída pela Lei 10.256/2001, incidente sobre a receita bruta obtida com a comercialização de sua produção".

Destarte, firmou-se o entendimento de que a contribuição do produtor rural pessoa física, que incidia sobre a comercialização da produção rural, era inconstitucional, sendo tal vício sanado com a edição da Lei nº 10.256/2001.[212]

---

212. O CARF tem se pronunciado sobre esta exação, reconhecendo uma hipótese de sub-rogação.

"Período de apuração: 01/11/2004 a 31/05/2007
CONTRIBUIÇÕES SOBRE A COMERCIALIZAÇÃO DA PRODUÇÃO HISTORICAMENTE DENOMINADA FUNRURAL. PRODUTOR RURAL PESSOA FÍSICA. LEI N.º 10.256/2001. CONSTITUCIONALIDADE. CONTRIBUIÇÃO AO SENAR. NORMA DE SUB-ROGAÇÃO. VALIDADE. SÚMULA CARF N.º 150. ADI 4.395 NÃO DEFINITIVAMENTE JULGADA.

A empresa adquirente, consumidora ou consignatária ou a cooperativa são obrigadas a descontar a contribuição social substitutiva do empregador rural pessoa física destinada à Seguridade Social, incidente sobre a receita bruta proveniente da comercialização da produção rural, que por fatores históricos se convencionou denominar de FUNRURAL, no prazo estabelecido pela legislação, contado da operação de venda ou consignação da produção, independentemente de essas operações terem sido realizadas diretamente com o produtor ou com intermediário pessoa física. Elas ficam sub-rogadas nas obrigações da pessoa física produtora rural, nos termos e nas condições estabelecidas pela legislação, obrigando-se ao desconto e, posterior, recolhimento, presumindo-se efetivado oportuna e regularmente pela empresa a isso obrigada, não lhe sendo lícito alegar omissão para se eximir do recolhimento, ficando diretamente responsável.

São constitucionais as contribuições previdenciárias incidentes sobre a comercialização da produção rural de empregadores rurais pessoas físicas, instituídas após a

7.3 Contribuição devida pelas agroindústrias

O art. 22-A da Lei nº 8.212/91 define a agroindústria como sendo o produtor rural pessoa jurídica cuja atividade seja a industrialização de produção própria ou de produção própria e adquirida de terceiros.

Caso a atividade exercida seja apenas a industrialização ou o agrocomércio, não poderá ser enquadrada nesse regime jurídico.[213] Este é o aspecto pessoal da hipótese da norma impositiva tributária relativa à exação em epígrafe.

Caso a pessoa jurídica também preste serviços a terceiros, continuará sujeita à incidência do tributo regulado pelo art. 22-A da Lei nº 8.212/91. Nesta situação, as

---

publicação da Lei n.º 10.256/2001, bem assim a atribuição de responsabilidade por sub-rogação a pessoa jurídica adquirente de tais produtos.
A atribuição de responsabilidade tributária por sub-rogação a adquirente pessoa jurídica da produção rural de empregadores rurais pessoas físicas e segurados especiais, no que diz respeito ao recolhimento da contribuição ao SENAR, encontra amparo no § 3.º do art. 3.º da Lei n.º 8.315/1991. O Decreto n.º 790/1993 não criou obrigação tributária não prevista em lei, mas prestou-se exclusivamente a regulamentar o § 3.º do art. 3.º da Lei n.º 8.315/1991.
A Resolução do Senado Federal n.º 15/2017 não se prestou a afastar exigência de contribuições previdenciárias incidentes sobre comercialização da produção rural de empregadores rurais pessoas físicas instituídas a partir da edição da Lei n.º 10.256/2001, tampouco extinguiu responsabilidade do adquirente pessoa jurídica de arrecadar e recolher tais contribuições por sub-rogação.
Súmula CARF n.º 150. A inconstitucionalidade declarada por meio do RE 363.852/MG não alcança os lançamentos de sub-rogação da pessoa jurídica nas obrigações do produtor rural pessoa física que tenham como fundamento a Lei 10.256/2001. (Vinculante, conforme Portaria ME nº 410, de 16/12/2020, DOU de 18/12/2020)
Enquanto não transitar em julgado a ADI 4.395, estando definitivamente julgada, inclusive em relação a eventual modulação de seus efeitos, e enquanto não for revogada ou orientada a não aplicação da Súmula CARF n.º 150, que é de aplicação obrigatória e vinculante aos Conselheiros do CARF, inclusive por ato ministerial no caso específico da referida súmula (Portaria ME nº 410, de 16/12/2020, DOU de 18/12/2020), não é possível adotar entendimento diverso do enunciado sumular.
CONTRIBUIÇÕES SOCIAIS. CONTRIBUIÇÃO. OUTRAS ENTIDADES E FUNDOS. GPS. CAMPO VAZIO. AUSÊNCIA DE RECOLHIMENTO.
A inexistência de valor preenchido no campo específico da GPS, destinado às contribuições para as outras entidades e fundos, comprova a ausência de recolhimento." (Ac nº 2202-009.582, Rel. Martin da Silva Gesto, j. em 01/02/2023)

213. Cf. Andrei Pitten Velloso, op. cit., p.135.

operações relacionadas à prestação de serviços não estarão sujeitas à incidência do tributo em estudo (art.22-A, § 2º, Lei nº 8.212/91).

A lei não regula expressamente a situação em que a agroindústria também desempenha atividade urbana. Nessa situação, parte da doutrina[214] defende que a empresa estará sujeita ao pagamento do tributo em epígrafe. No âmbito jurisprudencial, todavia, o entendimento é no sentido do recolhimento da contribuição sobre os pagamentos realizados a empregados e avulsos (art. 22, I, Lei nº 8.212/91).[215]

O regime em pauta é inaplicável às sociedades cooperativas e às agroindústrias de piscicultura, carcinicultura, suinocultura e avicultura, por força de expressa previsão legal (art. 22-A, § 4º, Lei nº 8.212/91).

No que se refere ao aspecto material da norma impositiva em estudo, consiste em auferir receita bruta decorrente da comercialização da produção da agroindústria. Logo, as demais receitas não estão sujeitas ao pagamento deste tributo (ex: aplicações financeiras). Convém observar, ainda, que a receita oriunda da prestação de serviços, caso esta atividade também seja executada pela agroindústria, não está submetida à incidência em tela, porém, a empresa deverá recolher, neste caso, a contribuição do art.22, I e II da Lei nº 8.212/91. Não há, portanto, intributabilidade da operação.[216]

---

214. Nesse sentido posiciona-se Andrei Pitten Velloso (Op. cit., p.136).

215. STJ, AgRg no Resp nº 697137, 1ª Turma, Rel. Min. Denise Arruda, DJ 19/06/2006.

216. O CARF tem se pronunciado sobre esta figura:
"ASSUNTO: CONTRIBUIÇÕES SOCIAIS PREVIDENCIÁRIAS
Período de apuração: 01/01/2012 a 30/12/2013
CONTRIBUIÇÃO PREVIDENCIÁRIA PATRONAL E RAT. SENAR. AGROINDÚSTRIA.
A contribuição previdenciária patronal e a contribuição destinada ao financiamento dos benefícios concedidos em razão do grau de incidência de incapacidade laborativa decorrente dos riscos ambientais do trabalho (RAT), bem como a contribuição devida ao SENAR pela agroindústria, incidem sobre o valor da receita bruta proveniente da comercialização de sua produção.

Por conseguinte, a base de cálculo do tributo é o valor da receita bruta auferida pela agroindústria. No cálculo da receita bruta, a base de cálculo da contribuição em pauta deverá ser excluída a receita decorrente das operações relativas a serviços prestados a terceiros. Assim, a incidência ocorre tão somente sobre a folha de pagamento dos empregados.

No âmbito doutrinário, defende-se a inconstitucionalidade da exação, sob o fundamento de que a competência conferida à União para instituir contribuição incidente sobre a receita bruta já estaria exaurida pela incidência da COFINS e da contribuição para o PIS, sendo indevida uma terceira incidência sobre a mesma base de cálculo.[217]

No que se refere às alíquotas do tributo, são três: a) 2,5% (dois vírgula cinto por cento), destinados à Seguridade Social; b) 0,1% (zero vírgula um por cento) para o financiamento do benefício previsto nos arts. 57 e 58 da Lei nº 8.213/91 (aposentadoria especial), e daqueles concedidos em razão do grau de incidência de incapacidade para o trabalho decorrente dos riscos ambientais da atividade; c)0,25% (zero vírgula vinte e cinco por cento) destinado ao Serviço Nacional de Aprendizagem Rural (SENAR),[218] conforme estabelece o art. 22-A, § 5º da Lei nº 8.212/91.

AGROINDÚSTRIA. ATIVIDADE ECONÔMICA AUTÔNOMA. REVENDA DE COMBUSTÍVEL E LUBRIFICANTE A FORNECEDORES. BASE DE CÁLCULO. A revenda de combustível e lubrificante a fornecedores, ainda que não lucrativa, caracteriza atividade econômica autônoma da agroindústria, devendo a receita dela decorrente compor a base de cálculo das contribuições previdenciárias e devidas ao SENAR. ALEGAÇÕES DE INCONSTITUCIONALIDADE. SÚMULA CARF N.º 2. Nos termos da Súmula CARF n.º 2, o CARF não é competente para se pronunciar sobre a inconstitucionalidade de lei tributária." (Ac nº 2202-009.576, Rel. Martin da Silva Gesto, j. em 01/02/2023).

217. Andrei Pitten Velloso dentre outros, defende este posicionamento (Op. cit., p.137).

218. A contribuição para o SENAR não é uma contribuição previdenciária, e sim uma contribuição para o sistema "S", recepcionada pela Constituição Federal em seu art. 240, estando atualmente regulada pela Lei nº 8.315/91.

Convém observar que a Lei nº 13.606/2018 não estabeleceu a facultatividade no recolhimento da contribuição em tela, como o fez em relação à exação devida pelo empregador rural pessoa física, anteriormente examinada.

Na figura em estudo não se faz presente o responsável tributário, como na contribuição devida pelo empregador pessoa física. Logo, a sujeição passiva existente é a direta, sendo o contribuinte, a agroindústria, a responsável pelo recolhimento do tributo.

8. CONTRIBUIÇÃO SOBRE A REMUNERAÇÃO DE SEGURADOS CONTRIBUINTES INDIVIDUAIS

Consoante analisado anteriormente, a contribuição incidente sobre os pagamentos realizados a autônomos, avulsos e administradores, foi declarada inconstitucional pelo Supremo Tribunal Federal. Posteriormente, foi regulada pela Lei Complementar nº 84/96,[219] estando atualmente alcançados pela contribuição do art. 22, I, da Lei nº 8.212/91 os pagamentos realizados aos trabalhadores avulsos.

O inciso III do art. 22, inserido pela Lei nº 9.876/99, regula a contribuição devida sobre o total das remunerações pagas ou creditadas, no decorrer do mês, aos segurados contribuintes individuais que prestem serviço à empresa.

Segundo o disposto no art. 12 da Lei nº 8.212/91 são qualificados como contribuintes individuais: a) a pessoa física, proprietária ou não, que explora atividade agropecuária, a qualquer título, em caráter permanente ou temporário, em área superior a 4 (quatro) módulos fiscais; ou, quando em área igual ou inferior a 4 (quatro) módulos fiscais ou atividade pesqueira, com auxílio de empregados ou por intermédio de prepostos; ou ainda nas hipóteses dos parágrafos 10 e 11 deste artigo; b)

219. Esta Lei Complementar foi revogada pela Lei nº 9.876/99.

a pessoa física, proprietária ou não, que explora atividade de extração mineral – garimpo, em caráter permanente ou temporário, diretamente ou por intermédio de prepostos, com ou sem o auxílio de empregados, utilizados a qualquer título, anda que de forma contínua; c) o ministro da confissão religiosa e o membro de instituto de vida consagrada, de congregação ou de ordem religiosa; d) o brasileiro civil que trabalha no exterior para organismo oficial internacional do qual o Brasil é membro efetivo, ainda que lá domiciliado e contratado, salvo quando coberto por regime próprio de previdência social; e) o titular de firma urbana ou rural, o diretor não empregado e o membro de conselho de administração de sociedade anônima, o sócio solidário, o sócio de indústria, o sócio gerente e o sócio cotista que recebem remuneração decorrente de seu trabalho em empresa urbana ou rural, e o associado eleito para cargo de direção em cooperativa, associação ou entidade de qualquer natureza ou finalidade, bem como o síndico administrador eleito para exercer atividade de direção condominial, desde que recebem remuneração; e) quem presta sérvio de natureza urbana ou rural, em caráter eventual, a uma ou mais empresas, sem relação de emprego (autônomo); f) a pessoa física que exerce, por conta própria, atividade econômica de natureza urbana, com fins lucrativos ou não; g) como trabalhador avulso, quem presta, a diversas empresas, sem vínculo empregatício, serviços de natureza urbana ou rural; h) o empregado de organismo oficial internacional ou estrangeiro em funcionamento no Brasil, salvo quando coberto por regime próprio de previdência social; i) o exercente de mandato eletivo federal, estadual ou municipal, desde que não vinculado a regime próprio de previdência social.

A estrutura da exação em tela é a mesma daquela prevista para a contribuição regulada pelo art. 22, I, ou seja, os aspectos da hipótese e do mandamento da norma impositiva são idênticos, diferenciando-se apenas o aspecto subjetivo, obviamente, e a impossibilidade de substituição da contribuição em tela pelas hipóteses reguladas nos arts. 22, §§ 6º e 11º – que versam sobre a contribuição das associações de futebol – art. 22-A, que trata da contribuição das agroindústrias, art. 25 e 25-A, as quais versam, respectivamente, sobre a contribuição do empregador rural pessoa física e da contribuição dos consórcios simplificados de produtores rurais. Por essa razão, todas as considerações acima traçadas sobre a exação do art. 22, I, valem também para a figura em estudo.

Vale notar, todavia, que não há a contribuição adicional para o SAT/GILRAT.

As instituições financeiras devem recolher uma contribuição adicional de 2,5% sobre o total da remuneração dos contribuintes individuais.[220]

Por fim, convém ressaltar que, além do pagamento da contribuição epigrafada, as empresas também atuam como responsáveis tributárias, estando obrigadas a efetuar a retenção e a recolher a contribuição devida pelos contribuintes individuais (Lei nº 10.666/2003, art. 4º)

Sendo assim, as empresas as quais os contribuintes individuais prestam serviços devem efetuar mensalmente o pagamento da contribuição sobre a folha de salários, bem como aquela em epígrafe.

9. CONTRIBUIÇÃO INCIDENTE SOBRE OS SERVIÇOS PRESTADOS POR INTERMÉDIO DE COOPERATIVAS DE TRABALHO

A contribuição devida pelas cooperativas[221] foi estabelecida, inicialmente, pela Lei Complementar nº 84/96, que

---

220. Enquadram-se como instituições financeiras os bancos comerciais, bancos de investimento, caixas econômicas, sociedades de crédito, financiamento e investimento, sociedade de crédito imobiliário, sociedades corretoras, distribuidoras de títulos e valores mobiliários, empresas de arrendamento mercantil, cooperativas de crédito, empresa de seguros privados e de capitalização, agentes autônomos de seguros privados e de crédito e entidades de previdência privada aberta e fechadas.

221. O conceito legal de cooperativa é definido pelo art.4º da Lei nº. 5.764/71,

previa uma alíquota de 15% sobre o total das importâncias pagas, distribuídas ou creditadas a seus cooperados, a título de remuneração ou retribuição pelos serviços que prestem a pessoas jurídicas por intermédio delas.[222]

Posteriormente, a Lei nº 9.876/99 inseriu o inciso IV no art. 22 da Lei nº 8.212/91, prevendo uma incidência de "quinze por cento sobre o valor bruto da nota fiscal ou fatura de prestação de serviços, relativamente a serviços que lhe são prestados por cooperados por intermédio de cooperativas de trabalho".

Da análise desse dispositivo legal, infere-se que significativas mudanças ocorreram na estrutura do tributo. Em primeiro lugar, a sujeição passiva foi alterada: o tomador do serviço assumiu a posição de sujeito passivo. Em segundo lugar, a base de cálculo também foi modificada, pois o valor constante na nota fiscal ou fatura não equivale ao total da remuneração paga pelas cooperativas aos cooperados. O valor exigido pelas cooperativas engloba outros custos, além do montante equivalente à mão de obra.

Sendo assim, a base de cálculo do tributo não se adequa às hipóteses previstas pelo art. 195, I, *a* da Constituição Federal. Por conseguinte, o tributo necessariamente deveria ter sido instituído por lei complementar, no exercício de competência impositiva residual, e não pela lei ordinária. É indubitável, por tais motivos, a inconstitucionalidade dessa figura.[223]

Na sistemática prevista, pode-se identificar a seguinte norma impositiva tributária: a) aspecto material – realizar

---

segundo o qual as cooperativas são "sociedades de pessoas, com forma e natureza jurídica próprias, de natureza civil, não sujeitas a falência, constituídas para prestar serviços aos associados".

222. Essa exação teve a sua constitucionalidade reconhecida pelo Supremo Tribunal Federal (RE nº 228.321, Rel. Min. Carlos Velloso, DJ 01/10/1998).

223. Defendem esse entendimento, dentre outros, Leandro Paulsen (Op. cit., p. 157-158) e Andrei Pitten Velloso (Op. cit., p.124).

despesas com a prestação de serviços por meio de cooperativas; b) aspecto pessoal – tomador de serviços; c)aspecto espacial – território nacional; d)aspecto quantitativo – integrado pela base de cálculo (valor bruto da nota fiscal ou fatura de prestação de serviço) e alíquota de 15%; d) aspecto temporal – o mês da prestação do serviço, devendo a exação ser recolhida até o dia 20 (vinte) do mês subsequente(art. 30, III, Lei nº 8.212/91).

Em recente pronunciamento, o STF reconheceu a inconstitucionalidade desta exação, em controle difuso:

> Contribuição sobre serviços prestados por cooperados por intermédio de cooperativas
>
> É inconstitucional a contribuição a cargo de empresa, destinada à seguridade social, no montante de "quinze por cento sobre o valor bruto da nota fiscal ou fatura de prestação de serviços, relativamente a serviços que lhe são prestados por cooperados por intermédio de cooperativas de trabalho", prevista no art. 22, IV, da Lei 8.212/1991, com a redação dada pela Lei 9.876/1999. Com base nessa orientação, o Plenário deu provimento a recurso extraordinário no qual se discutia a obrigação de recolhimento da exação. Na espécie, o tribunal "a quo" entendera ser possível a fixação da mencionada alíquota via lei ordinária. Decidira, ainda, pela validade da equiparação da cooperativa à empresa mercantil, que ampliara o rol dos sujeitos passivos das contribuições sociais. A Corte, de início, salientou que a Lei 9.876/1999 transferira a sujeição passiva da obrigação tributária para as empresas tomadoras dos serviços. Em seguida, assentou que, embora os sócios/usuários pudessem prestar seus serviços no âmbito dos respectivos locais de trabalho, com seus equipamentos e técnicas próprios, a prestação dos serviços não seria dos sócios/usuários, mas da sociedade cooperativa. Apontou que os terceiros interessados nesses serviços efetuariam os pagamentos diretamente à cooperativa, que se ocuparia, posteriormente, de repassar aos sócios/usuários as parcelas relativas às respectivas remunerações. O colegiado aduziu que a tributação de empresas, na forma delineada na Lei 9.876/1999, mediante desconsideração legal da personalidade jurídica das sociedades cooperativas, subverteria os conceitos de pessoa física e de pessoa jurídica estabelecidos pelo direito privado. Reconheceu que a norma teria extrapolado a base econômica delineada no art. 195, I, a, da CF, ou seja, a regra sobre a competência para se instituir contribuição

> sobre a folha de salários ou sobre outros rendimentos do trabalho. Reputou afrontado o princípio da capacidade contributiva (CF, art. 145, § 1º), porque os pagamentos efetuados por terceiros às cooperativas de trabalho, em face de serviços prestados por seus associados, não se confundiriam com os valores efetivamente pagos ou creditados aos cooperados. Sublinhou que o legislador ordinário, ao tributar o faturamento da cooperativa, descaracterizara a contribuição hipoteticamente incidente sobre os rendimentos do trabalho dos cooperados, com evidente "bis in idem". Assim, o Tribunal concluiu que contribuição destinada a financiar a seguridade social, que tivesse base econômica estranha àquelas indicadas no art. 195 da CF, somente poderia ser legitimamente instituída por lei complementar, nos termos do art. 195, § 4º, da CF.[224]

Sobre essa exação é devido, ainda, o adicional para o financiamento de aposentadoria especial dos cooperados, no montante de nove, sete ou cinco pontos percentuais, a cargo da empresa tomadora de serviço, incidente sobre idêntica base, conforme a atividade exercida pelo cooperado permita a concessão de aposentadoria especial após quinze, vinte ou vinte e cinco anos de contribuição, respectivamente, conforme previsto pela Lei nº 10.666/2003.

O Senado Federal expediu a Resolução nº 10, em 31/03/2016, expulsando do ordenamento jurídico o art. 22, IV, da Lei nº 8.212/91.

Em face da declaração de inconstitucionalidade e da publicação da mencionada Resolução desapareceu, do mundo jurídico, a contribuição devida pela contratação de cooperados pelas empresas.

Por conseguinte, os cooperados ficam obrigados a efetuar o recolhimento da contribuição devida, com a alíquota de 20%, consoante estabelece o art. 21 da Lei nº 8.212/91.

Do lado da cooperativa, com o desaparecimento da figura prevista pelo art. 22, IV da Lei nº 8.212/91, fica obrigada

224. STF, Pleno, RE 595838, Rel. Min. Dias Toffoli, DJ 08/10/2014.

a efetuar o recolhimento das contribuições devidas sobre a contratação de empregados, avulsos ou de contribuintes individuais, que não sejam seus associados, a exemplo do que ocorre com as demais empresas.

10. CONTRIBUIÇÃO DO EMPREGADOR DOMÉSTICO

A contribuição devida pelo empregador doméstico[225] é regulada pelo art. 24 da Lei nº 8.212/91, que previu a incidência de 12% sobre o salário-de-contribuição. Para o empregado doméstico, o salário-de-contribuição corresponde à "remuneração registrada na Carteira de Trabalho e Previdência Social" (art. 28, II, Lei nº 8.212/91).

Assim, tem-se a seguinte norma impositiva tributária: a) aspecto material – efetuar o pagamento de remuneração a empregado doméstico; b) aspecto temporal – o período mensal; c) aspecto espacial – coincide com o âmbito de vigência espacial da Lei nº 8.212/91 (território federal); d) aspecto subjetivo – o empregador é o contribuinte: e) aspecto quantitativo – a base de cálculo é o salário-de-contribuição, sobre o qual incide a alíquota de 12%.

A Lei Complementar nº 150, de 01 de junho de 2015, instituiu regime simplificado de pagamento de tributos pelo empregador doméstico, em cujo âmbito a alíquota da contribuição em pauta fica reduzida para 8%, *verbis*:

> Art. 31. É instituído o regime unificado de pagamento de tributos, de contribuições e dos demais encargos do empregador doméstico (Simples Doméstico), que deverá ser regulamentado no prazo de 120 (cento e vinte) dias a contar da data de entrada em vigor desta Lei.
>
> Art. 32. A inscrição do empregador e a entrada única de dados cadastrais e de informações trabalhistas, previdenciárias e

225. A Lei nº 8.212/91 considera o empregador doméstico "a pessoa ou família que admite a seu serviço, sem finalidade lucrativa, empregado doméstico" (art. 15, II).

fiscais no âmbito do Simples Doméstico dar-se-ão mediante registro em sistema eletrônico a ser disponibilizado em portal na internet, conforme regulamento.

Parágrafo único. A impossibilidade de utilização do sistema eletrônico será objeto de regulamento, a ser editado pelo Ministério da Fazenda e pelo agente operador do FGTS.

Art. 33. O Simples Doméstico será disciplinado por ato conjunto dos Ministros de Estado da Fazenda, da Previdência Social e do Trabalho e Emprego que disporá sobre a apuração, o recolhimento e a distribuição dos recursos recolhidos por meio do Simples Doméstico, observadas as disposições do art. 21 desta Lei.

§ 1º O ato conjunto a que se refere o caput deverá dispor também sobre o sistema eletrônico de registro das obrigações trabalhistas, previdenciárias e fiscais e sobre o cálculo e o recolhimento dos tributos e encargos trabalhistas vinculados ao Simples Doméstico.

§ 2º As informações prestadas no sistema eletrônico de que trata o § 1º:

I - têm caráter declaratório, constituindo instrumento hábil e suficiente para a exigência dos tributos e encargos trabalhistas delas resultantes e que não tenham sido recolhidos no prazo consignado para pagamento; e

II - deverão ser fornecidas até o vencimento do prazo para pagamento dos tributos e encargos trabalhistas devidos no Simples Doméstico em cada mês, relativamente aos fatos geradores ocorridos no mês anterior.

§ 3º O sistema eletrônico de que trata o § 1º deste artigo e o sistema de que trata o caput do art. 32 substituirão, na forma regulamentada pelo ato conjunto previsto no caput, a obrigatoriedade de entrega de todas as informações, formulários e declarações a que estão sujeitos os empregadores domésticos, inclusive os relativos ao recolhimento do FGTS.

Art. 34. O Simples Doméstico assegurará o recolhimento mensal, mediante documento único de arrecadação, dos seguintes valores:

I - 8% (oito por cento) a 11% (onze por cento) de contribuição previdenciária, a cargo do segurado empregado doméstico, nos termos do art. 20 da Lei nº 8.212, de 24 de julho de 1991;

II - 8% (oito por cento) de contribuição patronal previdenciária para a seguridade social, a cargo do empregador doméstico, nos termos do art. 24 da Lei nº 8.212, de 24 de julho de 1991;

> III - 0,8% (oito décimos por cento) de contribuição social para financiamento do seguro contra acidentes do trabalho;
>
> IV - 8% (oito por cento) de recolhimento para o FGTS;
>
> V - 3,2% (três inteiros e dois décimos por cento), na forma do art. 22 desta Lei; e
>
> VI - imposto sobre a renda retido na fonte de que trata o inciso I do art. 7º da Lei nº 7.713, de 22 de dezembro de 1988, se incidente.
>
> § 1º As contribuições, os depósitos e o imposto arrolados nos incisos I a VI incidem sobre a remuneração paga ou devida no mês anterior, a cada empregado, incluída na remuneração a gratificação de Natal a que se refere a Lei nº 4.090, de 13 de julho de 1962, e a Lei nº 4.749, de 12 de agosto de 1965.
>
> (...)

O empregador doméstico tem a obrigação de descontar a contribuição do salário pago ao empregado, efetuando o recolhimento simultaneamente com a sua parte, em documento único de arrecadação, junto com o FGTS e o IRPF.

11. CONTRIBUIÇÃO SOBRE A GRATIFICAÇÃO NATALINA (13º SALÁRIO)

As contribuições devidas pelas empresas e pelo segurado, incidentes sobre a gratificação natalina, devem ser apuradas separadamente, em relação às exações devidas no mês de dezembro.

Sob o ponto de vista patronal, essa sistemática de recolhimento não apresenta qualquer repercussão. Do outro lado, porém, para os empregados poderá repercutir na hipótese em que a soma das contribuições sobre o 13º salário e a contribuição devida mensalmente ultrapassar o limite máximo do salário de contribuição, base de cálculo de ambas. A incidência deste limite acaba na prática reduzindo o valor da exação.

O desconto da contribuição do segurado deve ser efetuado pelo empregador no momento do pagamento ou do crédito da parcela devida no mês de dezembro, que deve ser recolhida até o dia vinte deste mês.

12. RETENÇÕES NA FONTE

12.1 Retenção pela empresa contratante de prestação de serviço

O art. 31 da Lei nº 8.212/91 estabeleceu a seguinte hipótese de retenção da contribuição previdenciária devida pelas empresas prestadoras de serviço, inclusive em regime de trabalho temporário:

> Art.31. A empresa contratante de serviços executados mediante cessão de mão de obra, inclusive em regime de trabalho temporário, deverá reter 11% (onze por cento) do valor bruto da nota fiscal ou fatura de prestação de serviços e recolher, em nome da empresa cedente da mão de obra, a importância retida até o dia 20 (vinte)do mês subsequente ao da emissão da respectiva nota fiscal ou fatura, ou até o dia útil imediatamente anterior se não houver expediente bancário naquele dia, observado o disposto no § 5º do art. 33 desta Lei.

A análise desse dispositivo demonstra que a lei criou uma hipótese de retenção na fonte do tributo devido pelas empresas prestadoras de serviço, com o nítido propósito de que a exação seja efetivamente paga por essa categoria de sujeito passivo. Assim, parte-se da presunção de que a empresa tomadora de serviço é financeiramente mais idônea para realizar o pagamento devido pela empresa cedente de mão de obra. Destarte, ocorre uma antecipação do recolhimento da contribuição incidente sobre a folha de pagamentos da empresa prestadora de serviço (art.22, I, Lei nº 8.212/91).

A empresa cedente (contratada) deverá registrar em sua escrituração contábil o valor bruto dos serviços prestados à empresa tomadora, o valor da retenção e o valor líquido a receber.

A doutrina discute se esse dispositivo estabelece uma hipótese de substituição tributária ou se instituiu uma nova contribuição previdenciária.

A lei estabelece que o valor retido pela empresa tomadora de serviços deve ser destacado na nota fiscal ou fatura de prestação de serviços, podendo ser compensado por qualquer estabelecimento da empresa cedente da mão de obra, por ocasião do recolhimento das contribuições destinadas à Seguridade Social, devidas sobre a folha de pagamento dos seus segurados (art. 31, § 1º). Sendo assim, permitiu-se uma compensação não apenas com as contribuições previdenciárias previstas pelo art. 22, I, da Lei nº 8.212/91, pois outras contribuições para a seguridade social, incidentes sobre a folha de pagamentos, também poderão ser objeto de abatimento.[226]

Essa compensação deverá ser realizada na mesma competência na guia de recolhimento da contribuição sobre a folha de pagamentos (relacionada à competência da emissão da nota fiscal ou fatura). Considera-se como o mês da competência aquele em que tiver sido emitida a nota fiscal, a fatura ou o recibo de prestação de serviços. Caso o valor retido não tenha sido destacado na nota fiscal, a compensação restará impossibilitada, podendo a empresa cedente, contudo, postular a repetição do indébito.

Desse modo, a empresa tomadora tem a obrigação de efetuar a retenção de 11% do valor da nota fiscal ou fatura de prestação de serviços, devendo efetuar o recolhimento,

226. Não se enquadram nesta permissão as contribuições recolhidas para o sistema "S", previstas pelo art. 240 da Constituição Federal, pois não são destinadas à Seguridade Social.

em nome da empresa prestadora de serviço, até o dia 20 do mês posterior ao da emissão da nota fiscal.

Deve a empresa prestadora destacar na nota fiscal emitida, o valor da retenção que será efetuada pela tomadora.

Realizada a compensação, caso exista saldo credor em favor da empresa cedente de mão de obra, este valor deverá se objeto de restituição.

Como a compensação deverá ocorrer com as contribuições devidas sobre a folha de pagamentos, caso a empresa cedente não tenha empregados, não está obrigada a pagar a respectiva contribuição. Por conseguinte, a empresa tomadora de serviços estará dispensada de realizar a retenção em estudo.[227]

Nesse contexto, observa-se que a retenção em pauta configura, na verdade, uma antecipação do pagamento das contribuições previdenciárias devidas pela empresa prestadora.

Foi estabelecido, ainda, pela lei em epígrafe, um conceito sobre a cessão de mão de obra, que atrai a incidência da responsabilidade pela retenção em pauta. Entende-se para os fins legais como cessão de mão de obra "a colocação à disposição do contratante, em suas dependências ou nas de terceiros, de segurados que realizem serviços contínuos, relacionados ou não com a atividade-fim da empresa, quaisquer que sejam a natureza e a forma de contratação". (art. 31, § 3º). Vale dizer, a prestação de serviços pelos segurados da empresa cedente pode ocorrer no âmbito do estabelecimento da empresa tomadora ou em outra empresa, que mantenha com esta algum tipo de vínculo jurídico.

---

227. Cf. Sérgio Pinto Martins (*Direito da Seguridade Social*, 26ª. ed, São Paulo, Atlas, 2008, p.170); Wladimir Novaes Martinez, (*Comentários à Lei Básica da Previdência Social*, Tomo I, 7ª. ed., São Paulo, LTR, 2010,p.459).

O núcleo do conceito é a disponibilização de mão de obra, que abrange: a) supervisão e fiscalização pela empresa tomadora (contratante); b) condução dos trabalhos realizada pelo tomador; c) utilização de meios próprios do contratado; e) possibilidade de substituição do trabalhador.[228]

Para fornecer contornos mais precisos a essa definição, a Lei nº 8.212/91 (art.31, § 4º), em caráter exemplificativo, enumerou as atividades das empresas prestadoras que estão sujeitas a essa forma de retenção: limpeza, conservação e zeladoria, vigilância e segurança, empreitada de mão de obra.

Não se confunde essa figura com a empreitada,[229] assim conceituada pelo art. 109 da IN nº 2.110/2022 da RF:

> Art. 109. Empreitada é a execução, contratualmente estabelecida, de tarefa, de obra ou de serviço, por preço ajustado, com ou sem fornecimento de material ou uso de equipamentos, que podem ou não ser utilizados, realizada nas dependências da empresa contratante, nas de terceiros ou nas da empresa contratada, tendo como objeto um resultado pretendido, observado o disposto no inciso VI do *caput* do art. 114 quanto à empreitada realizada nas dependências da contratada.

Na empreitada, os funcionários contratados não necessitam ficar à disposição da empresa tomadora por tempo integral, pois há maior liberdade na atuação, eis que o serviço é contratado pelo resultado.

Segundo a regulamentação prevista pela IN nº 2.110/2022 da RFB (art. 112), há determinados tipos de serviços que obrigatoriamente exigirão a realização da retenção tão somente se ocorrer a cessão de mão de obra. São eles:

---

228. Cf. Wladimir Novaes Martinez, op. cit., p.460-461.

229. A empreitada de mão de obra apresenta diferenças em relação às demais atividades indicadas nesse dispositivo legal: a) os serviços podem se referir à atividade-meio ou fim; b) existe um prazo determinado para a realização dos serviços. (Cf. Wladimir Novaes Martinez, op. cit., p.463).

I - acabamento, que envolvam a conclusão, o preparo final ou a incorporação das últimas partes ou dos componentes de produtos, para o fim de colocá-los em condição de uso;

II - embalagem, relacionados com o preparo de produtos ou de mercadorias, com vistas à preservação ou à conservação de suas características para transporte ou guarda;

III - acondicionamento, que compreendam os serviços envolvidos no processo de colocação ordenada dos produtos para seu armazenamento ou transporte, a exemplo de sua colocação em paletes, empilhamento, amarração, dentre outros;

IV - cobrança, que objetivem o recebimento de quaisquer valores devidos à empresa contratante, ainda que executados periodicamente;

V - coleta ou reciclagem de lixo ou de resíduos, que envolvam a busca, o transporte, a separação, o tratamento ou a transformação de materiais inservíveis ou resultantes de processos produtivos, exceto quando realizados com a utilização de equipamentos tipo contêineres ou caçambas estacionárias;

VI - copa, que envolvam a preparação, o manuseio e a distribuição de todo ou de qualquer produto alimentício;

VII - hotelaria, que concorram para o atendimento ao hóspede em hotel, pousada, paciente em hospital, clínica ou em outros estabelecimentos do gênero;

VIII - corte ou ligação de serviços públicos, que tenham como objetivo a interrupção ou a conexão do fornecimento de água, de esgoto, de energia elétrica, de gás ou de telecomunicações;

IX - distribuição, que se constituam em entrega, em locais predeterminados, ainda que em via pública, de bebidas, de alimentos, de discos, de panfletos, de periódicos, de jornais, de revistas ou de amostras, dentre outros produtos, mesmo que distribuídos no mesmo período a vários contratantes;

X - treinamento e ensino, assim considerados como o conjunto de serviços envolvidos na transmissão de conhecimentos para a instrução ou para a capacitação de pessoas;

XI - entrega de contas e de documentos, que tenham como finalidade fazer chegar ao destinatário documentos diversos tais como, conta de água, conta de energia elétrica, conta de telefone, boleto de cobrança, cartão de crédito, mala direta ou similares;

XII - ligação de medidores, que tenham por objeto a instalação de equipamentos destinados a aferir o consumo ou a utilização de determinado produto ou serviço;

XIII - leitura de medidores, aqueles executados, periodicamente, para a coleta das informações aferidas por esses equipamentos, tais como a velocidade (radar), o consumo de água, de gás ou de energia elétrica;

XIV - manutenção de instalações, de máquinas ou de equipamentos, quando indispensáveis ao seu funcionamento regular e permanente e desde que mantida equipe à disposição da contratante;

XV - montagem, que envolvam a reunião sistemática, conforme disposição predeterminada em processo industrial ou artesanal, das peças de um dispositivo, de um mecanismo ou de qualquer objeto, de modo que possa funcionar ou atingir o fim a que se destina;

XVI - operação de máquinas, de equipamentos e de veículos relacionados com a sua movimentação ou funcionamento, que envolvam serviços do tipo manobra de veículo, operação de guindaste, painel eletroeletrônico, trator, colheitadeira, moenda, empilhadeira ou caminhão fora de estrada;

XVII - operação de pedágio ou de terminal de transporte, que envolvam a manutenção, a conservação, a limpeza ou o aparelhamento de terminal de passageiros terrestre, aéreo ou aquático, de rodovia, de via pública, e que envolvam serviços prestados diretamente aos usuários;

XVIII - operação de transporte de passageiros, inclusive nos casos de concessão ou de subconcessão, que envolvam o deslocamento de pessoas por meio terrestre, aquático ou aéreo;

XIX - portaria, recepção ou ascensorista, realizados com vistas ao ordenamento ou ao controle do trânsito de pessoas em locais de acesso público ou à distribuição de encomendas ou de documentos;

XX - recepção, triagem ou movimentação, relacionados ao recebimento, à contagem, à conferência, à seleção ou ao remanejamento de materiais;

XXI - promoção de vendas ou de eventos, que tenham por finalidade colocar em evidência as qualidades de produtos ou a realização de shows, de feiras, de convenções, de rodeios, de festas ou de jogos;

> XXII - secretaria e expediente, quando relacionados com o desempenho de rotinas administrativas;
>
> XXIII - saúde, quando prestados por empresas da área da saúde e direcionados ao atendimento de pacientes, com o objetivo de avaliar, recuperar, manter ou melhorar o estado físico, mental ou emocional desses pacientes; e
>
> XXIV - telefonia ou de telemarketing, que envolvam a operação de centrais ou de aparelhos telefônicos ou de teleatendimento.
>
> Art. 113. São exaustivas as relações dos serviços sujeitos à retenção constantes dos arts. 111 e 112.
>
> Parágrafo único. A pormenorização das tarefas compreendidas em cada um dos serviços constantes dos incisos do caput dos arts. 111 e 112 é exemplificativa.

De outro lado, há determinados tipos de serviços em relação aos quais a retenção necessariamente deverá ser efetuada, independentemente da modalidade de contratação (empreitada ou cessão), consoante art. 111 do mencionado ato normativo:

> Art. 111.
>
> (...)
>
> I - limpeza, conservação ou zeladoria, que se constituam em varrição, lavagem, enceramento ou em outros serviços destinados a manter a higiene, o asseio ou a conservação de praias, jardins, rodovias, monumentos, edificações, instalações, dependências, logradouros, vias públicas, pátios ou de áreas de uso comum;
>
> II - vigilância ou segurança, que tenham por finalidade a garantia da integridade física de pessoas ou a preservação de bens patrimoniais;
>
> III - construção civil, que envolvam a construção, a demolição, a reforma ou o acréscimo de edificações ou de qualquer benfeitoria agregada ao solo ou ao subsolo ou obras complementares que se integrem a esse conjunto, tais como a reparação de jardins ou de passeios, a colocação de grades ou de instrumentos de recreação, de urbanização ou de sinalização de rodovias ou de vias públicas;
>
> IV - natureza rural, que se constituam em desmatamento, lenhamento, aração ou gradeamento, capina, colocação ou reparação

> de cercas, irrigação, adubação, controle de pragas ou de ervas daninhas, plantio, colheita, lavagem, limpeza, manejo de animais, tosquia, inseminação, castração, marcação, ordenhamento e embalagem ou extração de produtos de origem animal ou vegetal;
>
> V - digitação, que compreendam a inserção de dados em meio informatizado por operação de teclados ou de similares; e
>
> VI - preparação de dados para processamento, executados com vistas a viabilizar ou a facilitar o processamento de informações, tais como o escaneamento manual ou a leitura ótica.
>
> Parágrafo único. Os serviços de vigilância ou segurança prestados por meio de monitoramento eletrônico não estão sujeitos à retenção.

A Instrução Normativa estabelece, ainda, a não aplicação da retenção em epigrafe para os seguintes serviços:

> Art. 114. Não se aplica a retenção de que trata o art. 110 à contratação de serviços:
>
> I - prestados por trabalhadores avulsos por intermédio de sindicato da categoria ou de Ogmo;
>
> II - mediante contrato de empreitada total, conforme definição estabelecida no inciso III do caput e no § 1º do art. 7º da Instrução Normativa RFB nº 2.021, de 16 de abril de 2021;
>
> III - de entidade beneficente de assistência social isenta de contribuições sociais;
>
> IV - prestados por contribuinte individual, ainda que equiparado a empresa;
>
> V - de transporte de cargas;
>
> VI - por meio de empreitada realizada nas dependências da contratada;
>
> VII - por órgãos públicos da administração direta, autarquias e fundações de direito público, quando contratantes de obra de construção civil, reforma ou acréscimo, por meio de empreitada total, observado o disposto no inciso II do § 2º do art. 135.
>
> (...)

O mencionado ato também prevê três hipóteses de *dispensa* de retenção em seu art. 115.

> Art. 115. A contratante fica dispensada de efetuar a retenção na forma do art. 110, e a contratada, de registrar o destaque da retenção na nota fiscal ou fatura, quando:
>
> I - o valor correspondente a 11% (onze por cento) dos serviços contidos em cada nota fiscal ou fatura de prestação de serviços for inferior ao limite mínimo estabelecido pela RFB para recolhimento em documento de arrecadação;
>
> II - a contratada não possuir empregados, o serviço for prestado pessoalmente pelo titular ou sócio e o seu faturamento do mês anterior for igual ou inferior a 2 (duas) vezes o limite máximo do salário de contribuição, cumulativamente; ou
>
> III - a contratação envolver somente serviços profissionais relativos ao exercício de profissão regulamentada por legislação federal, ou serviços de treinamento e ensino definidos no inciso X do caput do art. 112, desde que prestados pessoalmente pelos sócios, sem o concurso de empregados ou de outros contribuintes individuais.
>
> § 1º Para comprovação dos requisitos previstos no inciso II do caput, a contratada apresentará à tomadora declaração assinada por seu representante legal, sob as penas da lei, de que não possui empregados e o seu faturamento no mês anterior foi igual ou inferior a 2 (duas) vezes o limite máximo do salário de contribuição.
>
> § 2º Para comprovação dos requisitos previstos no inciso III do caput, a contratada apresentará à tomadora declaração assinada por seu representante legal, sob as penas da lei, de que o serviço foi prestado por sócio da empresa, no exercício de profissão regulamentada, ou, se for o caso, por profissional da área de treinamento e ensino, e sem o concurso de empregados ou contribuintes individuais, ou consignará o fato na nota fiscal ou fatura.
>
> § 3º Para fins do disposto no inciso III do *caput*, são serviços profissionais regulamentados pela legislação federal, dentre outros, os prestados por administradores, advogados, aeronautas, aeroviários, agenciadores de propaganda, agrônomos, arquitetos, arquivistas, assistentes sociais, atuários, auxiliares de laboratório, bibliotecários, biólogos, biomédicos, cirurgiões dentistas, contabilistas, economistas domésticos, economistas, enfermeiros, engenheiros, estatísticos, farmacêuticos, fisioterapeutas,

> terapeutas ocupacionais, fonoaudiólogos, geógrafos, geólogos, guias de turismo, jornalistas profissionais, leiloeiros rurais, leiloeiros, massagistas, médicos, meteorologistas, nutricionistas, psicólogos, publicitários, químicos, radialistas, secretárias, taquígrafos, técnicos de arquivos, técnicos em biblioteconomia, técnicos em radiologia e tecnólogos.

A Instrução Normativa em pauta disciplina, ainda, o modo de apuração da base de cálculo da figura em tela:

> Art. 116. Os valores de materiais ou de equipamentos, próprios ou de terceiros, exceto os equipamentos manuais, fornecidos pela contratada, discriminados no contrato e na nota fiscal ou fatura, não integram a base de cálculo da retenção de que trata o art. 110, desde que comprovados. (Regulamento da Previdência Social, de 1999, art. 219, § 7º)
>
> § 1º O valor do material fornecido ao contratante ou o de locação de equipamento de terceiros, utilizado na execução do serviço, não poderá ser superior ao valor de aquisição ou de locação para fins de apuração da base de cálculo da retenção.
>
> § 2º Para fins do disposto no § 1º, a contratada manterá em seu poder, para apresentar à fiscalização da RFB, os documentos fiscais de aquisição do material ou o contrato de locação de equipamentos, conforme o caso, relativos a material ou equipamentos cujos valores foram discriminados na nota fiscal ou fatura.
>
> § 3º Considera-se discriminação no contrato os valores nele consignados, relativos a material ou equipamentos, ou os previstos em planilha à parte, desde que esta seja parte integrante do contrato mediante cláusula nele expressa.
>
> Art. 117. Os valores de materiais ou de equipamentos, próprios ou de terceiros, exceto os equipamentos manuais, cujo fornecimento esteja previsto em contrato, sem a respectiva discriminação de valores, contanto que estejam discriminados na nota fiscal ou fatura, não integram a base de cálculo da retenção de que trata o art. 110, que deve corresponder no mínimo aos seguintes percentuais do valor bruto da nota fiscal ou fatura: (Regulamento da Previdência Social, de 1999, art. 219, § 8º)
>
> I - 30% (trinta por cento), para os serviços de transporte de passageiros, cujas despesas de combustível e de manutenção dos veículos corram por conta da contratada;

II - 65% (sessenta e cinco por cento), quando se referir a limpeza hospitalar;

III - 80% (oitenta por cento), quando se referir a serviço de limpeza não mencionado no inciso II; e

IV - 50% (cinquenta por cento), nos demais casos.

Parágrafo único. Aplica-se o disposto nos §§ 1º e 2º do art. 116 aos procedimentos estabelecidos neste artigo.

Art. 118. Se a utilização de equipamento for inerente à execução dos serviços contratados, desde que haja a discriminação de valores na nota fiscal ou fatura, adota-se o seguinte procedimento:

I - se houver o fornecimento de equipamento e os respectivos valores constarem em contrato, aplica-se o disposto no art. 116; ou

II - se não houver a discriminação de valores em contrato, independentemente da previsão contratual do fornecimento de equipamento, a base de cálculo da retenção de que trata o art. 110 corresponderá, no mínimo, aos seguintes percentuais do valor bruto da nota fiscal ou fatura:

a) 50% (cinquenta por cento), para a prestação de serviços em geral; e

b) no caso da prestação de serviços na área da construção civil:

1. 10% (dez por cento), para pavimentação asfáltica;

2. 15% (quinze por cento), para terraplenagem, aterro sanitário e dragagem;

3. 45% (quarenta e cinco por cento), para obras de arte (pontes ou viadutos);

4. 50% (cinquenta por cento), para drenagem; e

5. 35% (trinta e cinco por cento), para os demais serviços realizados com a utilização de equipamentos, exceto os manuais.

§ 1º. Se na mesma nota fiscal ou fatura constar a execução de mais de um dos serviços referidos nos incisos do *caput*, cujos valores não constem individualmente discriminados na nota fiscal ou fatura, deverá ser aplicado o percentual correspondente a cada tipo de serviço, conforme disposto em contrato, ou o percentual maior, se o contrato não permitir identificar o valor de cada serviço.

§ 2º. Aplica-se o disposto nos §§ 1º e 2º do art. 116 aos procedimentos estabelecidos neste artigo.

Art. 119. Se não existir previsão contratual de fornecimento de material ou de utilização de equipamento, e o uso desse equipamento não for inerente ao serviço, mesmo se houver a discriminação de valores na nota fiscal ou fatura, a base de cálculo da retenção de que trata o art. 110 será o valor bruto da nota fiscal ou fatura, exceto no caso do serviço de transporte de passageiros, para o qual a base de cálculo da retenção corresponderá, no mínimo, à prevista no inciso I do caput do art. 117.

Parágrafo único. Na falta de discriminação de valores na nota fiscal ou fatura, a base de cálculo da retenção será o seu valor bruto, ainda que exista previsão contratual para o fornecimento de material ou a utilização de equipamento, com ou sem discriminação de valores em contrato.

Art. 120. Poderão ser deduzidas da base de cálculo da retenção de que trata o art. 110 as parcelas que estiverem discriminadas na nota fiscal ou fatura, que correspondam:

I - ao custo da alimentação in natura fornecida pela contratada e, a partir de 11 de novembro de 2017, ao custo do auxílio alimentação, desde que este não seja pago em dinheiro; e

II - ao fornecimento de vale-transporte, ainda que pago em dinheiro, limitado ao valor equivalente ao necessário para o custeio do deslocamento em transporte coletivo de passageiros.

§ 1º. O valor relativo à taxa de administração ou de agenciamento não poderá ser deduzido da base de cálculo da retenção, inclusive no caso de serviços prestados por trabalhadores temporários, ainda que o valor seja discriminado no documento ou seja objeto de nota fiscal ou fatura específica.

§ 2º. A fiscalização da RFB poderá exigir da contratada a comprovação das deduções previstas neste artigo.

No intuito de facilitar a fiscalização por parte do Fisco da realização da compensação referenciada, a Lei nº 8.212/91 estabeleceu uma obrigação acessória para o cedente, que é a de elaborar folhas de pagamento distintas para cada contratante (art. 31, § 5º).

Por fim, convém observar que o percentual da retenção (11%) fica acrescido de quatro, três ou dois pontos percentuais, relativamente aos serviços prestados pelo segurado empregado, cuja atividade permita a concessão da aposentadoria especial após quinze, vinte ou vinte e cinco anos de contribuição (Lei nº 10.666/2003, art. 6º).

O Supremo Tribunal Federal se manifestou em favor da constitucionalidade dessa hipótese de retenção. A Corte inicialmente apreciou esse tema no Julgamento do RE nº 393.346, cuja ementa é a seguir transcrita:

> CONSTITUCIONAL. TRIBUTÁRIO. PREVIDENCIÁRIO. CONTRIBUIÇÃO SOCIAL: SEGURIDADE. *RETENÇÃO DE 11%* SOBRE O VALOR BRUTO DA NOTA FISCAL OU DA FATURA DE PRESTAÇÃO DE SERVIÇO. Lei 8.212/91, art. 31, com a redação da Lei 9.711/98. I. - Empresa contratante de serviços executados mediante cessão de mão de obra: obrigação de reter onze por cento do valor bruto da nota fiscal ou fatura de prestação de serviços e recolher a importância retida até o dia 2 do mês subsequente ao da emissão da respectiva nota fiscal ou fatura, em nome da empresa cedente da mão-de-obra: inocorrência de ofensa ao disposto no art. 150, § 7º, art. 150, IV, art. 195, § 4º, art. 154, I, e art. 148 da CF. II. - R.E. conhecido e improvido.[230]

Posteriormente, julgando a matéria na sistemática da Repercussão Geral, admitiu o exame desse tema:

> TRIBUTÁRIO. CONTRIBUIÇÃO PREVIDENCIÁRIA. EMPRESA PRESTADORA DE SERVIÇO. SUBSTITUIÇÃO TRIBUTÁRIA. LEGALIDADE DA *RETENÇÃO DE 11%* DO VALOR BRUTO DA NOTA FISCAL. ART. 31 DA LEI 8.212/1991, COM A REDAÇÃO DADA PELA LEI 9.711/1998. EXISTÊNCIA DE REPERCUSSÃO GERAL.
>
> *Tema*
>
> 302 - Natureza jurídica da *retenção de 11%* sobre os valores brutos dos contratos de prestação de serviço por empresas tomadoras de serviços.
>
> *Tese*
>
> É constitucional a substituição tributária prevista no art. 31 da Lei 8.212/1991, com redação dada pela Lei

230. STF, Pleno RE 393.346, Rel. Min. Carlos Velloso, DJ 01/04/2005.

9.711/98, que determinou a *retenção de 11%* do valor bruto da nota fiscal ou fatura de prestação de serviço.[231]

Em seguida, ao julgar o mérito deste Recurso Extraordinário, firmou o Tema 302 do seguinte modo:

DIREITO TRIBUTÁRIO. SUBSTITUIÇÃO TRIBUTÁRIA. *RETENÇÃO DE 11%* ART. 31 DA LEI 8.212/91, COM A REDAÇÃO DA LEI 9.711/98. CONSTITUCIONALIDADE. 1. Na substituição tributária, sempre teremos duas normas: a) a norma tributária impositiva, que estabelece a relação contributiva entre o contribuinte e o fisco; b) a norma de substituição tributária, que estabelece a relação de colaboração entre outra pessoa e o fisco, atribuindo-lhe o dever de recolher o tributo em lugar do contribuinte. 2. A validade do regime de substituição tributária depende da atenção a certos limites no que diz respeito a cada uma dessas relações jurídicas. Não se pode admitir que a substituição tributária resulte em transgressão às normas de competência tributária e ao princípio da capacidade contributiva, ofendendo os direitos do contribuinte, porquanto o contribuinte não é substituído no seu dever fundamental de pagar tributos. A par disso, há os limites à própria instituição do dever de colaboração que asseguram o terceiro substituto contra o arbítrio do legislador. A colaboração dele exigida deve guardar respeito aos princípios da razoabilidade e da proporcionalidade, não se lhe podendo impor deveres inviáveis, excessivamente onerosos, desnecessários ou ineficazes. 3. Não há qualquer impedimento a que o legislador se valha de presunções para viabilizar a substituição tributária, desde que não lhes atribua caráter absoluto. 4. A *retenção* e recolhimento *de 11%* sobre o valor da nota fiscal é feita por conta do montante devido, não descaracterizando a contribuição sobre a folha de salários na medida em que a antecipação é em seguida compensada pelo contribuinte com os valores por ele apurados como efetivamente devidos forte na base de cálculo real. Ademais, resta assegurada a restituição de eventuais recolhimentos feitos a maior. 5. Inexistência de extrapolação da base econômica do art. 195, I, a, da Constituição, e de violação ao princípio da capacidade contributiva e à vedação do confisco, estampados nos arts. 145, § 1º, e 150, IV, da Constituição. Prejudicados os argumentos relativos à necessidade de lei complementar, esgrimidos com base no art. 195, § 4º, com a remissão que faz ao art. 154, I,

231. STF, Pleno, RE 603.191, Rel. Min. Ellen Gracie, DJ 23/11/2010.

> da Constituição, porquanto não se trata de nova contribuição. 6. Recurso extraordinário a que se nega provimento. 7. Aos recursos sobrestados, que aguardavam a análise da matéria por este STF, aplica-se o art. 543-B, § 3º, do CPC.
>
> *Tema*
>
> 302 - Natureza jurídica da *retenção de 11%* sobre os valores brutos dos contratos de prestação de serviço por empresas tomadoras de serviços.[232]

Por seu turno, o Superior Tribunal de Justiça seguiu o mesmo posicionamento:

> PROCESSUAL CIVIL. RECURSO ESPECIAL REPRESENTATIVO DE CONTROVÉRSIA. ART. 543-C, DO CPC. TRIBUTÁRIO. CONTRIBUIÇÃO PREVIDENCIÁRIA.
>
> EMPRESAS PRESTADORAS DE SERVIÇO. RETENÇÃO DE 11% SOBRE FATURAS. ART. 31, DA LEI Nº 8.212/91, COM A REDAÇÃO DA LEI Nº 9.711/98. NOVA SISTEMÁTICA DE ARRECADAÇÃO MAIS COMPLEXA, SEM AFETAÇÃO DAS BASES LEGAIS DA ENTIDADE TRIBUTÁRIA MATERIAL DA EXAÇÃO.
>
> 1. A retenção de contribuição previdenciária determinada pela Lei 9.711/98 não configura nova exação e sim técnica arrecadatória via substituição tributária, sem que, com isso, resulte aumento da carga tributária.
>
> 2. A Lei nº 9.711/98, que alterou o artigo 31 da Lei nº 8.212/91, não criou nova contribuição sobre o faturamento, tampouco alterou a alíquota ou a base de cálculo da contribuição previdenciária sobre a folha de pagamento.
>
> 3. A determinação do mencionado artigo configura apenas uma nova sistemática de arrecadação da contribuição previdenciária, tornando as empresas tomadoras de serviço como responsáveis tributários pela forma de substituição tributária. Nesse sentido, o procedimento a ser adotado não viola qualquer disposição legal.
>
> 4. Precedentes: REsp 884.936/RJ, Rel. Ministro TEORI ALBINO ZAVASCKI, PRIMEIRA TURMA, julgado em 07/08/2008,

232. STF, Pleno, RE 603.191, Rel. Min. Ellen Gracie, DJ 05/09/2011.

DJe 20/08/2008; AgRg no Ag 906.813/SP, Rel. Ministro HERMAN BENJAMIN, SEGUNDA TURMA, julgado em 18/10/2007, DJe 23/10/2008; AgRg no Ag 965.911/SP, Rel. Ministro JOSÉ DELGADO, PRIMEIRA TURMA, julgado em 22/04/2008, DJe 21/05/2008; EDcl no REsp 806.226/RJ, Rel. MIN. CARLOS FERNANDO MATHIAS (JUIZ CONVOCADO DO TRF 1ª REGIÃO), SEGUNDA TURMA, julgado em 04/03/2008, DJe 26/03/2008; AgRg no Ag 795.758/SP, Rel. Ministro LUIZ FUX, PRIMEIRA TURMA, julgado em 19/06/2007, DJ 09/08/2007.

5. Recurso especial provido. Acórdão submetido ao regime do art. 543-C do CPC e da Resolução STJ 08/2008.[233]

Este julgamento resultou no Tema Repetitivo n° 80, que estabelece o seguinte:

A retenção de 11% (onze por cento) a título de contribuição previdenciária, na forma do art. 31 da Lei n. 8.212/91, não configura nova modalidade de tributo, mas tão somente alteração na sua forma de recolhimento, não havendo nenhuma ilegalidade nessa nova sistemática de arrecadação".

Convém observar que esta sistemática de retenção não se aplica às empresas optantes pelo Simples Nacional. Sobre o assunto, o Superior Tribunal de Justiça já pacificou o seu entendimento, no julgamento de Recurso Especial pela sistemática do art. 543-C do CPC.

TRIBUTÁRIO. CONTRIBUIÇÃO PREVIDENCIÁRIA. EMPRESAS PRESTADORAS DE SERVIÇO OPTANTES PELO SIMPLES. RETENÇÃO DE 11% SOBRE FATURAS. ILEGITIMIDADE DA EXIGÊNCIA. PRECEDENTE DA 1ª SEÇÃO (ERESP 511.001/MG).

1. A Lei 9.317/96 instituiu tratamento diferenciado às microempresas e empresas de pequeno porte, simplificando o cumprimento de suas obrigações administrativas, tributárias e previdenciárias mediante opção pelo SIMPLES - Sistema Integrado de Pagamento de Impostos e Contribuições. Por este regime de arrecadação, é efetuado um pagamento único relativo a vários tributos federais, cuja base de cálculo é o faturamento, sobre a qual incide uma alíquota única, ficando a empresa optante

233. STJ, 1ª Seção, RESP 1036375, Rel. Min. Luiz Fux, DJ 30/03/2009.

dispensada do pagamento das demais contribuições instituídas pela União (art. 3º, § 4º).

2. O sistema de arrecadação destinado aos optantes do SIMPLES não é compatível com o regime de substituição tributária imposto pelo art. 31 da Lei 8.212/91, que constitui "nova sistemática de recolhimento" daquela mesma contribuição destinada à Seguridade Social. A retenção, pelo tomador de serviços, de contribuição sobre o mesmo título e com a mesma finalidade, na forma imposta pelo art. 31 da Lei 8.212/91 e no percentual de 11%, implica supressão do benefício de pagamento unificado destinado às pequenas e microempresas.

3. Aplica-se, na espécie, o princípio da especialidade, visto que há incompatibilidade técnica entre a sistemática de arrecadação da contribuição previdenciária instituída pela Lei 9.711/98, que elegeu as empresas tomadoras de serviço como responsáveis tributários pela retenção de 11% sobre o valor bruto da nota fiscal, e o regime de unificação de tributos do SIMPLES, adotado pelas pequenas e microempresas (Lei 9.317/96).

4. Recurso especial desprovido. Acórdão sujeito ao regime do art. 543-C do CPC e da Resolução STJ 08/08.[234]

Este julgado importou na elaboração do Tema 171:

"A retenção da contribuição para a seguridade social pelo tomador do serviço não se aplica às empresas optantes pelo Simples".

11.2 Retenção da contribuição devida pelo segurado contribuinte individual

O art. 4º, *caput*, da Lei nº 10.666 de 08 de maio de 2003 estabelece hipótese de retenção da contribuição previdenciária devida pelo segurado contribuinte individual, prescrevendo o seguinte:

> Fica a empresa obrigada a arrecadar a contribuição do segurado contribuinte individual a seu serviço, descontando-a da respectiva

234. STJ, 1ª Seção, RESP 1112467, Rel. Min. Teori Albino Zavascki, DJ 21/08/2009.

remuneração, e a recolher o valor arrecadado juntamente com a contribuição a seu cargo até o dia 20 (vinte) do mês subsequente ao de competência a que se referir, ou até o dia útil imediatamente anterior se não houver expediente bancário naquele dia.

O aspecto material da hipótese de incidência da contribuição devida pelo contribuinte individual é auferir remuneração em uma ou mais empresas durante o mês (Lei nº 8.212/91, art. 28, II), consoante será adiante analisado de forma detalhada. Por conseguinte, a retenção deverá ser efetuada no momento do pagamento,[235] que é o instante em que o segurado aufere a remuneração, realizando, portanto, a hipótese de incidência da contribuição previdenciária por ele devida.

Remuneração deve ser compreendida como o conjunto dos pagamentos recebidos pelo segurado em razão da prestação de serviços, no qual não ingressam as verbas de natureza indenizatória.

O art. 4º da Lei nº 8.666/2003, revogada pela Lei nº 14.133/2021, apenas estabelece a obrigação para as empresas realizarem a retenção na fonte, contudo, não prevê a alíquota da contribuição. Obviamente que não se pode aplicar aqui a alíquota de 11% (onze por cento), pois esta alcança a retenção sobre os pagamentos realizados às empresas prestadoras de serviço, conforme acima analisado. Em verdade, a alíquota da contribuição previdenciária do contribuinte segurado individual é de 20% (vinte por cento), como prescreve a Lei nº 8.212/91. Logo, é este percentual que deverá ser aplicado na realização da retenção em estudo.

Caso o contribuinte individual preste serviços a alguma empresa, poderá deduzir da sua contribuição mensal o

---

235. O art. 28, I da Lei nº 8.212/91 estabelece que a contribuição do empregado, doméstico ou avulso, incide a partir do momento em que a remuneração é devida, sendo desnecessário, pois, o pagamento. Idêntica previsão, todavia, não existe para o segurado contribuinte individual.

percentual de 45% (quarenta e cinco por cento) da contribuição da empresa, efetivamente recolhida ou declarada, incidente sobre a remuneração que lhe tenha sido paga ou creditada, limitada a dedução a 9% (nove por cento) do salário-de-contribuição utilizado, como determina o art. 30, § 4º, da Lei nº 8.212/91.

Trata-se de uma faculdade do contribuinte. Caso ele a exercite, terá que fazer a prova perante o Fisco de que a empresa realizou o recolhimento ou que declarou tê-lo feito.

O contribuinte individual é obrigado a complementar, diretamente, a contribuição previdenciária até o valor mínimo mensal do salário-de-contribuição, quando as remunerações recebidas no mês, por serviços prestados a pessoas jurídicas, forem inferiores a este (art. 5º, Lei nº 10.666/2003). Sendo assim, o contribuinte deve pagar a diferença entre o que foi retido pela empresa e o seu salário-de-contribuição, utilizando a alíquota de 20% (vinte por cento).

Para evitar que o valor da sua contribuição ultrapasse o limite máximo do respectivo salário-de-contribuição, o contribuinte individual que prestar serviços a várias empresas ou exercer concomitantemente atividade como segurado empregado, quando o valor total das remunerações recebidas no mês alcançar o limite máximo do salário-de-contribuição, deverá comunicar esse fato à empresa na qual a sua remuneração, acrescida aos valores já recebidos, atingir o limite, bem como às empresas que se sucederem, devendo para isso juntar os comprovantes de pagamento ou declaração do próprio contribuinte de que já sofreu o desconto máximo permitido.[236]Na segunda hipótese, o contribuinte individual será responsável pelo recolhimento da contribuição sobre o valor por ele declarado.[237]

---

236. Cf. Sérgio Pinto Martins, op. cit., p.173-174.

237. Caso deixe de receber a remuneração, ou se esta for inferior à mencionada na declaração, o contribuinte individual deverá complementar a contribuição até o valor por ele declarado (Cf. Sérgio Pinto Martins, op.cit., p.174).

Na hipótese de o contribuinte individual exercer simultaneamente atividade como empregado (inclusive de doméstico ou trabalhador avulso), deverão ser observadas as seguintes regras para o cálculo da contribuição previdenciária: i) o salário-de-contribuição relativo à atividade de empregado será a remuneração por ele auferida nesta atividade, aplicando-se a alíquota prevista para a respectiva faixa salarial para apurar o valor da contribuição devida; ii) o salário-de-contribuição referente à atividade como contribuinte individual, caso as remunerações auferidas não ultrapassem o limite máximo do salário-de-contribuição, será a remuneração percebida como contribuinte individual. Se a soma das remunerações extrapolar o limite do salário-de-contribuição, este corresponderá à diferença entre a remuneração como segurado empregado e a auferida como contribuinte individual.[238]

Para fins de apuração do salário-de-contribuição do contribuinte individual, este deverá informar às empresas contratantes o recibo de pagamento de salário relativo à competência anterior, para demonstrar a qualidade de empregado, consignando ainda o valor sobre o qual foi descontada a contribuição, ou declarar que a contribuição recolhida nesta atividade atingiu o limite máximo, identificando a respectiva empresa ou empregador que a tiver retido. Caso o serviço seja prestado a pessoas físicas, a outro contribuinte individual ou a produtor rural pessoa física, a missão diplomática ou repartição consular de carreira estrangeira, deverá o contribuinte individual recolher a respectiva contribuição individual.[239]

Tais comunicações visam a evitar a realização de mais de uma retenção ou o recolhimento da contribuição previdenciária em valor superior ao teto máximo do salário-de-contribuição.

238. Cf. Sérgio Pinto Martins, op. cit., p.174.

239. Cf. Sérgio Pinto Martins, op. cit., p.175.

IV - CONTRIBUIÇÕES PREVIDENCIÁRIAS DEVIDAS PELOS EMPREGADOS

1. FUNDAMENTO CONSTITUCIONAL

A norma de competência para a instituição das contribuições previdenciárias devidas pelos trabalhadores é veiculada pelo art. 195, II, da Constituição Federal, segundo a qual a Seguridade Social será financiada por meio de contribuições sociais, c "do trabalhador e dos demais segurados da previdência social, podendo ser adotadas alíquotas progressivas de acordo com o valor do salário de contribuição, não incidindo contribuição sobre aposentadoria e pensão concedidas pelo Regime Geral de Previdência Social".

A interpretação desse dispositivo constitucional conduz-nos a algumas conclusões. Em primeiro lugar, ao contrário do que ocorreu quando conferiu competência para a criação das contribuições previdenciárias das empresas, o constituinte desta feita não indicou a base de cálculo possível do tributo, contentando-se em mencionar tão somente a sua finalidade: financiar a Seguridade Social. Em segundo lugar, ao indicar o sujeito passivo possível do tributo, a Carta mencionou o gênero (trabalhador), ampliando, destarte, as possibilidades de exigência da exação pelas várias categorias de trabalhadores. Em terceiro lugar, criou-se uma hipótese de imunidade aplicável às contribuições em pauta: impossibilidade de incidência do tributo sobre aposentadoria e pensão concedidas pelo regime geral de previdência social.[240]

Vale observar, entretanto, que em relação à contribuição devida pelo produtor, o parceiro, o meeiro e o arrendatário rurais e o pescador artesanal, bem como os respectivos cônjuges, que exerçam suas atividades em regime de economia familiar, sem empregados permanentes, a Carta Magna indicou no § 8ºdo art. 195 a base de cálculo possível: o resultado da comercialização da produção. Trata-se, portanto, de uma exceção ao modelo constitucional previsto para as demais contribuições devidas pelos trabalhadores.

2. A BASE DE CÁLCULO DAS CONTRIBUIÇÕES DOS TRABALHADORES

Como a Constituição Federal não previu, via de regra, a base de cálculo das contribuições em estudo, coube ao legislador infraconstitucional a realização dessa tarefa. Ao fazê-lo, prescreveu no art. 20 da Lei nº 8.212/91 que "a contribuição do empregado, inclusive o doméstico, e a do trabalhador avulso é calculada mediante a aplicação da correspondente alíquota sobre o seu salário-de-contribuição mensal, de forma não cumulativa, observado o disposto no art. 28, de acordo com a seguinte tabela." Assim, a lei escolheu como base de cálculo o salário-de-contribuição, regulado pelo art. 28 desse diploma normativo.

O "salário-de-contribuição" é um conceito criado pela lei, que desempenha dupla função, como observa Wladimir

240. Convém observar que essa hipótese de imunidade não alcança as aposentadorias e pensões concedidas pelo regime de previdência do servidor público. Em sentido contrário, a própria Constituição estabelece a possibilidade de incidência deste tipo de exação no art. 40, §18, acrescentado pela Emenda Constitucional nº 41/2003.

Novaes Martinez: fiscal e protetiva.[241] Assim, de um lado serve como base de cálculo das contribuições previdenciárias devidas pelos trabalhadores e empresas. De outro, constitui o parâmetro para apurar o salário de benefício dos segurados.

A Lei nº 8.212/91, ao definir o salário-de-contribuição, criou quatro modalidades diferentes,[242] que variam de acordo com o tipo de segurado. Assim, para o empregado e trabalhador avulso, o salário-de-contribuição compreende, segundo o art.28, I, "a remuneração auferida em uma ou mais empresas, assim entendida a totalidade dos rendimentos pagos, devidos ou creditados a qualquer título, durante o mês, destinados a retribuir o trabalho, qualquer que seja a sua forma, inclusive as gorjetas, os ganhos habituais sob a forma de utilidades e os adiantamentos decorrentes de reajuste salarial, quer pelos serviços efetivamente prestados, quer pelo tempo à disposição do empregador ou tomador de serviços nos termos da lei ou do contrato ou, ainda, de convenção ou acordo coletivo de trabalho ou sentença normativa". A segunda categoria foi descrita para o empregado doméstico (art. 28, II), para o qual o salário-de-contribuição consiste na "remuneração registrada na Carteira de Trabalho e Previdência Social". Para o contribuinte individual é "a remuneração auferida em uma ou mais empresas ou pelo exercício de sua atividade por conta própria, durante o mês, observado o limite máximo" (art. 28, III) estabelecido pela própria lei. Por fim, o salário-de-contribuição do segurado facultativo é o valor por ele declarado, observando-se, também, o limite legal (art. 28, IV).

Algumas ilações podem ser extraídas da interpretação desses dispositivos legais. Basicamente, o salário-de-contribuição é o conjunto das prestações pecuniárias efetivamente

---

241. Op. cit., p.268.

242. É importante observar que o conceito de salário de contribuição não se esgota no art. 28 da Lei nº 8.212/91, pois outros diplomas normativos posteriores (ex: Lei nº 8.620/93 e 10.035/2000) incluíram outras parcelas no conceito.

devidas, creditadas ou recebidas, a qualquer título, pelos trabalhadores, em geral, excepcionando-se apenas o segurado facultativo. Esse conjunto é composto pelas parcelas salariais e outras importâncias habitualmente auferidas pelo trabalhador, as quais são incorporadas em sua remuneração.

A lei utilizou conceitos oriundos do Direito do Trabalho, os quais serão esclarecidos de forma mais pormenorizada à medida que as diferentes contribuições auferidas pelos trabalhadores forem analisadas, individualmente. É importante observar, no entanto, que o salário-de-contribuição não coincide com nenhum conceito trabalhista.

Analisando esse tema, Wladimir Novaes Martinez observa que o conceito de salário de contribuição é integrado pelos seguintes elementos: "a)a remuneração, como núcleo fundamental; b)ser a totalidade das importâncias; c) nada significar o título; d)a contraprestatividade e a ideia de ser pelo trabalho, e não para o trabalho; e)a consumação do pagamento; f) a integração no patrimônio do trabalhador; g)sua contabilização; h)a origem da retribuição; i)a destinação da contribuição; e, finalmente, j) a periodicidade".[243] A nosso ver, a periodicidade e a integração ao patrimônio do trabalhador representam o mesmo elemento, pois a incorporação da parcela remuneratória advém da repetição do pagamento. Além disso, a realização do pagamento não pode compor o conceito, pois a lei se contenta com a existência do direito de crédito, sem a necessidade de que este seja satisfeito. Quanto à origem, não tem relevância, pois o conceito de remuneração admite o auferimento de verbas de terceiros, estranhos à relação de emprego, como será adiante estudado. Ademais, se a verba auferida não se relacionar com a relação de trabalho, não poderá compor o conceito de remuneração. Já a destinação da contribuição, não tem nada a ver com a sua base de cálculo. É extrínseca

243. Op. cit., p.273.

à figura tributária. Por isso, pode-se afirmar que o conceito é composto apenas por dois elementos: a) remuneração; b) contabilização da verba. Logo, o salário-de-contribuição pode ser definido como a remuneração auferida ou devida ao trabalhador pelos serviços prestados.[244]

3. CONTRIBUIÇÃO DEVIDA PELOS EMPREGADOS

3.1 Aspecto material

O art. 20 da Lei nº 8.212/91 estabelece que "a contribuição do empregado, inclusive o doméstico, e a do trabalhador avulso é calculada mediante a aplicação da correspondente alíquota sobre o seu salário-de-contribuição mensal, de forma não cumulativa, observado o disposto no art. 28, de acordo com a seguinte tabela:[245]

Salário-de-contribuição	Alíquota em %
até um salário mínimo (R$1.412,00)	7,5
de R$ 1.412,01 até R$ 2.666,68	9,00
de R$2.666,69 até R$.4.000,03	12,00
de R$4.000,04 até 7.786,02	14,00

Dessarte, a lei não menciona expressamente a materialidade da hipótese de incidência do tributo, contentando-se em indicar a expressão quantitativa desta: a base de cálculo.

Com base na interpretação deste dispositivo legal, que indica a base de cálculo do tributo, vale reafirmar, pode-se

244. Excepciona-se deste conceito a situação do segurado facultativo, cujo salário de contribuição é o valor por ele declarado (art. 28, IV).

245. Valores vigentes a partir de janeiro de 2023.

inferir que o aspecto material da exação é a realização de alguma conduta relacionada à remuneração. Como a remuneração, numa primeira aproximação, pode ser entendida como um conjunto de prestações pecuniárias, há pelo menos duas possibilidades interpretativas para se identificar o comportamento que, adicionado ao complemento (remuneração), perfaz o aspecto material da norma impositiva desse tributo.

A primeira opção é entender que a materialidade é auferir, perceber remuneração. Nessa linha de interpretação, apenas com a realização do pagamento da remuneração o fato jurídico estaria configurado. Por conseguinte, poder-se-ia entender que a lei teria adotado o regime de caixa.

Outra possibilidade de interpretação é admitir que o legislador incorporou o regime de competência, razão pela qual o tributo seria devido com a simples existência do direto de crédito do empregado à remuneração, ou seja, a incidência seria sobre a remuneração "devida", e não sobre a adimplida efetivamente.

De fato, a Constituição Federal não menciona a materialidade do tributo em estudo, consoante afirmado anteriormente. Nesse sentido, o inciso I do art. 195 apenas indica quem deverá ser o sujeito passivo do tributo: o trabalhador e os demais segurados. Sobre a materialidade, contudo, nenhuma palavra foi dita pelo constituinte.

Conseguintemente, a materialidade da exação só poderá ser identificada com base no exame da lei instituidora do tributo (Lei nº 8.212/91), e não no plano constitucional.

Pois bem. Analisando-se o texto da lei epigrafada, verifica-se que o § 2º do art. 43 prescreveu que se considera ocorrido o fato jurídico tributário das contribuições sociais na data da prestação do serviço. Ademais, ao conceituar o salário-de-contribuição do empregado e do trabalhador avulso, a lei previdenciária estabeleceu que se trata da remuneração auferida em uma ou mais empresas, assim entendida a totalidade dos rendimentos pagos, devidos ou creditados a qualquer título.

Assim, a lei regulou expressamente o aspecto temporal da hipótese de incidência tributária, estabelecendo que basta a realização da prestação de serviço para que se considere ocorrido o fato jurídico tributário. Logo, ainda que o pagamento não tenha sido efetuado, mas a prestação de serviço tenha sido realizada, o fato jurídico tributário terá ocorrido. Por conseguinte, basta a existência do direito de crédito, decorrente da realização de uma prestação de serviço, para que o aspecto material se configure.

Reforçando esse entendimento, o § 3º do art. 43 prescreve que: "As contribuições sociais serão apuradas mês a mês, com referência ao período da prestação de serviços, mediante a aplicação de alíquotas, limites máximos do salário-de-contribuição e acréscimos legais moratórios vigentes relativamente a cada uma das competências abrangidas, devendo o recolhimento ser efetuado no mesmo prazo em que devam ser pagos os créditos encontrados em liquidação de sentença ou em acordo homologado, sendo que nesse último caso o recolhimento será feito em tantas parcelas quantas as previstas no acordo, nas mesmas datas em que sejam exigíveis e proporcionalmente a cada uma delas".

Por tais motivos, pode-se concluir que a lei adotou para as contribuições devidas pelos empregados o mesmo regime previsto para as contribuições devidas pelas empresas sobre a realização de pagamentos: o de competência. Sendo assim, pode-se afirmar que o aspecto material da hipótese de incidência da contribuição devida pelos trabalhadores é ser credor de remuneração. Basta que a remuneração seja "devida" para que a hipótese de incidência se realize no plano fático.

Identificado o comportamento, expresso por meio de um verbo, que integra o aspecto material da hipótese de incidência, faz-se mister entender o significado da expressão "remuneração", que funciona como complemento.

Inicialmente, cabe observar que se trata de um termo cunhado pelo Direito do Trabalho, e não pelo Direito Previdenciário. Este se apropria, em verdade, de um conceito de direito privado para estabelecer a incidência do tributo, como, aliás, faculta o art. 109 do Código Tributário Nacional. Por conseguinte, deve-se examinar no âmbito do direito laboral o sentido da expressão, numa tentativa de resolução do problema em pauta.

O art. 457 da Consolidação das Leis do Trabalho (CLT) estabelece o seguinte: "Compreendem-se na remuneração do empregado, para todos os efeitos legais, além do salário devido e pago diretamente pelo empregador, como contraprestação do serviço, as gorjetas que receber".

A previsão da legislação consolidada objetivou evitar que as gorjetas ingressassem no conceito de salário,[246] no entanto, deu margem a grandes discussões doutrinárias e jurisprudenciais. No presente estudo não se deseja enveredar pela análise deste rico debate.[247] Aqui será suficiente delimitar um sentido para o termo utilizado pela lei tributária, suficiente para a delimitação do aspecto material da hipótese de incidência tributária.

É importante observar, inicialmente, que a prestação de serviço faz nascer para o prestador o direito a uma contraprestação, que pode ter ou não o caráter pecuniário. Nesse caso, a causa da contraprestação será a realização da prestação laboral. Entretanto, no curso da realização da

246. Cf. Amauri Mascaro Nascimento, *Manual do Salário*, 2ª. ed., São Paulo, LTR, 1985, p.48.

247. Na doutrina juslaboral, formaram-se duas correntes para separar os conceitos de salário do de remuneração. Para a primeira, o critério distintivo é o da fonte: o pagamento realizado pelo empregador é o salário e o efetuado por terceiros constitui a remuneração. Já a segunda corrente, defende que a remuneração é o gênero, do qual o salário é a espécie (Cf. Amauri Mascaro Nascimento, op. cit., p.48-51)

prestação de serviços outras prestações pecuniárias poderão ser devidas por outros motivos. O conjunto das prestações financeiras auferidas pelo empregado pode ser denominado de "retribuição", que, dessa forma, é o gênero.[248]

No caso da existência da relação de emprego, a retribuição alcança, em primeiro lugar, o salário, que é a contraprestação devida em razão de o empregado ter prestado serviço ou colocado a sua força de trabalho à disposição do empregador. É nítido, portanto, o caráter sinalagmático da contraprestação salarial.

Em segundo lugar, a retribuição atinge outros pagamentos efetuados pelo empregador ou por terceiros ao empregado, em decorrência da realização da prestação de serviços, por exemplo, as gratificações. Esse conjunto de parcelas pode ser denominado de "remuneração".

Em terceiro lugar, há o grupo de pagamentos realizados em virtude dos danos sofridos ou riscos de danos aos quais estão expostos os empregados pela realização do trabalho em condições desfavoráveis ou pelas despesas realizadas para a realização do trabalho.[249]Tais verbas consistem em indenizações.

Qualquer pagamento realizado ao empregado poderá ser classificado em uma das três espécies de retribuição. Dentre elas, o salário é o núcleo, em torno do qual gravitam as demais. Devido aos seus caracteres de alimentariedade e de irredutibilidade, o salário exerce sobre as demais parcelas uma força de atração para consolidar as expectativas de subsistência do empregado, o que ocorre pela reiteração no tempo do pagamento, ou seja, pela sua repetição.[250] Em

---

248. Nesse sentido posicionam-se, dentre outros, Amauri Mascaro Nascimento (Op. cit., p. 52) e José Augusto Rodrigues Pinto (*Curso de Direito Individual do Trabalho*, 2ª. ed., São Paulo, LTR, 1995, p.266).

249. Cf. José Augusto Rodrigues Pinto, op. cit., p.267.

250. Cf. José Augusto Rodrigues Pinto, op. cit., p.273.

outros termos, a repetição de um determinado pagamento, originariamente não salarial, cria no empregado uma expectativa de subsistência que não pode ser frustrada. Esse fenômeno é denominado pela doutrina juslaboral de "força atrativa do salário".[251]

Por esse motivo, a habitualidade na realização do pagamento de determinada parcela tem o condão de modificar a sua natureza, incorporando-a à remuneração do empregado.[252]

Não é possível estabelecer um conceito objetivo de habitualidade, necessária à incorporação de determinada parcela à remuneração do empregado. Não se pode definir um período de tempo mínimo para que a repetição do pagamento configure a habitualidade.[253] Tudo será decidido no caso concreto.

O direito previdenciário tomou emprestado esse instituto do direito do trabalho na construção do conceito de remuneração, regulado pelo art. 28 da Lei nº8.212/91, para fins de incidência das contribuições previdenciárias.

Assim sendo, pode-se, então, definir a remuneração como o conjunto das prestações de caráter pecuniário auferida pelo empregado, que abrange o salário e todas as demais prestações financeiras percebidas de modo habitual.

---

251. Cf. José Augusto Rodrigues Pinto, *idem, ibidem.*

252. Sobre o a integração à remuneração de várias verbas trabalhistas, há uma série de súmulas do Tribunal Superior do Trabalho, como, por exemplo, as de números 24, 45, 63, 115 e 172.

253. Ao analisar a questão, observa Wladimir Novaes Martinez que "a habitualidade comparece como exigência dos costumes. Com o decurso do tempo o trabalhador conta com os rendimentos e o seu nível, e com isso acaba por estabelecer o seu degrau social. Por esse motivo, parcelas eventuais, como as gratificações não ajustadas, não devem integrar o salário de contribuição" (Op. cit., p.303).

Logo, toda parcela que se adequar a esse conceito irá integrar o salário-de-contribuição do empregado, estando sujeita à incidência da contribuição em estudo.

No caso do trabalhador avulso, não se pode empregar a noção de salário, porém, a habitualidade dos pagamentos auferidos também importará na incorporação da parcela à remuneração, e, portanto, ao salário-de-contribuição, neste caso por expressa determinação legal (Lei nº 8.212, art. 28, I). Logo, o conceito de remuneração é o mesmo utilizado para os empregados.

Sistematizando, pode-se concluir que o aspecto material da hipótese de incidência em estudo é ser credor de prestação pecuniária de caráter remuneratório.

3.2 Aspecto quantitativo

3.2.1 Base de cálculo

Consoante acima examinado, a base de cálculo da contribuição previdenciária devida pelo empregado e pelo trabalhador avulso é o conjunto das prestações pecuniárias remuneratórias, por força do disposto no art. 28, I, da Lei nº 8.212/91.

Considerando que não há uma coincidência entre o conceito de remuneração cunhado pelo direito do trabalho e a noção utilizada pela lei previdenciária para fins de definição da base de cálculo das contribuições dos empregados e trabalhadores avulsos, convém reafirmar, o legislador preocupou-se em delimitar, de forma objetiva, no parágrafo oitavo do art. 28, as parcelas que integram o salário-de-contribuição, incluindo as diárias. A Lei nº 13.467/2017 revogou este dispositivo.

Outras parcelas também poderão integrar o salário-de-contribuição, desde que, pagas com habitualidade, sejam incorporadas à remuneração do segurado, embora não estejam expressamente indicadas nesse dispositivo, que, dessa forma, apresenta uma enumeração meramente exemplificativa.

As diárias são pagamentos efetuados para ressarcir as despesas realizadas por determinadas classes de empregados com deslocamento, hospedagem e alimentação, os quais desenvolvem a prestação de serviço fora do estabelecimento empresarial. São despesas relacionadas às viagens dos empregados, tendo, em princípio, natureza indenizatória dos danos que suportaria o empregado, caso tivesse que arcar com as despesas referenciadas.

A lei trabalhista estabelecia uma presunção relativa de que as diárias que alcancem até 50% do salário têm verdadeira natureza de indenização, não sendo incorporadas à remuneração (CLT, art. 457, §2º). Eram as chamadas diárias próprias. Aquelas que ultrapassarem esse percentual teriam a natureza remuneratória (diárias impróprias).

Seguindo essa linha, a lei previdenciária incluiu no salário-de-contribuição as diárias que excedem o montante de cinquenta por cento da remuneração, e não do salário, considerando-as, portanto, como diárias impróprias, pelo seu valor total. Caso contrário, não irão compor o salário-de-contribuição (art. 28, § 9º, "h", Lei nº 8.212/91). Esta previsão foi alterada pela reforma trabalhista de 2017 (Lei nº 13.467/2017), que exclui do salário de contribuição as diárias para viagem, independentemente do valor.

Outra parcela incluída foi um benefício previdenciário, o salário-maternidade (art. 28, § 2º.), que, embora não integre o conceito de remuneração, foi inserido no âmbito do salário-de-contribuição.

De outro lado, a lei excluiu da base de cálculo do tributo várias prestações pecuniárias, a seguir analisadas de forma individual.

Os benefícios previdenciários não integram o salário--de-contribuição, inclusive aqueles que representam fonte de subsistência para o segurado, como, por exemplo, o auxílio-acidente e o auxílio-doença. O motivo da exclusão é que os benefícios previdenciários não são pagos pelo empregador, e sim pelo INSS, não integrando a remuneração do trabalhador, núcleo do conceito de salário contribuição. Caso haja previsão legal, como ocorre em relação ao salário-maternidade, outros benefícios também poderão ser incorporados ao salário-de-contribuição, exceto as aposentadorias e as pensões, em relação às quais a Constituição assegura a imunidade (CF, art. 195, II).

Tanto a ajuda de custo quanto o adicional mensal auferidos pelo aeronauta,[254] nos termos da Lei nº 5.929/73, também não estão sujeitos à incidência da contribuição previdenciária, pois apresentam natureza indenizatória. A ajuda de custo é um ressarcimento pelas despesas de mudança e instalação,[255] enquanto o adicional é pago em caráter provisório, tendo a sua integração à remuneração expressamente afastada pela lei epigrafada.

A parcela *in natura* recebida de acordo com os programas de alimentação aprovados pelo Ministério do Trabalho e da Previdência Social não tem natureza salarial, não integrando o salário-de-contribuição, como prevê o art. 3º da Lei nº 6.321/76, que regula a matéria. Nesse particular, portanto, a lei previdenciária ratificou o posicionamento da legislação especial. Convém observar, entretanto, que a parcela será afastada do âmbito do salário-de-contribuição tão somente se for adimplida nos termos estabelecidos

---

254. Aeronauta é o sujeito que trabalha dentro da aeronave (piloto, copiloto, comissário).

255. O §3º do art. 27 da Lei nº 5.929/73 define a ajuda de custo como uma parcela devida em caso de transferência permanente: "Para indenização de despesas de mudança e instalação na nova base, com o seu transporte, por conta da empresa, nele compreendidas a passagem e a translação da respectiva bagagem".

pela Lei nº 6.321/76. Caso contrário, as demais parcelas *in natura* integrarão o salário do trabalhador (CLT, art. 458), compondo também o salário-de- contribuição.

Tanto a importância auferida a título de férias indenizadas quanto o respectivo terço constitucional são afastadas da base de cálculo do tributo em apreço, por apresentarem natureza indenizatória. As férias indenizadas representam um pagamento efetuado pelo empregador ao empregado por não ter concedido a este as férias integrais dentro do período de fruição. O adicional de um terço, pago juntamente com as férias, como parcela acessória, seguirá a sorte do principal. Todavia, caso o terço seja pago no curso da relação de emprego, por ocasião do gozo das férias, não terão a natureza indenizatória, estando sujeito, pois, à incidência da contribuição previdenciária.

Outra parcela afastada do conceito de salário-de-contribuição é a multa de 40% sobre os depósitos do FGTS, devida por ocasião da despedida sem justa causa, prevista pelo art.10, I, do ADCT. Outras parcelas indenizatórias trabalhistas também seguiram esse critério legal, ou seja, foram afastadas do conceito de salário-de-contribuição: a indenização por tempo de serviço, anterior a 05/10/1988 para os empregados não optantes pelo regime do FGTS; a indenização pelo término do contrato de safrista, prevista pelo art. 14 da Lei nº 5.889/73; a indenização devida em razão da resilição antecipada do contrato de trabalho por tempo determinado (CTL, art. 479) e a indenização adicional (art. 9º, Lei nº 7.238/84).

A importância recebida a título de incentivo à demissão consiste em valor pago ao empregado como indenização pelo término do contrato de trabalho. Por isso, também não integra o conceito de salário-de-contribuição.

Já o abono de férias consiste em verba prevista pelos arts. 143 e 144 da CLT, decorrente da conversão de 1/3 do período de férias em pecúnia. Trata-se de um ressarcimento pela ausência de gozo integral das férias, não fazendo parte do conceito de remuneração, por expressa previsão da legislação celetista.

Como a habitualidade é um elemento do conceito de salário-de-contribuição, consoante acima examinado, todos os ganhos não habituais estão afastados desse conceito.

Quanto aos abonos, são uma antecipação salarial, um adiantamento. No entanto, se a lei trabalhista que regular o abono afastar a sua natureza salarial, também não estará sujeito à incidência da contribuição previdenciária.

A licença-prêmio é oriunda do Direito Administrativo, correspondendo a um período de afastamento do servidor, com o pagamento da remuneração correspondente, em virtude da prestação de serviços, por ele desenvolvida em determinado período de tempo. Algumas empresas também concedem esse benefício aos seus empregados. Quando indenizada, transmuda a sua natureza, sendo afastada da incidência da contribuição em estudo.

No que se refere ao vale-transporte, a Lei nº 7.418/85 estabelece, em seu art. 2º, "a" que este benefício não tem natureza salarial. Por conseguinte, está fora do conceito de salário-de-contribuição, ainda que seja pago em dinheiro.

A ajuda de custo é uma parcela única paga ao empregado para cobrir as despesas da sua transferência para outra localidade, na forma prevista no art. 470 da CLT. Não se trata de um pagamento efetuado em razão do trabalho prestado, tendo, portanto, caráter indenizatório, e não salarial. Todavia, se for paga com habitualidade, será incorporada à remuneração do trabalhador, ficando sujeita, portanto, à incidência da contribuição previdenciária.

Já a bolsa de complementação educacional de estagiário, se obedecidos os requisitos da Lei nº 11.788/2008, não apresentará natureza salarial. Caso contrário, será configurado o vínculo empregatício entre o suposto estagiário e a empresa, razão pela qual a bolsa terá a natureza salarial, estando sujeita à incidência da contribuição previdenciária.

A participação nos lucros foi prevista inicialmente na Constituição de 1946. A Carta de 1967 assegurava no art. 158, V a "integração do trabalhador na vida e no desenvolvimento da empresa, com participação nos lucros e, excepcionalmente, na gestão, nos casos e condições que forem estabelecidos". Na Constituição de 1969 a matéria era regulada pelo art. 165, V, ao garantir a "integração na vida e no desenvolvimento da empresa, com participação nos lucros e, excepcionalmente, na gestão, segundo for estabelecido em lei". A atual Constituição prevê, em seu art.7º, como um dos direitos dos trabalhadores, a "participação nos lucros ou resultados, desvinculada da remuneração, e, excepcionalmente, na gestão da empresa, conforme definido em lei". O objetivo da norma constitucional foi retirar o caráter salarial da verba, eximindo de qualquer encargo o empregador que efetuasse esse tipo de pagamento aos seus empregados.

Ora, se o próprio texto constitucional declara que a parcela em estudo não compõe a remuneração do empregado, conseguintemente não poderá integrar o salário- de--contribuição, posição ratificada pela Lei nº 8.212/91.

O abono do PIS-PASEP é um valor pago pelo respectivo sistema, regulado pelas Leis Complementares nos. 07 e 08 de 1970, sendo devido à razão de um salário mínimo para os empregados que percebem até dois salários-mínimos mensais durante o ano e estejam devidamente cadastrados pelo sistema. Não se trata, pois, de salário pago pelo empregado, não compondo o salário-de-contribuição.

Para os empregados contratados para trabalhar em localidade distante de sua residência, em canteiro de obras ou local que exija deslocamento e estada, o empregador pode efetuar pagamentos a título de transporte, alimentação e habitação para compensar os gastos efetuados para a realização desse tipo de serviço. Assim sendo, essas parcelas não representam uma contraprestação, pois não são pagas pelo trabalho, e sim em razão do tipo de trabalho. Por conseguinte, a natureza é indenizatória, e não salarial.

Outra parcela afastada pela lei da incidência da contribuição previdenciária é a importância paga a título de complementação do valor do auxílio-doença. No entanto, a lei exige a observância de um requisito, a fim de garantir a isonomia: que o direito seja extensivo para todos os empregados da empresa.

O art. 36 da Lei nº 4.870/65 obrigava os produtores de cana, açúcar, e álcool a aplicar em benefício dos trabalhadores industriais e agrícolas das usinas, destilarias e fornecedores determinadas percentagens em serviços de assistência médica, hospitalar, farmacêutica e social; entretanto, referido dispositivo foi revogado pela Lei nº 12.865/2013.

Outra parcela retirada do salário-de-contribuição é o valor pago pela pessoa jurídica relativo a programa de previdência complementar, aberto ou fechado, desde que disponibilizado à totalidade dos empregados e dirigentes da empresa. Não se justificaria o pagamento de contribuição previdenciária nessa hipótese, pois o empregador se sub-roga no dever do Estado de ministrar a Seguridade Social, não devendo sofrer outro ônus pelo oferecimento dessa liberalidade.

O valor pago pela empresa com o oferecimento de serviço médico ou odontológico ou por ela conveniado, inclusive o reembolso de despesas com medicamentos, óculos, aparelhos ortopédicos, despesas médico-hospitalares e outras similares, desde que tais benefícios alcancem todos os empregados e dirigentes; também não estão sujeitos à incidência da contribuição previdenciária, pois não detêm caráter salarial.

Os valores relativos às ferramentas de trabalho, que compreendem vestuários, equipamentos e outros acessórios fornecidos pelo empregador, destinam-se a servir de instrumento pelo trabalho realizado, e não uma contraprestação salarial. Por isso, são afastados da incidência da contribuição previdenciária.

O ressarcimento de despesas pelo uso de veículo do empregado e o reembolso creche pago em conformidade com a legislação trabalhista, observado o limite máximo de seis anos de idade, são parcelas de nítido caráter indenizatório, e não salarial. Não integram, portanto, o salário-de-contribuição.

A empresa também pode efetuar o pagamento de plano educacional ou bolsa de estudo, destinado à educação básica de empregados e seus dependentes. Desde que vinculada às atividades realizadas pela empresa, à educação profissional e tecnológica, regulados pela Lei nº 9.394/96, poderiam constituir salário *in natura*. Contudo, representam o meio de propiciar aos empregados condições de desenvolvimento das atividades profissionais da empresa. O acréscimo intelectual daí resultante é visto como uma ferramenta de trabalho, pois sem ela seria difícil o atendimento do plexo de serviços oferecidos à clientela.[256] Portanto, trata-se de valor pago para o trabalho, e não pelo trabalho, razão pela qual não ostenta natureza salarial.[257]

Outra parcela excluída do salário-de-contribuição é a importância recebida a título de bolsa de aprendizagem garantida ao adolescente até quatorze anos de idade, de

---

256. Cf. Wladimir Novaes Martinez, op. cit., p.391.

257. A Lei nº 8.212/91 (art.28, §9º, "t")i exige alguns requisitos para que tais valores não integrem o salário de contribuição: a)que não seja utilizado em substituição de parcela salarial; b)que o valor mensal do plano educacional ou bolsa de estudo, considerado individualmente, não ultrapasse 5% (cinco por cento) da remuneração do segurado a que se destina o valor correspondente a uma vez e meia o valor do limite mínimo mensal do salário de contribuição, o que for maior.

acordo com o disposto no art. 64 da Lei nº 8.069/90. Via de regra, quem não tem dezesseis anos não é segurado da previdência social. Assim, se auferir bolsa de aprendizagem, o respectivo valor não estará sujeito à incidência da contribuição previdenciária.[258]

Já o crédito referente ao direito autoral, pode ser enquadrado como um ganho habitual, podendo funcionar como a fonte de subsistência de vários profissionais (compositores, pintores etc.). Todavia, a lei exclui essa parcela do conceito de salário- de-contribuição. Convém observar, no entanto, que se for pago por empresa a empregado, estará sujeito à contribuição patronal prevista no art. 22 da Lei nº 8.212/91.

A multa do art. 477, § 8º, da CLT é uma quantia paga pelo empregador ao empregado quando efetua o pagamento das verbas resilitórias depois do prazo estabelecido pela legislação consolidada. O objetivo é o de ressarcir o empregado pela mora do empregador, razão pela qual a parcela tem natureza indenizatória.

O valor relativo ao vale-cultura também foi afastado da incidência da contribuição previdenciária, no pressuposto que não se enquadra no conceito de remuneração.

Os prêmios e os abonos também foram afastados do salário-de-contribuição pela Lei nº 13.467/2017.

Finalmente, em relação ao contribuinte individual que trabalha como condutor autônomo de veículo rodoviário, como auxiliar de condutor autônomo de veículo rodoviário, em automóvel cedido em regime de colaboração, nos termos da Lei nº 6.094/74, como operador de trator, máquina de terraplenagem, colheitadeira e assemelhados, a lei considera como remuneração o montante de 20% (vinte por cento) do valor bruto do frete, carreto, transporte de

258. Cf. Wladimir Novaes Martinez, op. cit., p.394.

passageiros ou do serviço prestado, observado o limite máximo previsto para o salário-de-contribuição.

3.2.2 Alíquota

A lei estabeleceu quatro alíquotas progressivas (7,5%, 9% 12% e 14%) para a contribuição previdenciária, que variam de acordo com o valor do salário-de-contribuição do contribuinte (Decreto nº 3.048/99, art. 198, com redação dada pelo Decreto nº 10.410/2020).

As alíquotas devem ser aplicadas de forma não cumulativa, segundo a previsão do art. 20 da Lei nº 8.212/91. A não cumulatividade a que se refere esse dispositivo nada a tem a ver com o instituto previsto para o ICMS e para o IPI, pois a contribuição previdenciária não é um tributo plurifásico.

Em verdade, o significado da aplicação da alíquota não cumulativa é que só incidirá um percentual sobre o valor total do salário-de-contribuição, observado o teto deste. Não há possibilidade de dupla incidência.

Se o trabalhador mantiver mais de um vínculo empregatício, a alíquota a ser aplicada deverá considerar a soma de todas as remunerações auferidas. Nesta situação, cada empregador realizará o desconto da contribuição de acordo com a alíquota da faixa em que se encontra, considerando a soma das remunerações.

Para que o limite máximo do salário-de-contribuição seja observado, o segurado deverá comunicar a cada empresa o valor recebido sobre o qual já tenha incidido o desconto da contribuição, mediante a apresentação do comprovante de pagamento.[259]

Em tal situação, a contribuição previdenciária será apurada da seguinte forma:

---

259. Essa regra é aplicável também ao trabalhador avulso.

a) quando o total da remuneração for igual ou inferior ao limite máximo do salário-de- contribuição, cada empresa efetuará a retenção incidente sobre a remuneração por ela paga. Neste caso, a alíquota da contribuição deverá ser aplicada de acordo com o valor total percebido durante o mês pelo segurado das duas empresas;

b) caso a remuneração total seja superior ao limite máximo, poderá o segurado escolher o empregador que procederá o desconto em primeiro lugar. Ao segundo empregador caberá a função de realizar o desconto residual sobre a parcela do salário-de-contribuição complementar, observado o limite máximo, com base na soma das remunerações auferidas, para fins de aplicação da alíquota.

Em se tratando de contribuinte individual que preste serviço a empresas e, simultaneamente, exerça atividade como empregado ou trabalhador avulso, para fins de observância do limite máximo da contribuição, também deverá apresentar às empresas contratantes o recibo de pagamento de salário relativo à competência anterior à da prestação de serviço ou prestar declaração de que é segurado empregado,[260] consignando o valor sobre o qual é descontada a contribuição naquela atividade ou declarando que a remuneração recebida naquela atividade alcançou o limite máximo do salário-de-contribuição, identificando a empresa ou empregador doméstico que efetuou ou efetuará o desconto devido.

Na hipótese de o segurado exercer as duas atividades e ser primeiro efetuado o desconto como contribuinte individual, este fato também deverá ser comunicado ao empregador em que estiver prestando serviço – como empregado,

260. Inclusive doméstico ou trabalhador avulso.

empregado doméstico ou trabalhador avulso-, mediante declaração.

Essa sistemática foi alterada com o advento da Emenda Constitucional nº 103/2019, que previu a mesma forma utilizada para o RPPS. Logo, as alíquotas serão aplicadas, de forma progressiva, como anteriormente, incidindo cada alíquota sobre a faixa de valores compreendidas dentro dos respectivos limites. Por conseguinte, diversas alíquotas deverão ser aplicadas à remuneração do trabalhador, de acordo com as faixas salariais auferidas.

Exemplifiquemos: supomos que um empregado tenha uma remuneração mensal, em janeiro de 2023, de R$4.000,00 (quatro mil reais). Irá pagar a alíquota de 7,5% até o valor de um salário-mínimo, 9%, a partir de um salário mínimo até R$2.571,29, 12%, de R$2.571,30 até R$3.856,95 e de 14% de R$3.856,95 até R$4.000,00.

Se o trabalhador tiver mais de um vínculo empregatício, a alíquota da contribuição irá considerar a soma de todas as remunerações por ele auferidas.

Em tal situação, o empregado deverá comunicar a todos os seus empregadores a remuneração auferida em cada emprego, para que o seu salário-de-contribuição seja calculado corretamente, assim como a respectiva alíquota.

3.3 Aspecto temporal

O art. 43, § 2º da Lei nº 8.212./91 estabelece o seguinte: “considera-se ocorrido o fato gerador das contribuições sociais na data da prestação do serviço. Já o §3º dispõe que:

> Art. 43. (...)
>
> (...)
>
> § 3º. As contribuições sociais serão apuradas mês a mês, com referência ao período da prestação de serviços, mediante a aplicação

de alíquotas, limites máximos do salário-de-contribuição e acréscimos legais moratórios vigentes relativamente a cada uma das competências abrangidas, devendo o recolhimento ser efetuado no mesmo prazo em que devam ser pagos os créditos encontrados em liquidação de sentença ou em acordo homologado, sendo que nesse último caso o recolhimento será feito em tantas parcelas quantas as previstas no acordo, nas mesmas datas em que sejam exigíveis e proporcionalmente a cada uma delas.

A interpretação deste dispositivo conduz-nos à ilação de que se deve considerar ocorrido o fato jurídico tributário no último dia do mês em que a prestação de serviço pelo empregado, pelo empregado doméstico ou pelo trabalhador avulso tiver sido realizada.

O pagamento da exação, contudo, é efetuado no mês subsequente.

A contribuição do empregado é descontada pelas empresas, que efetuará o recolhimento juntamente com a contribuição patronal, até o dia 20 do mês subsequente ao da prestação de serviço. Este prazo será antecipado, se o termo final não for dia útil.

3.4 Aspecto subjetivo

O empregado, o empregado doméstico e o trabalhador avulso são contribuintes do tributo em estudo, no entanto, a lei transfere para o empregador, e, no caso de trabalhador avulso, para o Órgão Gestor de Mão de Obra (OGMO)[261] ou a empresa que remunera o trabalhador avulso, a obrigação de realizar o desconto da contribuição e efetuar o recolhimento (art. 32, II, Lei nº 8.212/91), até o dia vinte do mês subsequente à prestação de serviço.[262] Assim, atuam como sujeito passivo indireto.

---

261. No caso de trabalhador avulso portuário.

262. Em se tratando de empregador doméstico, o prazo para o recolhimento é até o dia sete do mês seguinte ao da prestação.

3.5 Aspecto espacial

Seguindo a regra das demais contribuições previdenciárias, que são tributos de competência da União, o aspecto espacial confunde-se com o âmbito de validade da lei instituidora do tributo, o território nacional, não havendo, neste particular, qualquer peculiaridade.

4. CONTRIBUIÇÃO DEVIDA PELO CONTRIBUINTE INDIVIDUAL

4.1 Aspecto material

A lei instituidora do tributo em tela (Lei nº 8.212/91) indica no art. 21 que "a alíquota de contribuição dos segurados contribuinte individual e facultativo será de vinte por cento sobre o respectivo salário-de-contribuição".

Como salientado no item acima, o conceito e as modalidades de salário-de- contribuição foram traçados pelo art. 28 da mencionada lei. O inciso III deste dispositivo indica que o salário-de-contribuição do contribuinte individual é a "remuneração auferida em uma ou mais empresas ou pelo exercício de sua atividade por conta própria, durante o mês, observado o limite máximo a que se refere o §5º".

Evidencia-se, desse modo, que a lei mencionou apenas a base de cálculo do tributo. Como esta é a medida do aspecto material, com base na interpretação desses dispositivos pode-se concluir que a materialidade da exação em estudo também é auferir ou ser credor de remuneração. Adota-se aqui, a exemplo do que ocorre com a contribuição devida pelo empregado, empregado doméstico e trabalhador avulso, o regime de competência. Neste particular, inexiste qualquer peculiaridade na contribuição em estudo.

Com a entrada em vigor da Lei nº 10.666/2003, o contribuinte individual passou a ter a sua contribuição descontada da sua remuneração, toda vez que vier a prestar serviço à empresa ou entidade a ela equiparada.

O contribuinte que vier a prestar serviços à pessoa jurídica, será submetido ao desconto de 11% sobre a sua remuneração, observado o limite do teto do salário-de- contribuição. A empresa efetua o recolhimento daí decorrente, juntamente com a sua contribuição, até o dia 20 do mês subsequente ao da prestação de serviço (Lei nº 10.666/2009, art. 4º).

Em se tratando de entidade beneficente de assistência social, alcançada pela isenção das contribuições devidas pelos empregadores, a alíquota da retenção será de 20% (Decreto nº 3.048/99, art. 216, § 31).

As cooperativas de trabalho também eram obrigadas a efetuar o desconto de 11% sobre o valor pago ao cooperado, no entanto, esta exação foi declarada inconstitucional pelo STF, como examinado anteriormente. No caso de a cooperativa contratar contribuintes que não sejam seus cooperados, se submeterá à regra geral de obrigação de efetuar o desconto de 11%.

Caso a empresa contrate contribuintes individuais não inscritos na Previdência social, terá a obrigação de realizar esta inscrição para efetuar o posterior recolhimento da contribuição devida.

Estão excluídos da obrigação de efetuar o desconto da contribuição (Lei 10.666/2003, c/c Decreto 3.048/99) do contribuinte individual: o produtor rural pessoa física, a missão diplomática, a repartição consular, o contribuinte individual equiparado à empresa, brasileiro civil que trabalha no exterior para organismo internacional do qual o Brasil seja membro efetivo e o proprietário ou dono de obra de construção civil, quando for pessoa física.

A exemplo do que ocorre com os empregados, se o contribuinte individual prestar serviço para mais de uma pessoa jurídica, deve observar o teto máximo do salário-de-contribuição, quando sofrer o desconto da contribuição em pauta. É imprescindível para que isso ocorra que ele informe a sua situação às empresas tomadoras, apresentando o comprovante das retenções efetuadas. Se ele sofrer desconto como empregado, deve cumprir idêntica obrigação.

Se a prestação do serviço for realizada em favor de uma pessoa física, a sistemática utilizada não é a da retenção. O próprio contribuinte deverá efetuar o recolhimento, aplicando a alíquota de 20%, até o dia 15 do mês subsequente ao da prestação de serviço (Decreto nº 3.048/99, art. 216, II). Por óbvio que se ele tiver sofrido retenções, decorrentes de prestações para pessoa jurídicas, estas deverão ser consideradas no cálculo da contribuição.

Como há um grupo de sujeitos isentos da obrigação de retenção (Lei 10.666/2003), acima mencionado, se o contribuinte individual vier a prestar serviço para tais sujeitos, ficará pessoalmente responsável pelo recolhimento das exações, por ser incabível a figura de retenção.

O contribuinte individual terá, ainda, a obrigação de complementar o valor da contribuição, observado o valor do salário-mínimo mensal do salário-de-contribuição, quando perceber remunerações inferiores a tal patamar.

Cabe observar que existe um regime especial, previsto pela Emenda Constitucional nº 47/2005, que previu um sistema especial de inclusão previdenciária para atender aos trabalhadores de baixa renda. Neste sistema, as alíquotas e os prazos de carência são inferiores aos do regime geral de previdência.

A Lei Complementar nº 123, de 14/12/2006, regulamentou esse sistema especial, prevendo a alíquota de 11% sobre o valor do salário-mínimo, para o contribuinte individual que trabalhe por conta própria, sem relação de emprego, bem como para o segurado facultativo, que tivesse optado pela exclusão da aposentadoria por tempo de contribuição, hipótese já extinta pela EC nº 103/2019.

Se o mencionado segurado desejar contar o tempo de contribuição para obter a aposentadoria por tempo de contribuição, deverá complementar a contribuição mensal com o recolhimento do valor de 9%, a título de contribuição complementar.[263]

Outro regime específico é o previsto para o condutor individual autônomo, profissional que exerce atividade sem vínculo empregatício, desde que seja proprietário, coproprietário ou promitente comprador de um único veículo.

A Lei nº 8.212/91 (art.28, §11) considera como remuneração o montante de 20% do valor bruto do frete, carreto, transporte de passageiros ou do serviço prestado. Sobre essa base de cálculo incide a alíquota de 11%.[264]

Se a prestação de serviço for efetuada em favor de pessoa física, o próprio condutor é responsável pelo recolhimento da contribuição em epígrafe. Se for em favor da pessoa jurídica, esta deverá efetuar a retenção da exação, repassando-a à Previdência Social em seguida.

4.2 Aspecto quantitativo

4.2.1 Base de cálculo

A base de cálculo deste tributo também é o salário-de-contribuição do segurado. O que muda é a sua modalidade,

263. O empresário com receita bruta anual de até R$81.000,00 pode se submeter também a este regime especial, contribuindo com a alíquota de 5%, na forma prevista pela LC nº 128/2008, combinada com a Lei nº 12.470/2011.

264. Os condutores autônomos recolhem ainda as contribuições para o Serviço Social do Transporte (SEST) e o Serviço Nacional de Aprendizagem do Transporte (SENAT), que totalizam o montante de 2,5% sobre a receita bruta.

pois a extensão é diferente daquela prevista para o empregado, o empregado doméstico e o trabalhador avulso. Como o contribuinte individual não mantém vínculo empregatício com o tomador do serviço, a contraprestação por ele recebida não apresenta a natureza salarial. Assim, o valor devido pela prestação de serviço será enquadrado no conceito de remuneração, tal como gizado pela lei previdenciária.

4.2.2 Alíquotas

A lei previu três alíquotas para a contribuição em pauta: 20% (vinte por cento), 11% (onze por cento) e 5% (cinco por cento).

Para o contribuinte que prestar serviço à *pessoa jurídica*, incidirá a alíquota de 11% (onze por cento), observado o limite do salário-de-contribuição. Neste caso, a empresa deverá efetuar a retenção da contribuição devida pelo contribuinte individual, consoante determina a Lei nº 10.666/2003.

O recolhimento da contribuição da empresa será efetuado juntamente com o valor por ela descontado, no dia 20 (vinte) do mês subsequente ao da prestação (art.4º, §1º, Lei nº 10.666/2003).

A aplicação da alíquota de 11% (onze por cento), e não de 20% (vinte por cento), justifica-se pela autorização legal para que o contribuinte individual deduza de sua contribuição mensal até 45% (quarenta e cinco por cento) da contribuição devida pelo contratante, incidente sobre a remuneração que este lhe tenha pago ou creditado no respectivo mês, o que perfaz o percentual de 9% (nove por cento) do respectivo salário- de-contribuição.[265]

---

265. O contribuinte individual deverá comprovar que a contribuição devida pelo contratante foi devidamente recolhida ou declarada na GFIP ou no recibo. Se não cumprir essa obrigação acessória, ficará sujeito à glosa do valor indevidamente deduzido, devendo, por conseguinte, complementar as contribuições com os devidos acréscimos legais.

Se o tomador do serviço for uma entidade beneficente de assistência social, pelo fato de ser isenta das contribuições devidas pelas empresas tomadoras do serviço, não haverá o que deduzir da contribuição do segurado individual, a qual, por tal motivo, será de 20% (vinte por cento).

A cooperativa de trabalho também é obrigada a descontar 11% (onze por cento) do valor pago ao cooperado, relativo ao serviço por ele realizado a pessoas jurídicas e 20% (vinte por cento), se o tomador for pessoa física.

Se o contribuinte prestar serviço a várias empresas, a sua contribuição deverá observar o limite do salário-de-contribuição, sistemática que também incide para o empregado, consoante analisado no item anterior. Para evitar que o desconto ultrapasse esse limite, o contribuinte deverá informar à empresa, juntando os comprovantes das retenções anteriores.

O contribuinte será obrigado a complementar, diretamente, a contribuição até o valor mínimo do salário-de-contribuição, quando as remunerações recebidas das pessoas jurídicas no mês forem inferiores a este.

Para o contribuinte que realizar a prestação de serviço para *pessoa física* a alíquota incidente é de 20%. Neste caso, não há obrigação de realização de retenção por parte do tomador do serviço, devendo a exação ser recolhida pelo contribuinte até o dia 15 (quinze) do mês subsequente.

4.3 Aspecto temporal

Considera-se ocorrido o fato jurídico tributário da contribuição em pauta no final de cada mês, por força da aplicação dos dispositivos veiculados pela Lei nº 8.212/91, mormente o seu art. 43 supraexaminado.

4.4 Aspecto subjetivo

A contribuição em pauta será devida pelo contribuinte ou pelo tomador de serviço, a depender da situação. O critério determinante será o regime em que tiver inserido o prestador do serviço.

Assim, tanto a sujeição passiva direta quanto a indireta poderão se fazer presentes.

4.5 Aspecto espacial

O aspecto espacial da contribuição em exame confunde-se com o âmbito de validade espacial da lei instituidora do tributo: o território da União.

5. CONTRIBUIÇÃO DEVIDA PELO SEGURADO FACULTATIVO

A contribuição devida pelo segurado facultativo está prevista no art.21 da Lei nº 8.212/91, que prescreve a aplicação da alíquota de 20% sobre o respectivo salário-de-contribuição, que corresponde ao valor declarado pelo contribuinte (art. 28, III, Lei nº 8.212/91), não podendo ser inferior ao salário-mínimo e nem superior ao teto do salário-de-contribuição.

Assim, cabe ao próprio contribuinte efetuar o recolhimento mensal da contribuição, até o dia 15 (quinze) do mês subsequente.

Caso o contribuinte exerça a opção pela exclusão do direito ao benefício de aposentadoria por tempo de contribuição, prevista pelos §§ 2º e 3ºdo art. 21 da Lei nº 8.212/91, a alíquota será de 11% (onze por cento).

Se o contribuinte tiver contribuído por meio deste regime especial e, posteriormente, pretender contar o tempo de contribuição correspondente para fins de obtenção da aposentadoria por tempo de contribuição ou contagem recíproca do tempo de contribuição, deverá complementar a contribuição mensal mediante o recolhimento da diferença entre o valor pago e o de 20% (vinte por cento), o que corresponde a um acréscimo de 9% (nove por cento), consoante prescreve a Lei nº 8.212/91, art. 21, § 3º.

6. CONTRIBUIÇÃO DEVIDA PELO SEGURADO ESPECIAL

O art. 25 da Lei nº 8.212/91 prescreve uma alíquota de 1,2% (um vírgula dois por cento) sobre a receita bruta decorrente da comercialização da produção do segurado especial, conforme estabelece a Lei nº 13.606/2018. Assim, a base de cálculo não é o salário-de-contribuição, como ocorre em relação às demais exações anteriormente analisadas.

A lei estabelece, ainda, um adicional de 0,1 da receita bruta, para o custeio das prestações por acidente de trabalho (contribuição para o SAT/GILRAT).

O segurado especial recolhe, ainda, a contribuição para o SENAR – Serviço Nacional de Aprendizagem Rural, com a alíquota de 0,2%.

Como a base de cálculo de tais exações não é o salário-de-contribuição, não existe limite legal para a apuração do tributo devido.

Se o segurado facultativo comercializar a sua produção com pessoa jurídica ou com pessoa física, que efetua a revenda, tais sujeitos são responsáveis pela retenção do valor dos tributos devidos, no total de 1,5% sobre o valor da comercialização, devendo repassá-lo ao Fisco até o dia 20 do mês subsequente aquele em que tiver ocorrido a operação.

Caso o segurado facultativo contrate trabalhadores, fica obrigado a efetuar a arrecadação das contribuições decorrentes das vendas efetuadas a pessoas físicas, as retidas dos segurados empregados, bem como os encargos trabalhistas e o FGTS (Lei 14.438/2022).

Se a contratação for de trabalhador temporário, não incide qualquer tributo.

O art. 25, § 3°, da Lei nº 8.212/91 estabelece que

> integram a produção, para os efeitos deste artigo, os produtos de origem animal ou vegetal, em estado natural ou submetidos a processos de beneficiamento ou industrialização rudimentar, assim compreendidos, entre outros, os processos de lavagem, limpeza, descaroçamento, pilagem, descascamento, lenhamento, pasteurização, resfriamento, secagem, fermentação, embalagem, cristalização, fundição, carvoejamento, cozimento, destilação, moagem e torrefação, bem como os subprodutos e os resíduos obtidos por meio desses processos, exceto, no caso de sociedades cooperativas, a parcela de produção que não seja objeto de repasse ao cooperado por meio de fixação de preço.

O § 10º deste dispositivo estabelece as parcelas que integram a base de cálculo do tributo:

> Art.25.
>
> (...)
>
> § 10. Integra a receita bruta de que trata este artigo, além dos valores decorrentes da comercialização da produção relativa aos produtos a que se refere o § 3º deste artigo, a receita proveniente:
>
> I – da comercialização da produção obtida em razão de contrato de parceria ou meação de parte do imóvel rural;
>
> II – da comercialização de artigos de artesanato de que trata o inciso VII do § 10 do art. 12 desta Lei;
>
> III – de serviços prestados, de equipamentos utilizados e de produtos comercializados no imóvel rural, desde que em atividades turística e de entretenimento desenvolvidas no próprio imóvel, inclusive hospedagem, alimentação, recepção, recreação e

> atividades pedagógicas, bem como taxa de visitação e serviços especiais;
>
> IV – o valor de mercado da produção rural dada em pagamento ou que tiver sido trocada por outra, qualquer que seja o motivo ou finalidade; e
>
> V – de atividade artística de que trata o inciso VIII do § 10 do art. 12 desta Lei.

Por outro lado, o art. 25, §12 estabelece hipótese de exclusão da base de cálculo do tributo:

> § 12. Não integra a base de cálculo da contribuição de que trata o *caput* deste artigo a produção rural destinada ao plantio ou reflorestamento, nem o produto animal destinado à reprodução ou criação pecuária ou granjeira e à utilização como cobaia para fins de pesquisas científicas, quando vendido pelo próprio produtor e por quem a utilize diretamente com essas finalidades e, no caso de produto vegetal, por pessoa ou entidade registrada no Ministério da Agricultura, Pecuária e Abastecimento que se dedique ao comércio de sementes e mudas no País.

Por fim, a lei prevê a obrigatoriedade de arrecadação da contribuição pelo segurado especial (art. 33-C, Lei 8.212/91):

> Art. 32-C. O segurado especial responsável pelo grupo familiar que contratar na forma do § 8º do art. 12 apresentará as informações relacionadas ao registro de trabalhadores, aos fatos geradores, à base de cálculo e aos valores das contribuições devidas à Previdência Social e ao Fundo de Garantia do Tempo de Serviço - FGTS e outras informações de interesse da Secretaria da Receita Federal do Brasil, do Ministério da Previdência Social, do Ministério do Trabalho e Emprego e do Conselho Curador do FGTS, por meio de sistema eletrônico com entrada única de dados, e efetuará os recolhimentos por meio de documento único de arrecadação.

7. CONTRIBUIÇÃO DEVIDA PELOS SERVIDORES PÚBLICOS

7.1 Contribuição dos servidores da ativa

Os servidores públicos civis da União, dos Estados, Municípios e do Distrito Federal estão submetidos a regime próprio de previdência, conforme estatui o art. 40 da Constituição Federal, cuja redação foi dada pela Emenda Constitucional nº 103/2019.

> Art. 40. O regime próprio de previdência social dos servidores titulares de cargos efetivos terá caráter contributivo e solidário, mediante contribuição do respectivo ente federativo, de servidores ativos, de aposentados e de pensionistas, observados critérios que preservem o equilíbrio financeiro e atuarial.

A norma impositiva tributária da contribuição em pauta, relativa aos servidores públicos civis da União, é regulada atualmente pela Lei nº 10.887/2004. O art. 4º prevê o seguinte:

> Art. 4º A contribuição social do servidor público ativo de qualquer dos Poderes da União, incluídas suas autarquias e fundações, para a manutenção do respectivo regime próprio de previdência social, será de 11% (onze por cento), incidentes sobre:
>
> I - a totalidade da base de contribuição, em se tratando de servidor que tiver ingressado no serviço público até a data da publicação do ato de instituição do regime de previdência complementar para os servidores públicos federais titulares de cargo efetivo e não tiver optado por aderir a ele;
>
> II - a parcela da base de contribuição que não exceder ao limite máximo estabelecido para os benefícios do regime geral de previdência social, em se tratando de servidor:
>
> a) que tiver ingressado no serviço público até a data a que se refere o inciso I e tenha optado por aderir ao regime de previdência complementar ali referido; ou

b) que tiver ingressado no serviço público a partir da data a que se refere o inciso I, independentemente de adesão ao regime de previdência complementar ali referido.

§ 1º Entende-se como base de contribuição o vencimento do cargo efetivo, acrescido das vantagens pecuniárias permanentes estabelecidas em lei, os adicionais de caráter individual ou quaisquer outras vantagens, excluídas:

I - as diárias para viagens;

II - a ajuda de custo em razão de mudança de sede;

III - a indenização de transporte;

IV - o salário-família;

V - o auxílio-alimentação;

VI - o auxílio-creche;

VII - as parcelas remuneratórias pagas em decorrência de local de trabalho;

VIII - a parcela percebida em decorrência do exercício de cargo em comissão ou de função comissionada ou gratificada;

IX - o abono de permanência de que tratam o § 19 do art. 40 da Constituição Federal , o § 5º do art. 2º e o § 1º do art. 3º da Emenda Constitucional nº 41, de 19 de dezembro de 2003 ;

X – o adicional de férias;

XI - o adicional noturno;

XII - o adicional por serviço extraordinário;

XIII - a parcela paga a título de assistência à saúde suplementar;

XIV - a parcela paga a título de assistência pré-escolar;

XV - a parcela paga a servidor público indicado para integrar conselho ou órgão deliberativo, na condição de representante do governo, de órgão ou de entidade da administração pública do qual é servidor;

XVI - o auxílio-moradia;

XVII - a Gratificação por Encargo de Curso ou Concurso, de que trata o art. 76-A da Lei nº 8.112, de 11 de dezembro de 1990;

XVIII - a Gratificação Temporária das Unidades dos Sistemas Estruturadores da Administração Pública Federal (GSISTE), instituída pela Lei nº 11.356, de 19 de outubro de 2006;

XIX - a Gratificação Temporária do Sistema de Administração dos Recursos de Informação e Informática (GSISP), instituída pela Lei nº 11.907, de 2 de fevereiro de 2009;

XX - a Gratificação Temporária de Atividade em Escola de Governo (GAEG), instituída pela Lei nº 11.907, de 2 de fevereiro de 2009;

XXI - a Gratificação Específica de Produção de Radioisótopos e Radiofármacos (GEPR), instituída pela Lei nº 11.907, de 2 de fevereiro de 2009;

XXII - a Gratificação de Raio X;

XXIII - a parcela relativa ao Bônus de Eficiência e Produtividade na Atividade Tributária e Aduaneira, recebida pelos servidores da carreira Tributária e Aduaneira da Receita Federal do Brasil;

XXIV - a parcela relativa ao Bônus de Eficiência e Produtividade na Atividade de Auditoria-Fiscal do Trabalho, recebida pelos servidores da carreira de Auditoria-Fiscal do Trabalho.

XXVI - o Bônus de Desempenho Institucional por Perícia Médica em Benefícios por Incapacidade (BPMBI); e

XXVII - o Bônus de Desempenho Institucional por Análise de Benefícios com Indícios de Irregularidade do Monitoramento Operacional de Benefícios (BMOB).

Da análise desses enunciados normativos, infere-se que o aspecto material da norma impositiva tributária desta figura é auferir vencimentos.

No aspecto quantitativo, a base de cálculo é o valor do vencimento do cargo efetivo, com determinados acréscimos, enquanto a alíquota é de 11%.

O aspecto temporal é o final de cada período mensal.

O aspecto espacial é o território nacional.

O sujeito passivo da contribuição é o servidor público civil.

A contribuição é retida e recolhida pela fonte pagadora, na forma prevista pelo art. 8°-A da lei em epígrafe.

> Art. 8º- A. A responsabilidade pela retenção e recolhimento das contribuições de que tratam os arts. 4º a 6º e 8º será do dirigente e do ordenador de despesa do órgão ou entidade que efetuar o pagamento da remuneração ou do benefício.
>
> § 1º O recolhimento das contribuições de que trata este artigo deve ser efetuado:
>
> I – até o dia 15, no caso de pagamentos de remunerações ou benefícios efetuados no primeiro decêndio do mês;
>
> II – até o dia 25, no caso de pagamentos de remunerações ou benefícios efetuados no segundo decêndio do mês; ou
>
> III – até o dia 5 do mês posterior, no caso de pagamentos de remunerações ou benefícios efetuados no último decêndio do mês.

Os Estados, o Distrito Federal e os Municípios podem instituir essa modalidade de tributo, com amparo no art. 40, combinado com o art. 149, § 1º, da Constituição Federal.

7.2 Contribuição dos servidores inativos e pensionistas

O art. 40,§18, inserido pela emenda Constitucional nº41/2003, previu a possibilidade de os servidores pensionistas e os inativos contribuírem com o regime próprio de previdência social.

"§ 18. Incidirá contribuição sobre os proventos de aposentadorias e pensões concedidas pelo regime de que trata este artigo que superem o limite máximo estabelecido para os benefícios do regime geral de previdência social de que trata o art. 201, com percentual igual ao estabelecido para os servidores titulares de cargos efetivos".

Esse dispositivo foi acoimado de inconstitucional por setor considerável da doutrina, com base em sólidos argumentos. No entanto, ao enfrentar a matéria, o Supremo tribunal Federal manifestou-se pela constitucionalidade da exigência:

> 1. Inconstitucionalidade. Seguridade social. Servidor público. Vencimentos. Proventos de aposentadoria e pensões. Sujeição

à incidência de contribuição previdenciária. Ofensa a direito adquirido no ato de aposentadoria. Não ocorrência. Contribuição social. Exigência patrimonial de natureza tributária. Inexistência de norma de imunidade tributária absoluta. *Emenda Constitucional nº 41/2003* (art. 4º, caput). Regra não retroativa. Incidência sobre fatos geradores ocorridos depois do início de sua vigência. Precedentes da Corte. Inteligência dos arts. 5º, XXXVI, 146, III, 149, 150, I e III, 194, 195, caput, II e § 6º, da CF, e art. 4º, caput, da EC nº 41/2003. No ordenamento jurídico vigente, não há norma, expressa nem sistemática, que atribua à condição jurídico-subjetiva da aposentadoria de servidor público o efeito de lhe gerar direito subjetivo como poder de subtrair ad aeternum a percepção dos respectivos proventos e pensões à incidência de lei tributária que, anterior ou ulterior, os submeta à incidência de contribuição previdencial. Noutras palavras, não há, em nosso ordenamento, nenhuma norma jurídica válida que, como efeito específico do fato jurídico da aposentadoria, lhe imunize os proventos e as pensões, de modo absoluto, à tributação de ordem constitucional, qualquer que seja a modalidade do tributo eleito, donde não haver, a respeito, direito adquirido com o aposentamento. 2. Inconstitucionalidade. Ação direta. Seguridade social. Servidor público. Vencimentos. Proventos de aposentadoria e pensões. Sujeição à incidência de contribuição previdenciária, por força de Emenda Constitucional. Ofensa a outros direitos e garantias individuais. Não ocorrência. Contribuição social. Exigência patrimonial de natureza tributária. Inexistência de norma de imunidade tributária absoluta. Regra não retroativa. Instrumento de atuação do Estado na área da previdência social. Obediência aos princípios da solidariedade e do equilíbrio financeiro e atuarial, bem como aos objetivos constitucionais de universalidade, equidade na forma de participação no custeio e diversidade da base de financiamento. Ação julgada improcedente em relação ao art. 4º, caput, da EC nº 41/2003. Votos vencidos. Aplicação dos arts. 149, caput, 150, I e III, 194, 195, caput, II e § 6º, e 201, caput, da CF. Não é inconstitucional o art. 4º, caput, da *Emenda Constitucional nº 41*, de 19 de dezembro de *2003*, que instituiu contribuição previdenciária sobre os proventos de aposentadoria e as pensões dos servidores públicos da União, dos Estados, do Distrito Federal e dos Municípios, incluídas suas autarquias e fundações. 3. Inconstitucionalidade. Ação direta. *Emenda Constitucional* (EC *nº 41/2003*, art. 4º, § únic, I e II). Servidor público. Vencimentos. Proventos de aposentadoria e pensões. Sujeição à incidência de contribuição previdenciária. Bases de cálculo diferenciadas. Arbitrariedade. Tratamento discriminatório entre servidores e pensionistas da União, de um lado, e servidores e pensionistas dos Estados, do Distrito Federal

> e dos Municípios, de outro. Ofensa ao princípio constitucional da isonomia tributária, que é particularização do princípio fundamental da igualdade. Ação julgada procedente para declarar inconstitucionais as expressões "cinquenta por cento do" e "sessenta por cento do", constante do art. 4º, § único, I e II, da EC nº 41/2003. Aplicação dos arts. 145, § 1º, e 150, II, cc. art. 5º, caput e § 1º, e 60, § 4º, IV, da CF, com restabelecimento do caráter geral da regra do art. 40, § 18. São inconstitucionais as expressões "cinquenta por cento do" e "sessenta por cento do", constantes do § único, incisos I e II, do art. 4º da *Emenda Constitucional nº 41*, de 19 de dezembro de *2003*, e tal pronúncia restabelece o caráter geral da regra do art. 40, § 18, da Constituição da República, com a redação dada por essa mesma Emenda.[266]

Em julgamentos posteriores essa posição foi reafirmada em diversas oportunidades:

> Ação Direta de Inconstitucionalidade. PGR. Lei nº 12.398/98-Paraná. Decreto estadual nº 721/99. Edição da EC nº 41/03. Substancial alteração do parâmetro de controle. Não ocorrência de prejuízo. *Contribuição* dos *inativos*. Inconstitucionalidade sob a EC nº 20/98. Precedentes. 1. Em nosso ordenamento jurídico, não se admite a figura da constitucionalidade superveniente. Mais relevante do que a atualidade do parâmetro de controle é a constatação de que a inconstitucionalidade persiste e é atual, ainda que se refira a dispositivos da Constituição Federal que não se encontram mais em vigor. Caso contrário, ficaria sensivelmente enfraquecida a própria regra que proíbe a convalidação. 2. A jurisdição constitucional brasileira não deve deixar às instâncias ordinárias a solução de problemas que podem, de maneira mais eficiente, eficaz e segura, ser resolvidos em sede de controle concentrado de normas. 3. A Lei estadual nº 12.398/98, que criou a *contribuição* dos *inativos* no Estado do Paraná, por ser inconstitucional ao tempo de sua edição, não poderia ser convalidada pela Emenda Constitucional nº 41/03. E, se a norma não foi convalidada, isso significa que a sua inconstitucionalidade persiste e é atual, ainda que se refira a dispositivos da Constituição Federal que não se encontram mais em vigor, alterados que foram pela Emenda Constitucional nº 41/03. Superada a preliminar de prejudicialidade da ação, fixando o entendimento de, analisada a situação concreta, não se assentar o prejuízo das ações em curso,

266. STF, Pleno, ADIN n° 3.105, Rel. Min. Cezar Peluzo, DJ 18/02/2015.

para evitar situações em que uma lei que nasceu claramente inconstitucional volte a produzir, em tese, seus efeitos, uma vez revogada as medidas cautelares concedidas já há dez anos. 4. No mérito, é pacífica a jurisprudência desta Corte no sentido de que é inconstitucional a incidência, sob a égide da EC nº 20/98, de *contribuição* previdenciária sobre os proventos dos *servidores públicos inativos* e dos pensionistas, como previu a Lei nº 12.398/98 do Estado do Paraná (cf. ADI nº 2.010/DF-MC, Relator o Ministro Celso de Mello, DJ de 12/4/02; e RE nº 408.824/RS-AgR, Segunda Turma, Relator o Ministro Eros Grau, DJ de 25/4/08). 5. Ação direta julgada procedente.[267]

AÇÃO DIRETA DE INCONSTITUCIONALIDADE. *CONTRIBUIÇÃO* PREVIDENCIÁRIA DE *INATIVOS* E PENSIONISTAS. ART. 40, § 18, DA CONSTITUIÇÃO DA REPÚBLICA; ARTS. 4º, PARÁGRAFO ÚNICO, INC. I E II, E 9º DA EMENDA CONSTITUCIONAL N. 41/2003. IMPROCEDÊNCIA DAS ALEGAÇÕES DE CONTRARIEDADE AOS PRINCÍPIOS DO DIREITO ADQUIRIDO, DO ATO JURÍDICO PERFEITO, DA PROPORCIONALIDADE E DA SEGURANÇA JURÍDICA. 1. No julgamento das Ações Diretas de Inconstitucionalidade n. 3.105/DF e 3.128/DF, o Supremo Tribunal Federal reconheceu a constitucionalidade da cobrança da *contribuição* previdenciária instituída no caput do art. 4º da Emenda Constitucional n. 41/2003 e declarou a inconstitucionalidade das expressões «cinquenta por cento do» e «sessenta por cento do», contidas nos incisos I e II do parágrafo único do art. 4º da Emenda Constitucional n. 41/2003: prejuízo do pedido nessa parte. 2. A discriminação determinada pelo § 18 do art. 40 da Constituição da República, segundo a qual incidirá *contribuição* previdenciári a sobre os proventos de aposentadorias e pensões que excederem o limite máximo estabelecido para os benefícios do regime geral de previdência social, configura situação justificadamente favorável àqueles que já recebiam benefícios quando do advento da Emenda Constitucional n. 41/2003, incluídos no rol dos contribuintes (Ações Diretas de Inconstitucionalidade n. 3.105/DF e 3.128/DF): improcedência do pedido nessa parte. 3. A pacífica jurisprudência do Supremo Tribunal assentou inexistir direito adquirido à não tributação: improcedente do pedido quanto ao art. 9º da Emenda Constitucional n. 41/2003. 4. Ação julgada prejudicada quanto ao art. 4º, parágrafo único, inc. I e II, da Emenda Constitucional n. 41/2003; e improcedente quanto ao

267. STF, Pleno, ADIN nº 2.189, Rel. Min. Dias Toffoli, DJ 16/12/2020.

§ 18 do art. 40 da Constituição da República e ao art. 9º da Emenda Constitucional n. 41/2003.[268]

ARGUIÇÃO DE DESCUMPRIMENTO DE PRECEITO FUNDAMENTAL. CONSTITUCIONAL E ADMINISTRATIVO. ARTS. 127, IV, E 134 DA LEI 8.112/1990. PENALIDADE DISCIPLINAR DE CASSAÇÃO DE APOSENTADORIA OU DISPONIBILIDADE. EMENDAS CONSTITUCIONAIS 3/1993, 20/1998 E 41/2003. PENALIDADE QUE SE COMPATIBILIZA COM O CARÁTER CONTRIBUTIVO E SOLIDÁRIO DO REGIME PRÓPRIO DE PREVIDÊNCIA DOS SERVIDORES. PODER DISCIPLINAR DA ADMINISTRAÇÃO PÚBLICA. AÇÃO JULGADA IMPROCEDENTE. 1. As Emendas Constitucionais 3/1993, 20/1998 e 41/2003 estabeleceram o caráter contributivo e o princípio da solidariedade para o financiamento do regime próprio de previdência dos servidores públicos. Sistemática que demanda atuação colaborativa entre o respectivo ente público, os servidores ativos, os servidores *inativos* e os pensionistas. 2. A *contribuição* previdenciária paga pelo servidor público não é um direito representativo de uma relação sinalagmática entre a *contribuição* e eventual benefício previdenciário futuro. 3. A aplicação da penalidade de cassação de aposentadoria ou disponibilidade é compatível com o caráter contributivo e solidário do regime próprio de previdência dos servidores públicos. Precedentes. 4. A perda do cargo público foi prevista no texto constitucional como uma sanção que integra o poder disciplinar da Administração. É medida extrema aplicável ao servidor que apresentar conduta contrária aos princípios básicos e deveres funcionais que fundamentam a atuação da Administração Pública. 5. A impossibilidade de aplicação de sanção administrativa a servidor aposentado, a quem a penalidade de cassação de aposentadoria se mostra como única sanção à disposição da Administração, resultaria em tratamento diverso entre servidores ativos e *inativos*, para o sancionamento dos mesmos ilícitos, em prejuízo do princípio isonômico e da moralidade administrativa, e representaria indevida restrição ao poder disciplinar da Administração em relação a servidores aposentados que cometeram faltas graves enquanto em atividade, favorecendo a impunidade. 6. Arguição conhecida e julgada improcedente.[269]

268. STF, Pleno, ADIN n° 3.184, Rel. Min. Carmen Lucia, DJ 18/09/2020.

269. STF, Pleno, ADPF n° 418, Rel. Min. Alexandre de Moraes, DJ 30/04/2020.

CONSIDERAÇÕES FINAIS

Os pressupostos constitucionais para a criação das contribuições especiais são os seguintes: a) existência de uma finalidade compatível com a Constituição Federal; b) existência de um grupo ou setor econômico: c) presença de uma entidade que atua no setor alcançado pelo tributo; d) arrecadação destinada à finalidade que justifica a criação do tributo.

As contribuições especiais apresentam os seguintes traços acidentais: a) benefício especial para o contribuinte; b) despesa causada ao ente estatal ou paraestatal; c) atividade material desenvolvida pelo Estado, referida ao contribuinte; d) motivo; e) indicação da base de cálculo possível.

O Supremo Tribunal Federal firmou o entendimento, por meio do Tema nº 674, no sentido de que “a norma imunizante contida no inciso I do § 2º do art. 149 da Constituição da República alcança as receitas decorrentes de operações indiretas de exportação caracterizadas por haver participação negocial de sociedade exportadora intermediária”.

A não cumulatividade prevista para as Contribuições para a Seguridade Social é plenamente aplicável às contribuições previdenciárias, conforme entendimento manifestado pelo Pretório Excelso no Tema nº 833.

No conceito constitucional de Seguridade Social, pode-se identificar dois sistemas: a) um contributivo, relativo à Previdência Social, no qual ocorre o pagamento de contribuições previdenciárias; b) outro não contributivo, que alcança a saúde e a assistência social.

Dentre os princípios previstos na Constituição Federal para a Seguridade Social cinco estão relacionados ao custeio deste sistema: solidariedade; equidade na forma de participação no custeio, diversidade da base de financiamento, precedência da fonte do custeio, orçamento diferenciado.

A Lei Complementar nº 187/2021 estabelece atualmente os requisitos necessários para que uma entidade desfrute da imunidade prevista pelo art. 195, § 7º, da CF.

As prestações pecuniárias devidas à Seguridade Social apresentam a natureza tributária, eis que preenchem todos os requisitos estabelecidos pelo art. 3º do CTN.

As contribuições para a Seguridade Social têm os seguintes traços específicos: as bases de cálculo possíveis foram previstas pela Constituição Federal (art. 195, I, "a"), os sujeitos passivos possíveis também foram indicados em sede constitucional, estão submetidas à anterioridade especial (art. 195, §6º), a receita arrecadada deve custear as ações desenvolvidas pelo Poder Público para assegurar os direitos relativos à saúde, à previdência e à assistência social.

A jurisprudência do Supremo Tribunal Federal estabelece como critério para determinada verba integrar o conceito de remuneração a habitualidade em sua percepção, que significa a reiteração do seu pagamento, em determinado período de tempo.

A Corte Excelsa tem rejeitado a admissão de repercussão geral para apreciar a incidência da contribuição previdenciária sobre diversas verbas, por se tratar de tema relacionado à interpretação da lei federal.

O Tribunal, porém, já reconheceu a incidência da contribuição previdenciária patronal sobre o décimo-terceiro salário (Súmula nº 688). De outro lado, rejeitou a incidência sobre o salário-maternidade (Tema nº 72), o adicional de 1/3 sobre as férias (Tema repercussão geral nº 985) e participação nos lucros (Tema repercussão geral nº 344).

O Superior Tribunal de Justiça já pacificou o seu posicionamento quanto à incidência da contribuição patronal, por meio da sistemática do julgamento de recursos repetitivos, sobre as seguintes parcelas: décimo terceiro salário (Tema nº 216), horas extras (Tema nº 687), adicional noturno (Tema nº 688), adicional de periculosidade (Tema nº 689) e auxílio-alimentação (Tema nº 1164).

De outro lado, posicionou-se pela não incidência em relação ao auxílio-creche (Tema nº 338), aviso prévio indenizado (Tema nº 478), adicional de 1/3 sobre as férias indenizadas (Tema nº 737) e os quinze primeiros dias de afastamento do empregado por motivo de doença (Tema nº 738).

Há manifestações desta Corte de Justiça acerca da não incidência sobre as seguintes parcelas, decisões proferidas sem a eficácia dos precedentes qualificados: licença-prêmio não gozada, auxílio-educação, abono assiduidade, prêmio por dispensa incentivada, convênio-saúde, seguro de vida em grupo, habitação fornecida pelo empregador a todos os empregados, vale-transporte, auxílio-babá, ressarcimento de despesas pelo uso de transporte pelo empregado, a serviço do empregador; verba de representação, assistência odontológica, desde que abranja todos os empregados; verbas rescisórias indenizatórias e participação nos lucros. Tais decisões fundamentam-se no caráter indenizatório destas parcelas ou no seu caráter eventual, ou seja, ausência de habitualidade em sua percepção.

Este Tribunal admite a incidência da contribuição em pauta sobre as férias gozadas, ajuda de custo para deslocamento noturno, ajuda de custo habitual, horas extras, quebra de caixa, licença-casamento e licença para a prestação de serviço eleitoral.

O Conselho Administrativo de Recursos Fiscais (CARF) tem posição firmada, por meio de Súmulas, acerca da incidência da contribuição previdenciária sobre o auxílio-creche, vale-transporte, bolsa de estudos e seguro de vida.

Outrossim, o Conselho tem se debruçado sobre a incidência desse tributo sobre as seguintes verbas: fornecimento de alimentação pela empresa, benefícios previdenciários, salário indireto, bônus de contratação e previdência privada.

Os Tribunais Regionais Federais têm observado os precedentes qualificados do Supremo Tribunal Federal e do Superior Tribunal de Justiça, posicionando-se, ademais, sobre outras parcelas percebidas pelo empregado.

O Superior Tribunal de Justiça entende que o critério a ser observado na apuração da contribuição para o SAT é o do estabelecimento, e não de toda a empresa.

A constitucionalidade do Fator Acidentário de Prevenção - FAP foi reconhecida pelo Supremo Tribunal Federal por meio do Tema nº 554.

A contribuição adicional exigida das instituições financeiras, prevista pelo art. 22, § 1º, da Lei nº 8.212/91 teve a sua constitucionalidade reconhecida pela Corte Excelsa por meio dos Temas nºs 204 e 470.

São três os critérios para a apuração da contribuição previdenciária sobre a receita bruta: a)pelo CNAE; b) pelo produto produzido; c) pelos serviços listados.

O STF já reconheceu a constitucionalidade da inclusão do ICMS (Tema nº 1048) e do ISS (Tema nº 1135) na base de cálculo da contribuição previdenciária sobre a receita bruta.

A Lei nº 8.870/94 substituiu as contribuições do art. 22, I e II, devidas pela pessoa jurídica dedicada à produção rural, por duas contribuições incidentes sobre o valor estimado da produção agrícola própria. A constitucionalidade desta lei ainda não foi decidida pelo STF (RE nº 700.922).

A contribuição do empregador rural pessoa física também incide sobre a receita bruta proveniente da sua produção.

A contribuição devida pelas agroindústrias, regulada pelo art. 22-A da Lei nº 8.212/91, incide sobre a receita bruta decorrente da comercialização da produção da agroindústria.

A constitucionalidade da sistemática de retenção na fonte de 11% sobre os valores brutos de prestação de serviço foi reconhecida pelo Supremo Tribunal Federal (Tema nº 302).

O salário-de-contribuição, base de cálculo da contribuição devida pelos trabalhadores, consiste no conjunto das prestações pecuniárias efetivamente devidas, creditadas ou recebidas, a qualquer título, pelos trabalhadores em geral, excepcionando-se apenas o segurado facultativo.

A não cumulatividade prevista para as contribuições devidas pelos empregados (art. 20, Lei nº 8.212/91) não apresenta o mesmo perfil previsto para o ICMS e o IPI, pois esta contribuição previdenciária não é um tributo plurifásico.

REFERÊNCIAS

AMADO, Frederico. *Legislação previdenciária*. Salvador, Jus Podium, 2013.

AMARO, Luciano. *Direito tributário brasileiro*, 3ªed., São Paulo: Saraiva, 1999.

_____. Conceito e classificação dos tributos. *Revista de Direito Tributário*, nº 55, São Paulo: RT, janeiro/março de 1991, p.239-296.

ATALIBA, Geraldo. *Hipótese de incidência tributária*. São Paulo: Malheiros, 1993.

_____. *Sistema constitucional tributário*, São Paulo, RT, 1968.

ATIENZA, Manuel. *Tras la justicia* – una introducción al derecho y al razonamiento jurídico, Barcelona, Ariel, 1993.

BECKER, Alfredo Augusto. *Teoria geral do direito tributário*, 3ª ed., São Paulo, Lejus, 1998.

BERLIRI, Antonio. *Principi di diritto tributario*, v. II, Milano: Giuffrè, 1972.

BOBBIO, Norberto. *Teoria generale del diritto*, Torino, Giappichelli, [197?].

BORGES, José Souto Maior. *Obrigação tributária*. 2ª ed. São Paulo: Malheiros, 1999.

BRITO, Edvaldo. Problemas jurídicos da contribuição para o Fundo PIS. In: MARTINS, Ives Gandra da Silva (coord). *Caderno de pesquisas tributárias*, v. 2, São Paulo: Resenha Tributária, 1991, p.113-140.

____. Capacidade contributiva. In: MARTINS, Ives Gandra da Silva (coord).

Caderno de pesquisas tributárias, v. 14, São Paulo: Resenha Tributária, 1989, p. 319-330.

_____. Direito Tributário. São Paulo, Atlas, 2015.

CANTO, Gilberto de Ulhoa. As contribuições especiais no direito brasileiro. *Revista de Direito Tributário*, nº 31, São Paulo, janeiro/março de 1985, p.127-141.

____. Lei complementar. In: MARTINS, Ives Gandra da Silva (coord.).*Caderno de pesquisas tributárias*, v. 15, São Paulo: Resenha Tributária, 1989, p 1-14.

CARRAZZA, Elizabeth.*Progressividade e IPTU*. Curitiba: Juruá, 1998.

CARRAZZA, Roque Antonio. *Curso de direito constitucional tributário*. 8ªed., São Paulo, Malheiros, 1996.

CARVALHO, Paulo de Barros. *Curso de direito tributário*, 11ªed. São Paulo: Saraiva, 1999.

____. *Curso de direito tributário*. 23ª ed.São Paulo: Saraiva, 2011.

____. *Direito tributário:* fundamentos jurídicos da incidência. São Paulo: Saraiva, 1998.

____. *Teoria da norma Tributária*, 3ª.ed, São Paulo: Max Limonad, 1998.

COSTA, Regina Helena. *Imunidades tributárias*, São Paulo: Malheiros, 2001.

_____. *O princípio da capacidade contributiva*, 2ª ed., São Paulo, Malheiros, 1996.

DERZI, Misabel. Contribuições. *Revista de Direito Tributário*, nº 48, São Paulo, abril/junho de 1989, p.221-252.

_____. *Limitações constitucionais ao poder de tributar*, 7ª ed. Aliomar Baleeiro, Rio de Janeiro: Forense, 1998, notas de atualização.

DE MITA, Enrico. *Principi di diritto tributario*, 2ª ed., Milano, Giuffrè, 2000.

_____. *Interesse fiscale e tutela del contribuinte*, 4ª ed., Milano,Giuffrè, 2000.

DÓRIA, Antonio Roberto Sampaio.*Direito constitucional tributário e "due process of law"*, Rio de Janeiro, Forense, 1986.

FALCÃO, Amílcar. *Fato gerador da obrigação tributária*.6ª ed. Rio de Janeiro: Forense, 1997.

FANTOZZI, Augusto. *Diritto tributário*, 2ªed., Torino, UTET, 1998.

FERRAZ JÚNIOR, Tercio Sampaio. *Introdução ao estudo do direito*. São Paulo: Atlas,1988.

_____. *Interpretação e estudos da Constituição de 1988*. São Paulo: Atlas, 1990.

_____. Legitimidade na Constituição de 1988. In: *Constituição de 1988: legitimidade, vigência e eficácia, supremacia*. FERRAZ JÚNIOR, Tercio Sampaio; DINIZ, Maria Helena; GEORGAKILAS, Ritinha Alzira Stevenson. São Paulo: Atlas, 1989, p. 15-27.

_____. Congelamento de preços – tabelamentos oficiais. *Revista de Direito Público*, nº 91, São Paulo, julho/setembro de 1989, p. 76-86.

GAMA, Tácio Lacerda. *Competência tributária:* fundamentos para uma teoria da nulidade. São Paulo: Noeses, 2009.

GODOI, Marciano Seabra de. *Justiça, igualdade e direito tributário*. São Paulo, Dialética, 1999.

GRECO, Marco Aurélio. *Contribuições (uma figura "sui generis")*. São Paulo: Dialética, 2000.

GUIMARÃES, Carlos da Rocha. Contribuições parafiscais, natureza e eficácia. . In: MARTINS, Ives Gandra da Silva (coord).*Caderno de pesquisas tributárias*, v.2. São Paulo: Resenha Tributária, 1991, p.89-112.

JUSTEN FILHO, Marçal. Contribuições sociais. In: MARTINS, Ives Gandra da Silva (coord).*Caderno de pesquisas tributárias*, v. 17, São Paulo: Resenha Tributária, 1992, p.149-170.

_____. Capacidade contributiva. In: MARTINS, Ives Gandra da Silva (coord). In: *Caderno de pesquisas tributárias*, v. 14, São Paulo, Resenha Tributária, 1989, p.357-398.

KERTZMAN, Ivan. *Curso prático de direito previdenciário*. 6ªed., Salvador: Jus Podivm, 2009.

_____. *Curso prático de direito previdenciário*, 21ª ed., Salvador, Jus Podium, 2023.

LINS, Robson Maia. *Curso de direito tributário brasileiro*. 2ª. Ed., São Paulo, Noeses, 2022.

LUHMANN, Niklas. *Sociologia do Direito II*. Trad. Gustavo Bayer, Rio de Janeiro: Tempo Brasileiro, 1985.

KONKEL JUNIOR, Nikolau. *Contribuições sociais*. São Paulo, Quartier Latin, 2005.

MALERBI, Diva. Direitos fundamentais do contribuinte. MARTINS, Ives Gandra da Silva (coord). *Pesquisas tributárias, nova série*, v. 6, São Paulo, RT, 2000, p.151-166.

MARQUES, Márcio Severo. *As classificações no sistema tributário brasileiro*. São Paulo: Max Limonad, 2000.

MARQUES NETO, Floriano Azevedo Marques. A Nova Regulação Estatal e as Agências Independentes.In: SUNDFELD, Carlos Ari (coord.). *Direito administrativo econômico*. São Paulo: Malheiros, 2000, p. 72-98.

MARTINEZ, Wladimir Novaes. *Comentários à Lei Básica da Previdência Social*, Tomo I, 7ª. ed., São Paulo, LTR, 2010.

____. *Curso de direito previdenciário*. 3ªed., São Paulo, LTr, 2000.

MARTINS, Ives Gandra da Silva. Contribuições sociais. In: MARTINS, Ives Gandra da Silva (coord.)Caderno de pesquisas tributárias, São Paulo: Resenha Tributária, v. 17, 1992, p.1-24.

_____. Capacidade econômica e capacidade contributiva. In:MARTINS, Ives Gandra da Silva (coord).*Caderno de pesquisas tributárias*, v. 14, São Paulo, Resenha Tributária, 1989, p.33-90.

_____. Direitos fundamentais do contribuinte. In: MARTINS, Ives Gandra da Silva (coord). *Pesquisas tributárias, nova série*, v. 6, São Paulo, RT, 2000, p.45-81.

MARTINS, Sérgio Pinto *Direito da seguridade social*. 26ª. ed., São Paulo, Atlas, 2008

MELO, José Eduardo Soares de. *Contribuições sociais no sistema tributário*. 3ª ed. São Paulo: Malheiros, 2000.

_____. Direitos fundamentais do contribuinte. In: MARTINS, Ives Gandra da Silva (coord).*Pesquisas tributárias, nova série*, v. 6, São Paulo, RT, 2000, p. 286-322.

MIRANDA, Francisco Cavalcante Pontes de. *Comentários à Constituição de 1967 com a emenda nº 01 de 1969*, 3ª ed. Tomo IV, Rio de Janeiro: Forense, 1987.

MORAES, Bernardo Ribeiro de. Contribuições especiais no ordenamento jurídico brasileiro. In: MARTINS, Ives Gandra da Silva (coord). *Caderno de pesquisas tributárias*, v. 2, São Paulo: Resenha Tributária, p.35-88.

NASCIMENTO, Amauri Mascaro Nascimento. *Manual do Salário*. 2ª. ed., São Paulo: LTR, 1985

NASCIMENTO, Antônio Theodoro. *Contribuições especiais*. Rio de Janeiro: Forense, 1986.

OLIVEIRA, Ricardo Mariz de. Contribuições de Intervenção no Domínio Econômico – concessionárias, Permissionárias e Autorizadas de Energia Elétrica – "Aplicação" obrigatória de Recursos (Lei n. 9.991). In: GRECO, Marco Aurélio (coord.).*Contribuições de intervenção no domínio econômico e figuras afins*. São Paulo: Dialética, 2001, p.375-431.

_____. Direitos fundamentais da pessoa e do contribuinte. In:MARTINS, Ives Gandra da Silva (coord). *Pesquisas tributárias, nova série*, v. 6, São Paulo, RT, 2000, p.226-274.

OLIVEIRA, José Domingues de. *Capacidade contributiva*. 2ª ed., Rio de Janeiro: Renovar, 1998.

OLIVEIRA, Yonne Dolacio de. Contribuições especiais – noções gerais – contribuição de intervenção no domínio econômico. *Cadernos de Direito Tributário e Finanças Públicas*, São Paulo, v. 3, nº 12, 1995, jul./set. 1995, p.50-65.

PAULSEN, Leandro; VELLOSO, Andrei Pitten. *Contribuições*. 2ªed. Porto Alegre, Livraria do Advogado, 2013.

PIMENTA, Paulo Roberto Lyrio. *Eficácia e apicabilidade das normas constitucionais programáticas*. São Paulo: Max Limonad, 1999.

_____. *Efeitos da decisão de inconstitucionalidade em direito tributário*.São Paulo: Dialética, 2002.

_____. Perfil constitucional das contribuições de intervenção no domínio econômico. In: GRECO, Marco Aurélio (coord.).*Contribuições de intervenção no domínio econômico e figuras afins*. São Paulo: Dialética, 2001, p.155-184.

_____. *Contribuições de intervenção no domínio econômico*. São Paulo: Dialética, 2002.

PINTO, José Augusto Rodrigues. *Curso de direito individual do trabalho*. 2ª. ed., São Paulo, LTR, 1995.

ROCHA, Valdir de Oliveira. Contribuições sociais. In:MARTINS, Ives Gandra da Silva (coord). *Caderno de pesquisas tributárias*, v. 17, São Paulo: Resenha Tributária, 1992, p.299-310.

_____. Valdir de Oliveira Rocha, Direitos fundamentais do contribuinte. In: MARTINS, Ives Gandra da Silva (coord). In: *Pesquisas tributárias, nova série*, v. 6, São Paulo, RT, 2000, p. 870-876.

RUSSOMANO, Mozart Victor. *Curso de Previdência Social*. Rio de Janeiro: Forense, 1979.

SANTI, Eurico Marcos Diniz de. As classificações no sistema tributário brasileiro. In: *Justiça Tributária*. São Paulo, Max Limonad, 1998, p.125-147.

SOUSA, Rubens Gomes de. ATALIBA, Geraldo; CARVALHO, Paulo de Barros; *Comentários ao Código Tributário Nacional*. São Paulo: RT, 1975.

SOUZA, Hamilton Dias de. Contribuições para a seguridade social. In:MARTINS, Ives Gandra da Silva (coord). *Caderno de pesquisas tributárias*, v. 17, São Paulo, Resenha Tributária, 1992, p.415-458.

TORRES, Ricardo Lobo. Direito fundamentais do contribuinte. In: In:MARTINS, Ives Gandra da Silva (coord). *Pesquisas tributárias, nova série*, v. 6, São Paulo, RT, 2000, p.167-186.

UCKMAR, Vicktor. *Princípios comuns de direito constitucional tributário*, 2ª ed., trad. Marco Aurélio Greco, São Paulo: Malheiros, 1999.

VELLOSO, Andrei Pitten *et alli*. *Comentários à Lei do Custeio da Seguridade Social*. Porto Alegre, Livraria do Advogado, 2005.

VILLEGAS, Hector. Destinatário legal tributário – contribuintes e sujeitos passivos na obrigação tributária. *Revista de Direito Público*, nº 30, São Paulo, julho/agosto de 1974, p. 270-294.